撰稿人

邱永兰　胡昊宇

赖晓燕　袁 霞　刘孟林

诉讼逆转

民商事再审
律师办案精要

邱永兰　胡昊宇　著

中国法制出版社

CHINA LEGAL PUBLISHING HOUSE

推荐序

再审是针对生效裁判可能出现的错误而设置的特殊救济程序，是案件已经审结、"翻盘"几乎无希望这一绝境上的程序加压、难度加码、制度加阀，是以发起和实现"诉讼逆转"为目的的律师代理业务。再审对于案件事实的敏感度、证据梳理的精准度、程序挑战的苛求度、诉讼风险的承受度，均让众多律师视为畏途，望而却步。

古语有言："天下事有难易乎？为之，则难者亦易矣；不为，则易者亦难矣。"当有人与你说，某个律师团队专注于民商事再审业务，你一定会感到吃惊：这种"烫手"业务竟能坚持七年且屡有斩获，还能提炼总结，分享给同行；你一定会愕然地问一句"哪个团队"？现在，这个团队、这种业务、这些经验全都摆在办公桌上："明炬·为之商事诉讼团队"《诉讼逆转：民商事再审律师办案精要》（以下简称《诉讼逆转》）。真没想到惊喜来源于明炬同事，现在只能用两个词来形容自己的心情：肃然起敬，唯余膜拜。

《诉讼逆转》是一本执业律师办理民商事再审业务的工具书，对于民商事再审的背景、程序、事由，以及民事检察监督程序均有所着墨；对于代理再审案件的基本核心要素、申请文书写作、材料准备方案与实务办案技巧等，都作了精当的篇幅安排。

同时，本书凝聚"以小见大"的思维，从再审流程侧面论证出发，展现了作者对再审程序的摸索、核查、归纳、总结、评说，甚至反思，是一本亲和力与实战性极强的佳作，妥妥的"办案精要"。特别是第三章，几乎说透了再审事由的构成、类型及其分析。给人以山重水复疑无路，再审终能柳暗花明的赋能。翻阅《诉讼逆转》的研究文字，总能结具出诸多作者的办案经验，让我们感受到作者的专业热忱、实践智慧。

再审本系"起死回生"，在一审的常态、二审的定型之上，再审实际上只能要么"零和"，要么"涅槃"。

但在某种程度上，"为之"团队《诉讼逆转》的出版，集成了其办案知识成果的有机转化，开辟了"再审"或许凭以常态化的程序进程，这种贡献可能是规程的、实体的、细节的，也可能是内容的、制度的、全局的。甚至让人产生"再审"演化为普通程序的幻想。

卯兔年春天，"为之"团队研发的"专注再审"法律服务产品在首届成渝地区律师法律服务产品创新大赛中脱颖而出，成为进入总决赛环节中唯一的诉讼产品，并荣获二等奖。相信经年之后的硕秋季节，再审"起死回生"的欢欣雀跃，大概终将被"不以物喜、不以己悲"的泰然处之所深刻取代。

《诉讼逆转》这本书不仅仅是一群将民商事再审作为其安身立命并溯难而上的勇士在展示他们的"秘密武器"，更重要的是，"为之"团队通过他们的格物精神表达了作为律师对司法公正的价值追求，这种职业素养与人民群众对案件公平正义的追求和人民法院对司法公正的价值追求是完全一致的。我真诚地把这本书推荐给大家，相信每一位"持心如衡"的法律人都能在阅读本书时产生"以理为平"的共鸣。

是为序。

王宗旗

四川明炬律师事务所党委书记、主任

二〇二三年五月十五日

自　序

　　我是一名律师，周围的朋友也以律师居多。我发现很多律师朋友在少年时就怀揣着一颗追求公平正义的侠义之心，我亦然。当我还不是律师的时候，我的梦想是成为一名律师，当我已经是律师的时候，我对未来的思考则是我到底要成为一名什么样的律师，我应当如何将自己的职业做成事业，而这份事业又如何与追求公平正义的价值观相融合。这是一个既感性又理性的问题。在经过一系列的思考、论证之后，2016年我们成立了"明炬·为之商事诉讼团队"，专注于民商事再审诉讼业务。团队名字"为之"取自清朝四川才子彭端淑先生《为学》中的"天下事有难易乎？为之，则难者亦易矣"，这句话便是为之团队的精神。

　　为之团队是四川地区首个专注于民商事再审业务的诉讼团队，团队历经了七年的发展和沉淀，积累了大量的办案经验，有成功的经验，也有失败的教训。这七年来，我们除了代理具体的再审案件，也持续地在做再审案例的整理、复盘、研究，做最高人民法院、高级人民法院的年度再审大数据分析；持续地在做再审事由的分析，做再审法官的审判思维解析；我们也时常对法院的再审工作和检察院的民事检察监督提出代表当事人视角的看法。我们对自己在代理再审案件的工作方法、流程和专业技能方面不断打磨和提升，希望通过我们的案件代理工作能够帮助法官作出正确的裁判，也希望通过我们的咨询解答让当事人在咨询阶段就能息诉止纷。在2023年首届成渝地区律师法律服务产品创新大赛中，我们以这些年来办理再审案件的一些工作成果和方式方法以法律服务产品的形式参与竞赛，并最终取得了二等奖。在比赛过程中，当评委老师问到你们是如何将再审这个传统诉讼的硬骨头啃出社会效益，又如何认为自己做到了创新这个问题的时候，我的回答总结为八个字——"人无我有，人有我精"。我们很难在竞赛过程中用 10 分钟的时间去阐述我们具体是怎么做的，但是用一本书可以！

基于这样的背景，我们以自身多年来代理民事再审案件的经验为基础，结合再审案例，以及对与再审相关的法律规范的理解与适用，使读者能够了解再审程序并掌握办理再审案件的一些方法。本书力求通过简明扼要、易于理解的方式，引领读者探索再审程序的各个方面，明晰再审程序的流程及代理工作，深入认识进入再审的事由并提出民事再审程序中常见的问题以供探讨。具体而言，第一章将介绍民事再审的背景。第二章将从申请再审的主体、范围、期限及管辖等对当事人申请再审应当符合的法定形式条件进行介绍。第三章将对当事人申请再审的法定具体事由之构成要件及法院的审查标准进行分析。第四章将对再审申请书的要素、写作技巧以及其他申请再审的材料准备进行总结。第五章将对法院的再审审查程序和再审审理程序进行综合介绍。第六章将从检察院的角度对民事检察监督进行分析介绍。第七章则总结了实务中常见的一些疑问或争议的分析或解决办法。此外，我们也对再审这一程序的背景和司法概貌进行了介绍，包括对再审改革的一些展望。我们提出的观点不一定都正确，但是若能引发读者对再审程序的思考也不失为一种意义，我们真诚地希望能够收到读者的意见反馈。

最后，最诚挚的感谢送给给予为之团队的发展极大鼓励和支持的四川明炬律师事务所。也将最诚挚的祝福送给本书的每一位读者，愿大家在每一个疑难案件中终能拨开云雾见月明。

邱永兰

2023 年 6 月 2 日

简称对照表

对于本书出现较多的规范性法律文件，采用如下简称：

一、法律类

序号	全称	简称
1	《中华人民共和国民法典》	《民法典》
2	《中华人民共和国民事诉讼法》	《民事诉讼法》
3	《中华人民共和国刑事诉讼法》	《刑事诉讼法》
4	《中华人民共和国监察法》	《监察法》
5	《中华人民共和国人民法院组织法》	《人民法院组织法》
6	《中华人民共和国法官法》	《法官法》
7	《中华人民共和国人民陪审员法》	《人民陪审员法》
8	《中华人民共和国仲裁法》	《仲裁法》
9	《中华人民共和国公证法》	《公证法》
10	《中华人民共和国合同法》（失效）	《合同法》

二、司法解释类

序号	全称	简称
1	《最高人民法院关于适用〈中华人民共和国民事诉讼法〉的解释》	《民事诉讼法司法解释》
2	《最高人民法院关于适用〈中华人民共和国民事诉讼法〉审判监督程序若干问题的解释》	《审判监督程序司法解释》
3	《最高人民法院关于民事审判监督程序严格依法适用指令再审和发回重审若干问题的规定》	《指令再审和发回重审规定》
4	《人民检察院民事诉讼监督规则》	《民事诉讼监督规则》
5	《最高人民法院关于民事诉讼证据的若干规定》	《民事诉讼证据规定》

续表

序号	全称	简称
6	《最高人民法院关于裁判文书引用法律、法规等规范性法律文件的规定》	《引用规范性法律文件规定》
7	《最高人民法院关于适用〈中华人民共和国民法典〉有关担保制度的解释》	《担保制度司法解释》
8	《最高人民法院关于印发〈人民法院工作人员处分条例〉的通知》	《人民法院工作人员处分条例》

三、其他司法文件

序号	全称	简称
1	《最高人民法院关于印发〈关于完善四级法院审级职能定位改革试点的实施办法〉的通知》	《四级法院审级职能改革办法》
2	《最高人民法院民事案件当事人申请再审指南》	《申请再审指南》
3	《最高人民法院、最高人民检察院、司法部关于逐步实行律师代理申诉制度的意见》	《律师代理申诉制度意见》
4	《最高人民法院司法责任制实施意见（试行）》	《司法责任制实施意见（试行）》
5	《最高人民法院印发〈关于进一步完善"四类案件"监督管理工作机制的指导意见〉的通知》	《完善"四类案件"监督管理工作机制意见》
6	《最高人民法院关于统一法律适用加强类案检索的指导意见（试行）》	《加强类案检索意见（试行）》
7	《最高人民法院印发〈关于规范人民法院再审立案的若干意见（试行）〉的通知》	《再审立案意见（试行）》
8	《最高人民法院关于受理审查民事申请再审案件的若干意见》	《受理审查再审案件意见》
9	《最高人民法院关于印发〈最高人民法院统一法律适用工作实施办法〉的通知》	《统一法律适用工作实施办法》
10	《最高人民法院关于印发〈第一次全国民事再审审查工作会议纪要〉的通知》	《第一次全国民事再审审查工作会议纪要》

目　　录

第一章　民事再审制度的背景

第二章　民事申请再审的程序指引

第三章　民事申请再审事由分析

附录　相关规范速查

民事再审制度的背景

第一节　民事再审制度在我国司法制度中的重要性

民事再审程序，是对已经发生法律效力的，确有错误的判决、裁定、调解书，依照审判监督程序进行重新审理的纠错程序。① 我国的审判程序实行二审终审制，针对生效法律文书还规定了审判监督程序这一纠错程序。自 2007 年《民事诉讼法》修改以及 2008 年发布《审判监督程序司法解释》以来，民事再审程序实质上已经成为一种较为普遍的诉讼程序。正如胡云腾大法官所说："《民事诉讼法》和《行政诉讼法》修改后建立的申请再审制度，在一定意义上相当于建立了一个中国特色的有限三审制度。"② 虽然再审程序不是常规诉讼程序，但是依然被众多当事人视为诉讼程序中的"最后一根救命稻草"。

一、再审程序在我国四级法院审级职能中的重要定位

根据《人民法院组织法》第十二条、第十三条的规定，我国法院分为最高人民法院、地方各级法院和专门法院。其中，地方各级法院又分为高级法院、中级法院和基层法院。③ 司法实践中，最高人民法院和地方各级法院统称为四级法院。就一审民事案件的审判来说，地方各级法院的管辖主要是根据案件的诉讼标的额大小来进行分类的，同时中级法院、高级

① 对民事再审程序与民事审判监督程序是否同一存在肯定说与否定说两种观点，本书结合司法实践的常见用法，采用肯定说的观点。
② 胡云腾：《谈谈第二巡回法庭的"每案必询"制度》，载《中国审判》2016 年第 18 期，第 68 页。
③ 《人民法院组织法》（2018 年修订）
第十二条　人民法院分为：
（一）最高人民法院；
（二）地方各级人民法院；
（三）专门人民法院。
第十三条 地方各级人民法院分为高级人民法院、中级人民法院和基层人民法院。

法院和最高人民法院担任着大量的二审案件的审判职责，而高级法院和最高人民法院还担任着大量再审案件的审判职责。直到 2019 年《最高人民法院关于调整高级人民法院和中级人民法院管辖第一审民事案件标准的通知》以及 2021 年《最高人民法院关于调整中级人民法院管辖第一审民事案件标准的通知》的出台，除了海事海商、涉外、知识产权这三类就法院管辖有特殊规定的案件，地方各级法院其他民事案件根据诉讼标的额确立的一审管辖法院如表 1-1 所示。

表 1-1　按标的额划分的各级法院管辖范围

一审管辖法院	诉讼标的额
基层法院	5 亿元以下或一方当事人在管辖法院所在省级行政区以外的 1 亿元以下
中级法院	5 亿元以上或一方当事人在管辖法院所在省级行政区以外的 1 亿元以上
高级法院	50 亿元以上

这样对于一审案件管辖法院的调整意味着诉讼纠纷主要下沉到了基层法院和中级法院，高级法院受理的二审案件占比极少，而最高人民法院只审理极个别的二审民事纠纷案件。同时，随着我国专门法院的陆续设立和增加，如知识产权法院、金融法院等按中级法院设置，审理该专业门类案件的一审或二审，我国法院民事审判职能的定位已经由原来的主要根据诉讼标的额来确立审级发展到现今的结合专业定位和审理程序划分。因此，2021 年最高人民法院根据《全国人民代表大会常务委员会关于授权最高人民法院组织开展四级法院审级职能定位改革试点工作的决定》，印发了《四级法院审级职能改革办法》。据此，四级法院审判职能定位为：基层法院负责绝大部分的普通民事案件一审程序的审理，其作为化解纠纷的主要审判机关，重在准确查明事实、实质化解纠纷；中级法院负责绝大部分民事案件的二审审理程序，重在通过有效终审精准定分止争；高级法院主要负责民事案件的再审审查和审理，重在再审依法纠错、统一裁判尺度，同时兼顾个别二审案件；最高人民法院则通过出台司法解释、发布指导案

例以及兼顾个别再审案件等方式监督指导全国审判工作、确保法律正确统一适用。

二、再审程序是法院实现"统一裁判尺度"司法目标的主要路径

近十年来，随着互联网科技的迅速发展，人们获得信息的渠道越来越便捷，人们获得裁判文书的渠道从原来的最高人民法院发布指导案例、公报案例，高级法院、专门法院发布典型案例，以及通过审判实务类书籍的出版等方式，逐渐演化到商业案例检索网站的出现，如无讼案例、威科先行等。为了审务工作的公开化跟上互联网发展的步伐和人们的需求，2010年最高人民法院确定建立全国统一的裁判文书网站，[①] 至2013年正式开通中国裁判文书网，此后最高人民法院于2013年颁布新的《最高人民法院关于人民法院在互联网公布裁判文书的规定》，并于2016年对该规定进行进一步修订，以贯彻落实审判公开原则。根据该规定，中国裁判文书网是全国法院公布裁判文书的统一平台，法院应当依法、全面、及时、规范地公布裁判文书，并要求各级法院在本院政务网站及司法公开平台设置中国裁判文书网的链接。[②] 因此，自2014年起，我国迎来了空前的海量裁判文书上网时代，并伴随着各大商业案例检索网站的兴起与发展。虽然我国并非判例法国家，但在诉讼纠纷中特别是疑难复杂的诉讼纠纷中，类案检索和参考案例的提交成了许多律师制定诉讼策略、加强代理意见说理的重要方法。这也导致另外一个问题的凸显——类案不同判。

习近平总书记多次强调："努力让人民群众在每一个司法案件中感受

---

① 《最高人民法院关于人民法院在互联网公布裁判文书的规定》（2010年）（已失效）
第八条 人民法院应当在法院互联网网站公布裁判文书，并设置必要的技术安全措施。最高人民法院建立全国统一的裁判文书网站。
② 《最高人民法院关于人民法院在互联网公布裁判文书的规定》（2016年）
第一条 人民法院在互联网公布裁判文书，应当依法、全面、及时、规范。
第二条 中国裁判文书网是全国法院公布裁判文书的统一平台。各级人民法院在本院政务网站及司法公开平台设置中国裁判文书网的链接。

到公平正义。"笔者认为，这种对公平正义的感受不仅是人民群众主观上对自己个案结果的感受，而且是将法院的审务和裁判工作放到一个公开、客观、统一的水平上来评判，切实地让人民群众在审判工作的全流程感受到公平正义。因此，类案不同判愈加凸显的现象与人民群众朴素公平正义观之间的冲突便愈加激烈，人民群众会产生疑问："为什么别人的案子这样判，而我的却不是？这不公平！"对此，最高人民法院在 2017 年发布的《司法责任制实施意见（试行）》中首次提出了承办法官应在审理案件时对本院已审结或正在审理的类案和关联案件进行全面检索，制作类案与关联案件检索报告，以确保本院案件裁判尺度上的统一。[①] 2020 年，最高人民法院发布《最高人民法院关于完善统一法律适用标准工作机制的意见》，出台了 21 条举措以实质性破解"类案不同判"的问题。最高人民法院认为"类案不同判"的背后实质是法律适用标准不统一，若法律适用标准统一了，裁判尺度自然也就统一了。但裁判尺度的统一与法律适用标准的统一不可能下沉到审判任务繁重、实质化解纠纷的基层法院和中级法院，因此 2021 年出台了关于以定位四级法院审级职能为目标的《四级法院审级职能改革办法》，这与 21 条举措有着紧密的内在联系，即最高人民法院将裁判尺度的统一与法律适用标准的统一集中于高级法院和最高人民法院。

我国幅员辽阔，且各地经济发展水平不一，法院审判任务繁重，根据最高人民法院在第十四届全国人民代表大会上的工作报告，2022 年法官人均办案 242 件。因此，若将统一裁判尺度的任务全落到最高人民法院肩上，工作较难实施，所以《四级法院审级职能改革办法》将高级法院的主要审判职能调整为民事再审，通过再审程序，以裁判案例的方式实现统一裁判尺度的司法目标，而最高人民法院则主要负责更进一步确保法律正

[①] 《司法责任制实施意见（试行）》

39. 承办法官在审理案件时，均应依托办案平台、档案系统、中国裁判文书网、法信、智审等，对本院已审结或正在审理的类案和关联案件进行全面检索，制作类案与关联案件检索报告。检索案案与关联案件有困难的，可交由审判管理办公室协同有关审判业务庭室、研究室及信息中心共同研究提出建议。

确统一适用。

三、再审程序是维护司法权威、让人民群众感受司法正义的重要路径

再审程序既要维护生效判决的稳定性，又要有错必纠，这两项看似矛盾的司法目的实质上存在内部统一的法律价值。

近年来，申请再审的案件数量呈持续增长趋势，而再审率却在下降，目前维持在一个较为恒定的水平。[①] 同时，我国实行二审终审制，再审程序中对原审裁判有错的判断标准应严格区分于二审程序中对一审裁判的判断标准。所以，我国的再审程序在当前司法环境下具有以下特点，以此兼顾司法权威与司法正义。

（一）对再审程序进行了细分

虽然本书中笔者以"再审"来统称再审程序，但实际上法院的再审程序分为了再审审查程序和再审审理程序。再审审查程序立案时只作形式性审查，受理后绝大部分仅进行书面审理，且主要由法院的立案庭和审判监督庭进行审查，并在分配案件时进行繁简分流，只有不到10%的案件法院会进行询问或听证。这样的审查方式使法院的审务工作大大简化，法官的工作仅仅是对申请再审的资料进行审查并拟写裁定书，相较一审、二审程序免去了开庭、保全、调查取证、鉴定等众多程序性工作。同时，在再审审查中法官协助人员的工作也主要为受理通知书的送达和裁定书的送达，且受理通知书和相关再审申请资料若无法送达被申请人，原则上也不影响法院再审审查工作的进行，这样便大大提高了审查效率。此外，从全国再审率来看，只有不到10%的案件会被法院裁定再审，进而转入后面的再审审理程序。因此，此种再审方式的设置，让对生效裁判不服的当事人都有了让作出生效裁判的原法院或上一级法院对案件再次进行审查的机会，同时又让绝大部分的案件都在再审审查程序中审结，在提高审查效率

[①] 参见本章第二节内容。

的同时维护了绝大部分生效裁判的稳定性。

（二）对当事人申请再审的事由进行了明确规定

《民事诉讼法》第二百零七条、第二百零八条规定了当事人可以申请再审的事由，既包括程序上的事由，也包括实体上的事由。① 法院根据这些法定事由的实质构成要件判断是否再审，即这些法定事由是判断生效文书是否有错的直接法律依据。因此，当事人申请再审并非仅仅需要表达对原审裁判的不服即可，而是要结合具体的再审事由来阐述原审裁判的具体错误之处。虽然对再审事由的构成要件判断并非可以具体量化的，且因涉及法官对法律、司法解释、法理的理解和适用，这里面有较强的主观判断，但笔者认为，此种主观判断是建立在对再审事由的审慎适用原则基础之上的。

（三）以统一裁判尺度为法律价值判断目标

一个诉讼案件是否有错往往众说纷纭，有时候很难用绝对的对错进行判断，因此在司法审判实务中需要法官"自由裁量"，如现任最高人民法院院长张军认为，自由裁量是在法官个人法律意识支配下进行的。② 笔者认为，法官在司法审判实务中的"自由裁量"就是对案件作出价值选择。"青花椒"案③的二审审判长刘楠法官认为："'法生于义，义生于众适，众适合于人心，此治之要也。'这是我们在价值选择中要学习的古人智慧。理解到这一点，才能与常识、与法律的目的步调一致，才能将法理情融会贯通起来，让裁判符合群众的法感情和提高裁判的社会接受度。"④ 笔者深以为然。法律作为一门社会学科，很难用科学量化的标准去衡量价值选择，因此最高人民法院提出了"统一裁判尺度"的司法目标，而这样的司法目标让再审法官就案件是否再审以及如何裁判具有了

---

① 具体每一项法定再审事由的构成要件参见本书第三章的内容。

② 张军：《法官的自由裁量权与司法正义》，载《法律科学（西北政法大学学报）》2015年第4期。

③ 2022年中国法院十大知识产权案件之一：上海万某堂餐饮管理有限公司与温江五某婆青花椒鱼火锅店侵害商标权纠纷案。

④ 刘楠：《从"青花椒"案看司法认知中的"快思考"和"慢思考"》，载《人民法院报》2022年8月18日，第5版。

可操作性。

当然，需要注意的是，在实务操作中统一裁判尺度也并非一个固定的标准，可能很多案件"形同神不同"，如果盲目追求裁判尺度的统一反而可能导致错案的发生。因此，最高人民法院在 2021 年发布《完善"四类案件"监督管理工作机制意见》，将"与本院或者上级人民法院的类案裁判可能发生冲突的"案件归入"四类案件"实施监督管理工作。①

四、对再审程序改革的几点思考

上文提出了三点再审程序的重要性，但笔者认为随着中国式现代化法治进程的推进以及关于四级法院审级职能定位这一重大司法改革举措，再审程序也必然将面临改革。笔者结合多年来代理再审案件的实务经验，对再审程序的改革有以下几点思考。

（一）区分当事人申请再审事由、法院依职权再审事由以及检察院民事检察监督事由

当前《民事诉讼法》除了对当事人申请再审列明了具体的再审事由之外，对于检察院民事检察监督的事由只是结合当事人申请再审的事由进行概括描述，而法院依职权再审的案件只进行了程序上的规定，却没有具体再审事由的规定。这样的立法背景导致了检察院在进行民事检察监督时的可操作性受限，毕竟相同的再审事由在当事人申请再审时已经经过了同级法院的再审审查，检察院要提出更加具有实质性的监督意见不管是从两院的级别还是从审查人员的民事审判经验来看，检察院都难以超越，因此可以考虑对检察院的民事检察监督和当事人的申请再审事由进行差异化立法。而对法院依职权再审的案件不管从法院的审查程序还是从审查事由等方面都应当进行更为详细的规定，以避免权力的滥用。②

---

① 《完善"四类案件"监督管理工作机制意见》

二、本意见所称"四类案件"，是指符合下列情形之一的案件：（一）重大、疑难、复杂、敏感的；（二）涉及群体性纠纷或者引发社会广泛关注，可能影响社会稳定的；（三）与本院或者上级人民法院的类案裁判可能发生冲突的；（四）有关单位或者个人反映法官有违法审判行为的。

② 参见本书第三章第四节的内容。

（二）按案件类型调整再审审查法庭内部职能分工

大量民事再审案件集中在高级法院，立案庭和审判监督庭作为再审审查主要法庭，为了实质性提高审查效率和审查效果，可以对审查法庭根据专业分类进行内部审判功能区分，如将案件数量较多的地产建工类、金融类案件等分配到相对固定的审查法庭。

（三）再审审查阶段合议庭成员和再审审理阶段的合议庭成员应有所调整

近年来，通过法院内部的再审改革，若案件被裁定再审且由审查法院继续审理的，案件在再审审查阶段和再审审理阶段的合议庭成员原则上保持不变，这样的调整降低了裁定再审率，同时也提升了再审改判率。若再审审查和再审审理阶段合议庭成员严格区分，确实可能涉及对司法资源的浪费，但是两个程序合议庭成员的高度重合也产生了在再审审查阶段的合议庭成员已经"先入为主"认为原生效文书有错的意见，这将导致在再审审理阶段才有的开庭审理从严格意义上来说很难让被裁定再审一方当事人感受到程序上的公平正义，大大降低了当事人对审判人员以及审判结果的信任基础。尤其对于法院依职权再审的案件来说，被裁定再审一方在再审审查阶段基本无任何参与感而言，却要直接面对"结果大概率不妙"的局面。因此，笔者认为，在再审审查阶段和再审审理阶段的主要合议庭成员，如审判长或承办人可以进行适当调整，同时兼顾实体公正和程序公正。

（四）再审裁判应严格执行裁判文书上网制度

虽然如前所述，裁判文书自 2014 年开始大量上网，但自 2021 年开始，法院上传裁判文书的比例明显下降，较为典型的是部分法院 2022 年全年仅上传不足 10 份裁判文书。笔者认为，裁判文书上网制度有必要坚持实施并进行优化，对于经过再审审理后而产生的裁判文书更是应当严格执行裁判文书上网制度。这样做的好处有两点：一是随着类案检索制度的推进，裁判文书上网才能确保当事人或法院查询的类案确为生效判决；二是经过再审审理的裁判文书作为法院统一裁判尺度的司法案例，应当对外进行公布和展示，如此才能够真正实现裁判尺度的统一。

第二节　民事再审大数据分析①

如前所述，鉴于法律上对再审标准的严格规范以及再审案件主要集中在高级法院的特点，律师代理该类案件的业务水平较于其他程序的案件更具有挑战性。

笔者团队致力于再审案件的代理和研究工作，在过往六年时间里的每年1月都会以四川省高级人民法院（以下简称四川高院）为蓝本，结合全国高级人民法院和最高人民法院进行再审大数据分析，以对法院民事再审程序的受理和审理情况作学习和了解之用。本数据报告的案例基数来源于中国裁判文书网，自2016年起通过对裁判文书网1月1日至当年12月31日发布的最高人民法院、全国高级人民法院、四川高院的再审审查裁定书，并在此基础上形成当年的数据报告。但需要特别说明的是，自2021年下半年开始，各级法院文书上传到网上的数量均有所下降。以2021年最高人民法院和四川高院为例，两法院上传的再审审查裁定书均不足其正式受理案件数量的20%；2022年，四川高院的裁判文书更是只有5份上传到网上。因此，2021年与2022年的数据相较往年的客观性和全面性来说有所折损，但综合近七年的再审数据，本文的数据分析仍具有相当的意义。

---

① 若未特别注明，本节数据均来自中国裁判文书网，最后访问时间：2023年4月20日。

一、2016 年至 2022 年民事再审裁定的基本情况

2016 年至 2022 年，最高人民法院民事再审裁定的基本情况如表 1-2 及图 1-1 所示。

表 1-2　2016 年至 2022 年最高人民法院再审数据

年份	再审审查裁定书数量（份）	提审案件数量（件）	指令再审案件数量（件）	裁定再审比例（%）
2016	3272	358	174	16.26
2017	4722	388	247	13.45
2018	6072	464	348	13.37
2019	6392	384	242	9.79
2020	6322	289	279	8.98
2021	3692	224	133	9.67
2022	875	94	68	18.51

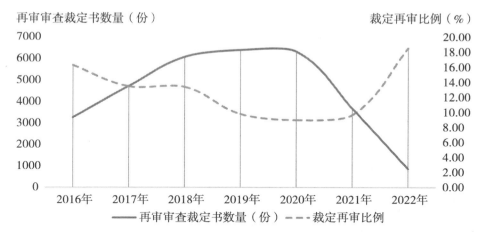

图 1-1　2016 年至 2022 年最高人民法院再审审查裁判情况

2016 年至 2022 年，全国所有省、直辖市、自治区高级人民法院民事再审裁定的基本情况如表 1-3 及图 1-2 所示。

表 1-3　2016 年至 2022 年全国高院再审数据

年份	再审审查裁定书数量（份）	提审案件数量（件）	指令再审案件数量（件）	裁定再审比例（%）
2016	60547	5272	2745	13.24

续表

年份	再审审查裁定书数量（份）	提审案件数量（件）	指令再审案件数量（件）	裁定再审比例（％）
2017	77622	6809	4308	14.32
2018	98212	7415	7045	14.72
2019	120640	7032	7435	11.99
2020	118758	6464	7702	11.93
2021	59076	3087	3175	10.60
2022	17308	634	820	8.40

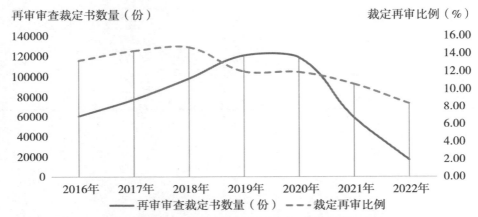

图1-2 2016年至2022年全国高院再审审查裁判情况

2016年至2022年，四川高院民事再审裁定的基本情况如表1-4及图1-3所示。

表1-4 2016年至2022年四川高院再审数据

年份	再审审查裁定书数量（份）	提审案件数量（件）	指令再审案件数量（件）	裁定再审比例（％）
2016	3466	606	90	20.08
2017	5602	862	219	19.30
2018	5717	521	116	11.14
2019	8083	740	190	11.51
2020	7789	355	242	7.66
2021	1479	50	15	4.39

图 1-3　2016 年至 2022 年四川高院再审审查裁判情况

通过以上数据不难发现，除 2021 年 6 月之后因裁判文书网未显示出完整数据的原因外，当事人申请再审的案件数量总体呈增长趋势，但再审率总体来看呈下降趋势，四川高院的再审率下降尤为明显。且四川高院就裁定再审的案件相较于其他高级法院，是以提审为主，但 2020 年的提审数量占比也明显下降，指令原审法院再审的比例有所增加。

二、四川高院再审案件法定再审事由适用情况①

从表 1-5 中可以看出，历年来当事人申请再审所适用的法定再审事由均集中在《民事诉讼法》第二百零七条第一项（有新的证据，足以推翻原判决、裁定的）、第二项（原判决、裁定认定的基本事实缺乏证据证明的）、第六项（原判决、裁定适用法律确有错误的）这三项具体的再审事由。尤其是第二项与第六项再审事由，结合表 1-4 中四川高院历年的再审审查裁定书总数，不难发现在四川高院历年的再审审查案件中，该两项事由均出现在超过一半的再审审查裁定书中。笔者认为，出现如此现象的原因在于，相较于其他再审事由，第二项和第六项再审事由的规定较为模

---

① 同一案件中，当事人申请再审与法院裁定再审所依据的具体法定再审事由并不唯一，故法定事由的适用频次总数远超再审审查案件总数。

糊，更契合当事人所认为的原审所存在的问题；而新证据适用频次较高的原因在于，多数当事人认为只要是原审未提交过的证据均属于此项所称的新证据。当然，当事人作为普通群众的认识与法院的认识之间存在相当的差异，对此可以参见表1-7以及第三章对各项再审事由的具体分析。

表1-5　当事人申请再审所依据法定再审事由的适用频次

（单位：次）

法定再审事由	2016年	2017年	2018年	2019年	2020年	2021年
（一）新证据	487	805	1048	1718	1740	326
（二）基本事实缺乏证据	1990	2894	3155	5036	5235	1026
（三）主要证据伪造	264	438	573	796	749	134
（四）主要证据未质证	193	273	457	663	628	100
（五）未依申请取证	375	294	425	603	489	97
（六）法律适用错误	2085	2872	3067	4996	5485	1067
（七）审判组织不合法	62	57	113	214	210	24
（八）遗漏必要诉讼参与人	41	54	54	86	80	7
（九）剥夺辩论权	74	129	264	248	376	53
（十）未经传唤缺席判决	29	48	41	75	82	11
（十一）遗漏或超出诉讼请求	232	195	214	410	446	71
（十二）所依据的法律文书被撤销或变更	19	20	24	33	37	5
（十三）枉法裁判等	285	129	277	211	201	35

此外，从表1-5还可以看出，当事人所适用的再审事由，实体性的再审事由数量远高于程序性的再审事由。笔者认为，主要原因有两个方面：第一，法院出现程序性的错误本就属于低概率事件，若要达到构成进入再审标准的程序错误，其数量更是少之又少。第二，当事人所追求的更多的是关于实体上的权利，当事人往往是对实体判项不服而申请再审，同时为提高进入再审概率，附带提出原审中存在的程序错误，相反，极少有当事人仅因程序错误而申请再审。

通过表1-6中的数据可以发现，基于当事人申请再审时所依据再审事由的适用频次，法院裁定再审所依据的再审事由适用频次主要也集中于第一项、第二项和第六项再审事由中。但从表 1-7 可以发现，法院的采纳率并未呈现出明显的集中趋势。基于此，笔者认为，律师在代理民事再审案件时，应当围绕《民事诉讼法》第二百零七条所规定的十三项再审事由，对原审法院作出的生效裁判文书做全面评判，在充分保障当事人权利的同时，更有效地促进裁判尺度的统一，实现再审纠错的目的。

表 1-6　四川高院裁定再审所依据法定事由的适用频次

（单位：次）

法定再审事由	2016 年	2017 年	2018 年	2019 年	2020 年	2021 年
（一）新证据	73	112	62	96	68	12
（二）基本事实缺乏证据	259	515	270	393	278	36
（三）主要证据伪造	16	11	19	25	21	2
（四）主要证据未质证	12	5	25	24	13	0
（五）未依申请取证	11	4	10	15	6	0
（六）法律适用错误	392	559	381	561	280	34
（七）审判组织不合法	1	3	5	12	7	0
（八）遗漏必要诉讼参与人	1	4	3	5	5	0
（九）剥夺辩论权	5	3	13	16	12	0
（十）未经传唤缺席判决	3	6	3	3	8	0
（十一）遗漏或超出诉讼请求	14	26	20	28	16	2
（十二）所依据的法律文书被撤销或变更	4	2	1	4	6	0
（十三）枉法裁判等	1	0	4	12	6	0

表 1-7　四川高院对当事人所依据再审事由的采纳率①

（单位：%）

法定事由	2016 年	2017 年	2018 年	2019 年	2020 年	2021 年
（一）新证据	14.99	13.91	5.92	5.59	3.91	3.68
（二）基本事实缺乏证据	13.02	17.80	8.56	7.80	5.31	3.51
（三）主要证据伪造	6.06	2.51	3.32	3.14	2.80	1.49
（四）主要证据未质证	6.22	1.83	5.47	3.62	2.07	0.00

---

① 计算方式为四川高院裁定再审所依据法定事由的适用频次除以当事人申请再审所依据法定再审事由的适用频次。

续表

法定事由	2016 年	2017 年	2018 年	2019 年	2020 年	2021 年
（五）未依申请取证	2.93	1.36	2.35	2.49	1.23	0.00
（六）法律适用错误	18.80	19.46	12.42	11.23	5.10	3.19
（七）审判组织不合法	1.61	5.26	4.42	5.61	3.33	0.00
（八）遗漏必要诉讼参与人	2.44	7.41	5.56	5.81	6.25	0.00
（九）剥夺辩论权	6.76	2.33	4.92	6.45	3.19	0.00
（十）未经传唤缺席判决	10.34	12.50	7.32	4.00	9.76	0.00
（十一）遗漏或超出诉讼请求	6.03	13.33	9.35	6.83	3.59	2.82
（十二）所依据的法律文书被撤销或变更	21.05	10.00	4.17	12.12	16.22	0.00
（十三）枉法裁判等	0.35	0.00	1.44	5.69	2.99	0.00

三、四川高院再审审查案件的案由分布

从四川高院历年再审率最高的五类案由可以发现，能够被裁定进入再审审理的案件并不一定是通常所理解的疑难复杂案件。比如，我们通常所认为的民间借贷是法律关系较为清晰的一类案件，但根据表1-8的数据显示，民间借贷类纠纷在历经原审诉讼程序后，又被裁定进入再审的概率是比较高的。主要原因在于，实践中，2010年后持续较长一段时间的民间借贷乱象导致对借贷主体、合同效力、履行情况以及是否为民间借贷关系的认定等存在众多的争议。

表1-8 四川高院历年再审率最高的五类案由

排行	2016 年案由（再审率）	2017 年案由（再审率）	2018 年案由（再审率）	2019 年案由（再审率）	2020 年案由（再审率）
1	农村土地承包权合同纠纷（88.68%）[①]	买卖合同纠纷（42.52%）	借款合同纠纷（15.80%）	劳务合同纠纷（20.90%）	执行异议之诉（46.30%）

---

① 因2023年数据存在偏差，该数据采用2017年1月数据。

续表

排行	2016 年案由 （再审率）	2017 年案由 （再审率）	2018 年案由 （再审率）	2019 年案由 （再审率）	2020 年案由 （再审率）
2	租赁合同纠纷 （51.35%）	建设工程 合同纠纷 （27.08%）	合伙协议纠纷 （15.63%）	租赁合同纠纷 （15.13%）	买卖合同纠纷 （13.31%）
3	合伙协议纠纷 （39.02%）	民间借贷纠纷 （22.99%）	建设工程 合同纠纷 （13.99%）	买卖合同纠纷 （15.12%）	建设工程 合同纠纷 （9.09%）
4	民间借贷纠纷 （34.15%）	提供劳务者受 害责任纠纷 （19.78%）	房屋买卖合 同纠纷 （13.45%）	借款合同纠纷 （14.24%）	物权保护纠纷 （6.25%）
5	买卖合同纠纷 （36.47%）	机动车交通事 故责任纠纷 （16.50%）	房屋拆迁安置 补偿合同纠纷 （11.88%）	建设工程 合同纠纷 （13.34%）	租赁合同纠纷 （5.62%）

同时，从表 1-8 中可以看出，民事案件的再审率并无特定规律，而是根据当年的特殊情形存在一定的偶发性。比如，受 2016 年到 2017 年四川地区房价突飞猛进和政策调整的影响，房屋买卖合同纠纷剧增，且争议的案件主要为二手房买卖。随着 2016 年《四川省高级人民法院关于审理民间借贷纠纷案件若干问题的指导意见》的发布，随后几年民间借贷纠纷再审率均呈现较高态势。2020 年，四川高院关于执行异议之诉案件的再审率猛增至 46.30%，这一数据反映出基于 2019 年年底开始的多种因素的影响，导致各类债权债务的履行存在障碍，进而间接引发执行程序中相关纠纷的爆发。

四、民事抗诉案件在再审中的占比情况

根据《民事诉讼法》第二百一十五条的规定，检察院对法院已经发生法律效力的判决、裁定，发现有第二百零七条规定的再审情形之一的，或者发现调解书损害国家利益、社会公共利益的，可以提出检察建议或抗诉。通常而言，这是申请再审或再审之后的最后一道法定救济途径，对此

每一级检察院设有专门的民事行政检察部门来处理民事抗诉案件，对于检察院提出抗诉的案件，法院应当再审。

但从图1-4中可以看出，以四川高院裁定再审的案件为例，抗诉案件在再审案件中的占比极少，近六年普遍占比在5%以下，最高的也不足10%。可见，当事人想要通过抗诉启动再审的可能性十分渺茫。

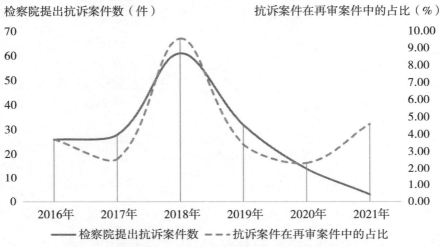

图 1-4　2016 年至 2021 年四川地区抗诉案件在再审案件中的占比

第三节　律师在民事再审程序中的价值

法律服务行业是特殊的服务行业领域，若站在个案中客户的角度，法律服务的核心实质是客户购买法律专业服务者（以律师为代表）的服务，并在律师提供的服务中解决具体法律问题，以及因此对律师进行评价的过程。根据这一判断，法律服务行业与其他服务行业似乎并没有本质区别。但按照目前法律服务行业普遍遵循的方式，可以将法律服务笼统地分为"诉讼法律服务"和"非诉讼法律服务"两大类。笔者认为，前述对法律服务的定义和评价方式更适用于"非诉讼法律服务"。而诉讼法律服务由于诉讼结果受多方因素控制，我们不应当仅以客户的评价来断定此种法律服务的价值，对于最终成功概率不到 10% 的再审法律诉讼服务更是如此。那么，对律师再审法律服务的价值到底应当如何评判？再审律师又应当如何定位自己的个案价值和社会价值呢？

一、律师对自己在再审程序中价值定位的认知

再审纠错程序存在胜诉概率极低的客观现实，如果律师把再审法律服务定位为满足委托人对胜诉结果的追求，由于越失望的结果源于越高的预期，律师在再审程序中的法律服务价值则大概率会被低估。因此，作为律师，我们应当充分认识再审在我国司法程序中的价值，同时正向引导委托人对再审程序的认知。对一般的诉讼类服务来说，二审结果（或一审）就是一个句点，而对再审来说二审结果只是一个开始，而这个"结果"至少形式上已经经过了法律权威流程认证的结论，要改变一个"权威的既成事实"相较在原审之初的"可能事实"不可同日而语。这样的局面导致了对再审诉讼类服务来说，如果仅从诉讼结果判断，一般而言是不存在比二审结果还要糟糕的结果（实践中，比二审结果还要糟糕的结果是客观存在的，如双方都提起再审的情形或法院院长纠错启动的再审程序）。因此，再审诉讼法律服务正因为客户面临的糟糕局面，律师的"胸有成竹"或许更容易促成交易。但律师应放弃以简单促成交易为目标的谈判方式，而是以存在改变原审生效裁判结果的可能性作为正确的价值引导。此种价值引导方式既贴合客户寻找再审法律服务的初衷，也兼顾了诉讼法律服务特别是再审诉讼法律服务的特点，即再审诉讼法律服务要满足的不是当事人原审的主张，而是一种对已经属于"权威的既成事实"这一糟糕结果的救济可能。

二、司法文件对再审律师的价值定位

2017 年 4 月 1 日，最高人民法院、最高人民检察院、司法部联合出台并发布了《律师代理申诉制度意见》，这是最高人民法院、最高人民检察

院以及司法部第一次就律师代理某一类型的案件专门出台的规范性文件。该意见一共十七条，虽然全文并未就"申诉案件"的具体范围进行说明，但是根据全文理解应该包括了民事诉讼案件、行政诉讼案件以及刑事诉讼案件等所有诉讼案件裁判文书生效之后，为启动审判监督程序而发生的申诉，同时亦包括了申诉之后的检察监督、检察复议、申请法院依职权纠错等程序。该意见对律师代理申诉案件的必要性进行了肯定，对律师代理申诉案件的价值定位可以从以下几个方面解读。

（一）律师代理申诉案件是贯彻落实依法治国的重要一环

《律师代理申诉制度意见》开篇讲道："实行律师代理申诉制度，是保障当事人依法行使申诉权利，实现申诉法治化，促进司法公正，提高司法公信，维护司法权威的重要途径。"我国没有就其他民事诉讼程序（如一审程序）律师应当如何代理以及强调律师代理的必要性等问题专门出台规范性文件的原因在于，对不服司法机关生效裁判的申诉到底应该如何进行，若没有专业律师的参与，绝大多数当事人仅仅就如何提起申诉程序都是一头雾水的。因此，申诉案件缺乏律师代理必然导致该程序的进入并处于无序状态，这与我国逐年递增的申诉案件数量（主要体现在民事申请再审领域）的发展是不匹配的。所以该意见的第一条不仅规定了当事人可以自行委托律师，也规定了"人民法院、人民检察院可以引导申诉人、被申诉人委托律师代为进行"。[①] 类似的规定亦出现在最高人民法院 2021 年《四级法院审级职能改革办法》第十六条。[②]

———————

① 《律师代理申诉制度意见》
一、坚持平等、自愿原则。当事人对人民法院、人民检察院作出的生效裁判、决定不服，提出申诉的，可以自行委托律师；人民法院、人民检察院可以引导申诉人、被申诉人委托律师代为进行。申诉人因经济困难没有委托律师的，可以向法律援助机构提出申请。
② 《四级法院审级职能改革办法》
第十六条 当事人向最高人民法院申请再审的，最高人民法院应当向其释明委托律师作为诉讼代理人的必要性。
对于委托律师有困难的再审申请人，最高人民法院应当及时告知其有权申请法律援助。

（二）律师代理申诉案件有利于提升案件的申诉质量，保障当事人的合法权益

律师代理申诉案件由于原则上不得实施风险代理，[①] 这在大体上有助于提升案件的申诉质量。众所周知，一般而言申诉案件没有诉讼费，如果律师代理也可以零成本，会让更多当事人抱着试一试的心态进行申诉。由于申诉案件的程序特点和申诉成功的低概率，我们深知申诉案件即便通过前期论证认为存在申诉事由，但其代理工作的难度不亚于甚至普遍高于原审，对律师而言需要投入的时间、精力和专注程度有更高的要求。因此，申诉案件不得实行风险代理有助于减少不必要的纠纷，同时也有助于律师代理费的低价恶意竞争情况的减少。从长远角度出发，这对提升申诉质量进而保障当事人的合法权益是有利的。

（三）律师代理申诉案件有助于减轻法院、检察院的办案压力，提升办案质量，亦有助于促进律师的专业化进程

当事人不服生效裁判欲提起申诉，在聘请律师的咨询过程中，律师对于确实没有法定申诉理由的案件一般来说都会给出息诉服判的指引，这在一定程度上减少了法院、检察院的申诉案件数量；确定申诉的案件通过律师的代理，则能使其申诉材料在形式上更加规范，申诉理由更加具体合法，有助于法院、检察院在审限内完成审查工作。

同时，由于《律师代理申诉制度意见》中明确鼓励建立健全律师代理申诉激励制度，并建议"全面加强律师代理申诉业务培训和指导，通过

---

① 《律师代理申诉制度意见》

十五、强化律师代理申诉执业管理。对律师在代理申诉过程中，违反《中华人民共和国律师法》《律师执业管理办法》等规定，具有煽动、教唆和组织申诉人以违法方式表达诉求；利用代理申诉案件过程中获得的案件信息进行歪曲、有误导性的宣传和评论，恶意炒作案件；与申诉人签订风险代理协议；在人民法院或者人民检察院驻点提供法律服务时接待其他当事人，或者通过虚假承诺、明示或暗示与司法机关的特殊关系等方式诱使其他当事人签订委托代理协议等行为的，司法行政部门或者律师协会应当相应给予行业处分和行政处罚。构成犯罪的，依法追究刑事责任。

人民法院、人民检察院发现律师存在违法违规行为的，应当向司法行政部门、律师协会提出处罚、处分建议。司法行政部门、律师协会核查后，应当将结果及时通报建议机关。

将代理申诉业绩作为评选优秀律师事务所、优秀律师等重要条件"等，[①]这将在制度层面有利于促进律师将代理申诉案件作为专业分类。客观地说，我国现在已经出现了一批将代理申诉案件作为主要业务类型的律所和律师，特别是在民事再审领域。因此，我们可以说，律师代理申诉案件的价值亦体现在有助于提升自身的专业能力，促进自身长远的职业规划，利他利己。

（四）律师要在看到再审的"难"的同时，也要看到再审的"易"，让当事人充分感受到再审律师服务的价值

笔者团队虽然主要专注于民事再审业务，但并非我们找到了再审的制胜秘诀，客观地说，笔者团队在民事再审业务方面并非所向披靡，也相信现今也没有哪个专业律师团队能够对申请再审业务夸下高胜诉率的海口。但正因再审程序的"难"，所以再审程序需要律师将本就应当具备的工匠精神发挥到极致，在对待每一份再审申请书时就应像对待一份定制的手工艺术品一般，构思、设计、选材、雕刻、打磨，反反复复，连同"包装盒"也不能马虎。

再审审查程序虽然以法院主导的书面审查方式为主，但是如何让当事人"感知"到律师服务，这对当事人对律师价值的肯定尤为重要。对于再审诉讼法律服务来说，在建立委托关系之初，律师应充分告知委托人该项服务流程的复杂性和每一个步骤的重要性，实体程序的实现依赖于程序的争取。例如，怎样准确高效地申请立案、如何为当事人争取询问程序，这样在过程中每迎来一次进展，如一张受理通知书、一次询问、一次有准备的诉讼策略沟通，都会让客户感受到律师价值的存在。因此，建议再审

---

① 《律师代理申诉制度意见》

十四、建立申诉案件代理质量监管机制。司法行政部门指导当地律师协会将律师代理申诉业绩作为律师事务所检查考核和律师执业年度考核的重要指标。

十六、建立健全律师代理申诉激励机制。人民法院、人民检察院、司法行政部门要营造支持律师开展代理申诉工作的良好氛围。全面加强律师代理申诉业务培训和指导，通过将代理申诉业绩作为评选优秀律师事务所、优秀律师等重要条件，定期开展专项表彰，在人才培养、项目分配、扶持发展、办案补贴等方面给予倾斜，同等条件下优先招录表现优异的律师作为法官、检察官等措施，调动律师代理申诉的积极性。

律师尽可能以有形的、可以客观感知的状态和形式，让当事人及时准确地了解其所接受服务的进度以及有效的信息，同时可以让其适当地参与其中，这是让接受服务的对象肯定律师价值的必要条件。

同时，我们也应当看到再审的"易"。经历了原审的败诉，当事人的预期往往会降低。在明白了再审审查的特点后，当事人亦会前所未有（也是别无选择）地将焦点集中到案件本身的法律问题中来；且由于再审审查程序少了保全、变更诉求、追加当事人、送达等繁杂的程序特点，法官和律师的精力也能高度集中到案件本身的专业上来。笔者认为，这是最"干净"的诉讼程序，也是最能让律师的专业技能得到来自法院的正面评价的诉讼程序。

笔者认为，法律总有其规范的目的，也必然体现特定的价值观。在本章的开篇中也讲到，再审法院关于统一裁判尺度的再审职能往往需要依赖再审法官作出价值选择，而这种价值选择必然是相较原审判决来说更能正确引导社会价值的选择。再审律师在再审程序中的价值和再审法院的职能定位以及再审法官的价值选择是融为一体的。有时候，我们以为我们是因为喜欢做一件事情而去做它，而更多时候我们会发现我们是因为认真做了一件事情而热爱它，此种热爱亦是价值本身。

第二章

民事申请再审的程序指引

第一节　民事申请再审概述

我国民事诉讼实行两审终审制，一个案件经过两级法院审理后，所作出的裁判是发生法律效力的裁判。对于已经发生法律效力的裁判，当事人如认为存在实体错误或程序错误，只能通过审判监督程序予以救济。审判监督程序，即通常所说的再审程序，是指法院对已经发生法律效力的判决书、裁定书、调解书，发现确有错误，启动对原案件的重新审理并作出裁判结果。

再审程序分为再审审查和再审审理两个阶段。在再审审查阶段，法院对当事人申请再审主张的事由是否构成《民事诉讼法》第二百零七条①、第二百零八条②规定的应当再审的情形进行审查，作出是否再审的裁定，解决的是"原审裁判是否存在错误"的问题；在再审审理阶段，法院对

---

① 《民事诉讼法》（2021 年修正）

第二百零七条　当事人的申请符合下列情形之一的，人民法院应当再审：

（一）有新的证据，足以推翻原判决、裁定的；

（二）原判决、裁定认定的基本事实缺乏证据证明的；

（三）原判决、裁定认定事实的主要证据是伪造的；

（四）原判决、裁定认定事实的主要证据未经质证的；

（五）对审理案件需要的主要证据，当事人因客观原因不能自行收集，书面申请人民法院调查收集，人民法院未调查收集的；

（六）原判决、裁定适用法律确有错误的；

（七）审判组织的组成不合法或者依法应当回避的审判人员没有回避的；

（八）无诉讼行为能力人未经法定代理人代为诉讼或者应当参加诉讼的当事人，因不能归责于本人或者其诉讼代理人的事由，未参加诉讼的；

（九）违反法律规定，剥夺当事人辩论权利的；

（十）未经传票传唤，缺席判决的；

（十一）原判决、裁定遗漏或者超出诉讼请求的；

（十二）据以作出原判决、裁定的法律文书被撤销或者变更的；

（十三）审判人员审理该案件时有贪污受贿，徇私舞弊，枉法裁判行为的。

② 《民事诉讼法》（2021 年修正）

第二百零八条　当事人对已经发生法律效力的调解书，提出证据证明调解违反自愿原则或者调解协议的内容违反法律的，可以申请再审。经人民法院审查属实的，应当再审。

原案件进行重新审理并作出裁判结果，解决的是"案件应当如何裁判"的问题。再审审查和再审审理两个阶段的不同程序功能，也决定了律师代理再审案件两个阶段的不同侧重点。

根据《民事诉讼法》及相关司法解释的规定，民事案件再审程序的启动有三个路径，分别是当事人申请启动的再审、检察院通过民事检察监督启动的再审以及法院依职权启动的再审。其中，当事人申请再审是启动再审程序的主要渠道，检察院民事检察监督作为启动再审程序的补充，法院依职权作为启动再审程序的例外。故本书将主要从当事人申请再审的角度进行介绍与讨论分析，检察院、法院启动的再审作为补充介绍。

第二节　申请再审的主体

一、当事人申请再审

根据《民事诉讼法》第二百零六条①的规定，当事人作为受法院生效裁判文书约束的主体，享有申请再审的权利。判断当事人是否为适格的再审申请人，直接依据其是否系生效裁判文书所列明的诉讼参与人。如当事人死亡或者终止，根据《民事诉讼法司法解释》第三百七十三条②第一款、《审判监督程序司法解释》第二十九条③的规定，其权利义务的承继

---

① 《民事诉讼法》（2021年修正）

第二百零六条　当事人对已经发生法律效力的判决、裁定，认为有错误的，可以向上一级人民法院申请再审；当事人一方人数众多或者当事人双方为公民的案件，也可以向原审人民法院申请再审。当事人申请再审的，不停止判决、裁定的执行。

② 《民事诉讼法司法解释》（2022年修正）

第三百七十三条　当事人死亡或者终止的，其权利义务承继者可以根据民事诉讼法第二百零六条、第二百零八条的规定申请再审。

判决、调解书生效后，当事人将判决、调解书确认的债权转让，债权受让人对该判决、调解书不服申请再审的，人民法院不予受理。

③ 《审判监督程序司法解释》（2020年修正）

第二十九条　民事再审案件的当事人应为原审案件的当事人。原审案件当事人死亡或者终止的，其权利义务承受人可以申请再审并参加再审诉讼。

者可以申请再审并参加再审诉讼。

需要注意的是，如当事人将生效判决、调解书确认的债权进行了转让，根据《民事诉讼法司法解释》第三百七十三条第二款的规定，债权受让人不能对该判决、调解书申请再审。

二、案外人申请再审

司法实践中，案外人的合法权益因生效裁判受到损害的情形并不少见（多为恶意、虚假诉讼），为保障合法权益受到生效法律文书侵害的案外人享有救济权利，同时也为避免案外人滥用诉权，维护生效裁判的稳定性，《民事诉讼法》及相关司法解释对于案外人申请再审亦作了严格规定。《民事诉讼法司法解释》根据案件是否已经进入执行程序，规定了案外人可以申请再审的两种情形：第一种情形是第四百二十条①第一款所规定的，在案件尚未进入执行程序时，必须共同进行诉讼的当事人，因不能归责于本人或者其诉讼代理人的事由未参加诉讼的，可以依据《民事诉讼法》第二百零七条第八项②的规定申请再审；第二种情形是第四百二十一条③所规定的，在案件已经进入执行程序后，案外人在执行过程中根据

---

① 《民事诉讼法司法解释》（2022 年修正）

第四百二十条　必须共同进行诉讼的当事人因不能归责于本人或者其诉讼代理人的事由未参加诉讼的，可以根据民事诉讼法第二百零七条第八项规定，自知道或者应当知道之日起六个月内申请再审，但符合本解释第四百二十一条规定情形的除外。

人民法院因前款规定的当事人申请而裁定再审，按照第一审程序再审的，应当追加其为当事人，作出新的判决、裁定；按照第二审程序再审，经调解不能达成协议的，应当撤销原判决、裁定，发回重审，重审时应追加其为当事人。

② 《民事诉讼法》（2021 年修正）

第二百零七条　当事人的申请符合下列情形之一的，人民法院应当再审：

……

（八）无诉讼行为能力人未经法定代理人代为诉讼或者应当参加诉讼的当事人，因不能归责于本人或者其诉讼代理人的事由，未参加诉讼的；

……

③ 《民事诉讼法司法解释》（2022 年修正）

第四百二十一条　根据民事诉讼法第二百三十四条规定，案外人对驳回其执行异议的裁定不服，认为原判决、裁定、调解书内容错误损害其民事权益的，可以自执行异议裁定送达之日起六个月内，向作出原判决、裁定、调解书的人民法院申请再审。

《民事诉讼法》第二百三十四条①的规定，对执行标的提出书面异议，法院经审查认为其异议理由不成立而裁定驳回异议，案外人对驳回其执行异议的裁定不服，认为原判决、裁定、调解书内容错误损害其民事权益的，可以向作出原判决、裁定、调解书的法院申请再审。

需要注意的是，上述两种情形所称"案外人"的外延并不相同。能够按照上述第一种情形以《民事诉讼法》第二百零七条第八项的规定申请再审的案外人，仅限必须共同进行诉讼的当事人，也即必要的共同诉讼当事人。而在第二种情形下，能够根据《民事诉讼法》第二百三十四条的规定提出再审请求的案外人，除必要的共同诉讼当事人外，还包括非必要的共同诉讼当事人，法院对两类案外人再审申请的处理也并不相同。②

---

① 《民事诉讼法》（2021 年修正）

第二百三十四条　执行过程中，案外人对执行标的提出书面异议的，人民法院应当自收到书面异议之日起十五日内审查，理由成立的，裁定中止对该标的的执行；理由不成立的，裁定驳回。案外人、当事人对裁定不服，认为原判决、裁定错误的，依照审判监督程序办理；与原判决、裁定无关的，可以自裁定送达之日起十五日内向人民法院提起诉讼。

② 《民事诉讼法司法解释》（2022 年修正）

第四百二十二条　根据民事诉讼法第二百三十四条规定，人民法院裁定再审后，案外人属于必要的共同诉讼当事人的，依照本解释第四百二十条第二款规定处理。

案外人不是必要的共同诉讼当事人的，人民法院仅审理原判决、裁定、调解书对其民事权益造成损害的内容。经审理，再审请求成立的，撤销或者改变原判决、裁定、调解书；再审请求不成立的，维持原判决、裁定、调解书。

三、检察院提起民事检察监督

根据《民事诉讼法》第二百一十五条①、第二百一十八条②以及《民事诉讼法司法解释》第四百一十七条③的规定，最高人民检察院对各级法院作出的、上级检察院对下级法院作出的生效判决、裁定提出抗诉，法院应当裁定再审；对于同级检察院提出的检察建议，则由法院组成合议庭审查决定是否再审。

四、法院依职权启动再审

根据《民事诉讼法》第二百零五条④的规定，法院依职权可以直接启动再审程序，具体包括本院院长提交审判委员会讨论决定再审、最高人民法院和上级法院提审或者指令再审两种情形。

---

① 《民事诉讼法》（2021年修正）

第二百一十五条　最高人民检察院对各级人民法院已经发生法律效力的判决、裁定，上级人民检察院对下级人民法院已经发生法律效力的判决、裁定，发现有本法第二百零七条规定情形之一的，或者发现调解书损害国家利益、社会公共利益的，应当提出抗诉。

地方各级人民检察院对同级人民法院已经发生法律效力的判决、裁定，发现有本法第二百零七条规定情形之一的，或者发现调解书损害国家利益、社会公共利益的，可以向同级人民法院提出检察建议，并报上级人民检察院备案；也可以提请上级人民检察院向同级人民法院提出抗诉。

各级人民检察院对审判监督程序以外的其他审判程序中审判人员的违法行为，有权向同级人民法院提出检察建议。

② 《民事诉讼法》（2021年修正）

第二百一十八条　人民检察院提出抗诉的案件，接受抗诉的人民法院应当自收到抗诉书之日起三十日内作出再审的裁定；有本法第二百零七条第一项至第五项规定情形之一的，可以交下一级人民法院再审，但经该下一级人民法院再审的除外。

③ 《民事诉讼法司法解释》（2022年修正）

第四百一十七条　人民法院收到再审检察建议后，应当组成合议庭，在三个月内进行审查，发现原判决、裁定、调解书确有错误，需要再审的，依照民事诉讼法第二百零五条规定裁定再审，并通知当事人；经审查，决定不予再审的，应当书面回复人民检察院。

④ 《民事诉讼法》（2021年修正）

第二百零五条　各级人民法院院长对本院已经发生法律效力的判决、裁定、调解书，发现确有错误，认为需要再审的，应当提交审判委员会讨论决定。

最高人民法院对地方各级人民法院已经发生法律效力的判决、裁定、调解书，上级人民法院对下级人民法院已经发生法律效力的判决、裁定、调解书，发现确有错误的，有权提审或者指令下级人民法院再审。

第三节　申请再审的范围

一、对判决书申请再审

根据《民事诉讼法》第二百零六条①的规定，对发生法律效力的判决，当事人认为有错误的，通常情形下都可以申请再审，但《民事诉讼法》及相关司法解释中，亦对生效判决不能申请再审的例外情形作了明确规定。

（一）解除婚姻关系的判决、调解书不能申请再审

根据《民事诉讼法》第二百零九条②的规定，对已经发生法律效力的解除婚姻关系的判决、调解书，当事人不得申请再审。但对于离婚案件中涉及的财产分割部分和子女抚养费部分，根据《民事诉讼法司法解释》第三百八十条③的规定，当事人可以申请再审。

（二）按照非讼程序审理的案件不能申请再审

根据《民事诉讼法司法解释》第三百七十八条的规定，适用特别程序、督促程序、公示催告程序、破产程序等非讼程序审理的案件，当事人不得申请再审。

---

① 《民事诉讼法》（2021 年修正）

第二百零六条　当事人对已经发生法律效力的判决、裁定，认为有错误的，可以向上一级人民法院申请再审；当事人一方人数众多或者当事人双方为公民的案件，也可以向原审人民法院申请再审。当事人申请再审的，不停止判决、裁定的执行。

② 《民事诉讼法》（2021 年修正）

第二百零九条　当事人对已经发生法律效力的解除婚姻关系的判决、调解书，不得申请再审。

③ 《民事诉讼法司法解释》（2022 年修正）

第三百八十条　当事人就离婚案件中的财产分割问题申请再审，如涉及判决中已分割的财产，人民法院应当依照民事诉讼法第二百零七条的规定进行审查，符合再审条件的，应当裁定再审；如涉及判决中未作处理的夫妻共同财产，应当告知当事人另行起诉。

（三）刑事附带民事案件中民事判决部分原则上不能申请再审

关于刑事附带民事案件中民事判决部分能否申请再审的问题，现行法律中并无明确规定，仅《再审立案意见（试行）》第十一条①规定，除非有证据证明民事部分明显失当且原审被告人有赔偿能力，法院对刑事附带民事案件中仅就民事部分提出申诉的，一般不予再审立案。此外，结合刑事附带民事案件的受理和审理系依据《刑事诉讼法》及相关司法解释，即使当事人单独对刑事附带民事部分申请再审的，也不应当作为民事申请再审案件受理。

（四）经再审程序作出的判决能否申请再审的问题

首先，何谓"再审判决"，在《民事诉讼法》及相关司法解释中并无明确概念，可以参照的是《全国法院民事再审审查工作座谈会纪要》第五条的规定，有下列情形之一的，为民事诉讼法第二百零九条（现第二百一十六条）第三项规定的再审判决、裁定：（1）第一审人民法院对于生效第一审判决、裁定，由本院再审后作出的、当事人未在法定期间内上诉的判决、裁定；（2）第二审人民法院对于生效第二审判决、裁定，由本院再审后作出的判决、裁定；（3）上级人民法院对于生效判决、裁定提审后作出的判决、裁定。该条以肯定列举的方式列明了三种属于再审判决、裁定的情形。但对于经过再审程序作出的判决能否申请再审，是司法实践中存在争议的问题。具体的分析讨论，参见本书第七章第四节的相关内容。

---

① 《再审立案意见（试行）》

第十一条　人民法院对刑事附带民事案件中仅就民事部分提出申诉的，一般不予再审立案。但有证据证明民事部分明显失当且原审被告人有赔偿能力的除外。

二、对裁定书申请再审

《民事诉讼法》第一百五十七条①第一款规定了裁定适用的十一项情形，第二款规定了其中可以提起上诉的三类裁定（不予受理、管辖权异议、驳回起诉），但根据《民事诉讼法司法解释》第三百七十九条②的规定，当事人可以申请再审的裁定仅为发生法律效力的不予受理和驳回起诉两类裁定，除该两类裁定外，对于其他类型的裁定，当事人不能申请再审。

在此需要指出三点：一是《民事诉讼法》（2007 年修正）第一百七十九条关于法院应当再审的十三项情形规定中，第七项曾将"管辖错误"列入可以申请再审的事由，但在其后 2012 年《民事诉讼法》修改时，已将管辖权异议的再审事由予以删除。因此，根据现行法律规定，对于管辖权异议的裁定，当事人不能申请再审。二是就《民事诉讼法司法解释》第三百七十九条的立法原意而言，有且只有该两类裁定可以申请再审，对于法院作出的按撤诉处理（包括按撤回起诉处理、按撤回上诉处理）的裁定，当事人亦不能申请再审。三是根据《再审立案意见（试行）》第

---

① 《民事诉讼法》（2021 年修正）

第一百五十七条　裁定适用于下列范围：

（一）不予受理；

（二）对管辖权有异议的；

（三）驳回起诉；

（四）保全和先予执行；

（五）准许或者不准许撤诉；

（六）中止或者终结诉讼；

（七）补正判决书中的笔误；

（八）中止或者终结执行；

（九）撤销或者不予执行仲裁裁决；

（十）不予执行公证机关赋予强制执行效力的债权文书；

（十一）其他需要裁定解决的事项。

对前款第一项至第三项裁定，可以上诉。

裁定书应当写明裁定结果和作出该裁定的理由。裁定书由审判人员、书记员署名，加盖人民法院印章。口头裁定的，记入笔录。

② 《民事诉讼法司法解释》（2022 年修正）

第三百七十九条　当事人认为发生法律效力的不予受理、驳回起诉的裁定错误的，可以申请再审。

十四条①第二项的规定，对于法院裁定撤销仲裁裁决和裁定不予执行仲裁裁决的案件，当事人申请再审的，法院不予受理。

三、对调解书申请再审

根据《民事诉讼法》第二百零八条②的规定，对于已经发生法律效力的调解书，原则上当事人不能申请再审，仅在有证据证明调解违反自愿原则或者调解协议内容违反法律这两种情形下，当事人可以申请再审。

需要指出的是，司法实践中调解达成协议，一般需经双方签字确认，法院根据双方达成的调解协议出具调解书，因此，当事人能够举证证明调解违反自愿原则的难度极大，据此申请再审的情形极少，对调解书申请再审更为常见的情形是提供证据证明"调解协议的内容违反法律"。

四、检察院提起检察监督及法院依职权启动再审的裁判文书范围

对于检察院提起民事检察监督而启动的再审③，判决、裁定范围均应

---

① 《再审立案意见（试行）》

第十四条　人民法院对下列民事案件的再审申请不予受理：

（一）人民法院依照督促程序、公示催告程序和破产还债程序审理的案件；

（二）人民法院裁定撤销仲裁裁决和裁定不予执行仲裁裁决的案件；

（三）人民法院判决、调解解除婚姻关系的案件，但当事人就财产分割问题申请再审的除外。

② 《民事诉讼法》（2021年修正）

第二百零八条　当事人对已经发生法律效力的调解书，提出证据证明调解违反自愿原则或者调解协议的内容违反法律的，可以申请再审。经人民法院审查属实的，应当再审。

③ 《民事诉讼法》（2021年修正）

第二百一十五条　最高人民检察院对各级人民法院已经发生法律效力的判决、裁定，上级人民检察院对下级人民法院已经发生法律效力的判决、裁定，发现有本法第二百零七条规定情形之一的，或者发现调解书损害国家利益、社会公共利益的，应当提出抗诉。

地方各级人民检察院对同级人民法院已经发生法律效力的判决、裁定，发现有本法第二百零七条规定情形之一的，或者发现调解书损害国家利益、社会公共利益的，可以向同级人民法院提出检察建议，并报上级人民检察院备案；也可以提请上级人民检察院向同级人民法院提出抗诉。

各级人民检察院对审判监督程序以外的其他审判程序中审判人员的违法行为，有权向同级人民法院提出检察建议。

当符合《民事诉讼法》第二百零七条①规定的情形；调解书范围则应当存在"损害国家利益、社会公共利益"的情形。而对于法院依职权启动的再审②，其可以再审的判决、裁定、调解书范围，《民事诉讼法》及相关司法解释中并无限制性规定。

第四节　申请再审的期限

当事人对生效判决、裁定申请再审的期限，根据《民事诉讼法》第二百一十二条③的规定，原则上应当在判决、裁定发生法律效力后六个月

---

① 《民事诉讼法》（2021 年修正）

第二百零七条　当事人的申请符合下列情形之一的，人民法院应当再审：

（一）有新的证据，足以推翻原判决、裁定的；

（二）原判决、裁定认定的基本事实缺乏证据证明的；

（三）原判决、裁定认定事实的主要证据是伪造的；

（四）原判决、裁定认定事实的主要证据未经质证的；

（五）对审理案件需要的主要证据，当事人因客观原因不能自行收集，书面申请人民法院调查收集，人民法院未调查收集的；

（六）原判决、裁定适用法律确有错误的；

（七）审判组织的组成不合法或者依法应当回避的审判人员没有回避的；

（八）无诉讼行为能力人未经法定代理人代为诉讼或者应当参加诉讼的当事人，因不能归责于本人或者其诉讼代理人的事由，未参加诉讼的；

（九）违反法律规定，剥夺当事人辩论权利的；

（十）未经传票传唤，缺席判决的；

（十一）原判决、裁定遗漏或者超出诉讼请求的；

（十二）据以作出原判决、裁定的法律文书被撤销或者变更的；

（十三）审判人员审理该案件时有贪污受贿，徇私舞弊，枉法裁判行为的。

② 《民事诉讼法》（2021 年修正）

第二百零五条　各级人民法院院长对本院已经发生法律效力的判决、裁定、调解书，发现确有错误，认为需要再审的，应当提交审判委员会讨论决定。

最高人民法院对地方各级人民法院已经发生法律效力的判决、裁定、调解书，上级人民法院对下级人民法院已经发生法律效力的判决、裁定、调解书，发现确有错误的，有权提审或者指令下级人民法院再审。

③ 《民事诉讼法》（2021 年修正）

第二百一十二条　当事人申请再审，应当在判决、裁定发生法律效力后六个月内提出；有本法第二百零七条第一项、第三项、第十二项、第十三项规定情形的，自知道或者应当知道之日起六个月内提出。

内提出，如存在《民事诉讼法》第二百零七条第一项（有新的证据，足以推翻原判决、裁定的）、第三项（原判决、裁定认定事实的主要证据是伪造的）、第十二项（据以作出原判决、裁定的法律文书被撤销或者变更的）、第十三项（审判人员审理该案件时有贪污受贿，徇私舞弊，枉法裁判行为的）规定情形的，则应当在知道或者应当知道之日起六个月内提出。

当事人对生效调解书申请再审的期限，根据《民事诉讼法司法解释》第三百八十二条①的规定，应当在调解书发生法律效力后六个月内提出。

检察院提起民事检察监督启动的再审②以及法院依职权启动的再审③，在《民事诉讼法》及相关司法解释中则并无明确时间期限的规定。

需要注意的是，当事人申请再审的期限是不变期间，不适用诉讼时效中止、中断、延长的规定，这一点在《民事诉讼法司法解释》第一百二

---

① 《民事诉讼法司法解释》（2022 年修正）

第三百八十二条 当事人对已经发生法律效力的调解书申请再审，应当在调解书发生法律效力后六个月内提出。

② 《民事诉讼法》（2021 年修正）

第二百一十五条 最高人民检察院对各级人民法院已经发生法律效力的判决、裁定，上级人民检察院对下级人民法院已经发生法律效力的判决、裁定，发现有本法第二百零七条规定情形之一的，或者发现调解书损害国家利益、社会公共利益的，应当提出抗诉。

地方各级人民检察院对同级人民法院已经发生法律效力的判决、裁定，发现有本法第二百零七条规定情形之一的，或者发现调解书损害国家利益、社会公共利益的，可以向同级人民法院提出检察建议，并报上级人民检察院备案；也可以提请上级人民检察院向同级人民法院提出抗诉。

各级人民检察院对审判监督程序以外的其他审判程序中审判人员的违法行为，有权向同级人民法院提出检察建议。

③ 《民事诉讼法》（2021 年修正）

第二百零五条 各级人民法院院长对本院已经发生法律效力的判决、裁定、调解书，发现确有错误，认为需要再审的，应当提交审判委员会讨论决定。

最高人民法院对地方各级人民法院已经发生法律效力的判决、裁定、调解书，上级人民法院对下级人民法院已经发生法律效力的判决、裁定、调解书，发现确有错误的，有权提审或者指令下级人民法院再审。

十七条①、《审判监督程序司法解释》第二条②均有明确规定，其目的在于督促当事人及时行使权利，维护生效裁判的稳定性。

虽然《民事诉讼法》规定了当事人申请再审在"知道或者应当知道"之日起六个月内提出的四种情形，但在司法实践中，当事人依据第二百零七条第三项、第十二项、第十三项所规定的情形，自知道或者应当知道之日起六个月内提出再审申请的情形较少（通常是基于特定事件的发生而出现的结果），更为常见的情形则是依据第二百零七条第一项规定的情形，即知道或者应当知道新的证据之日起六个月提出再审申请，究其原因主要在于，《民事诉讼法司法解释》第三百八十六条③对再审新证据的认定标准作出了明确规定，且"知道"或者"应当知道"的时间起算认定本身亦存在弹性，当事人可以通过"新的证据"事由提出再审申请，从而突破申请再审期限应当在判决、裁定发生法律效力后六个月内提出的时间限制。

此外，还需要注意的是，在2012年《民事诉讼法》修改以前，《民事诉讼法》（2007年修正）对于当事人申请再审期限的规定是在判决、裁定发生法律效力后二年内提出，二年后据以作出原判决、裁定的法律文书被撤销或者变更，以及发现审判人员在审理该案件时有贪污受贿、徇私舞弊、枉法裁判行为的，自知道或者应当知道之日起三个月内提出。但这一

---

① 《民事诉讼法司法解释》（2022年修正）

第一百二十七条 民事诉讼法第五十九条第三款、第二百一十二条以及本解释第三百七十二条、第三百八十二条、第三百九十九条、第四百二十条、第四百二十一条规定的六个月，民事诉讼法第二百三十条规定的一年，为不变期间，不适用诉讼时效中止、中断、延长的规定。

② 《审判监督程序司法解释》（2020年修正）

第二条 民事诉讼法第二百零五条（现第二百一十二条）规定的申请再审期间不适用中止、中断和延长的规定。

③ 《民事诉讼法司法解释》（2022年修正）

第三百八十六条 再审申请人证明其提交的新的证据符合下列情形之一的，可以认定逾期提供证据的理由成立：

（一）在原审庭审结束前已经存在，因客观原因于庭审结束后才发现的；

（二）在原审庭审结束前已经发现，但因客观原因无法取得或者在规定的期限内不能提供的；

（三）在原审庭审结束后形成，无法据此另行提起诉讼的。

再审申请人提交的证据在原审中已经提供，原审人民法院未组织质证且未作为裁判根据的，视为逾期提供证据的理由成立，但原审人民法院依照民事诉讼法第六十八条规定不予采纳的除外。

规定在司法实践中带来的问题是，申请再审期限的过长不利于生效裁判文书的稳定性，由此导致法律关系长期处于不稳定状态，因此在 2012 年《民事诉讼法》修改时，将当事人申请再审的期限调整为六个月，同时还增加了"有新的证据，足以推翻原判决、裁定的"以及"原判决、裁定认定事实的主要证据是伪造的"该两种"知道或者应当知道"的情形。

第五节　申请再审的管辖

根据《民事诉讼法》第二百零六条①的规定，民事案件申请再审的管辖以上级法院审查为原则、以同级法院审查为例外，即当事人对生效判决、裁定认为有错误的，可以向上一级法院申请再审；当事人一方人数众多或者当事人双方为公民的案件，也可以向原审法院申请再审。对该条管辖规定需要注意的是，一是根据《民事诉讼法司法解释》第七十五条②、第三百七十四条③的规定，可以向原审法院申请再审的当事人一方人数众多的案件。其中，"人数众多"一般指十人以上，包括公民、法人和其他组织。二是根据该司法解释第三百七十七条④的规定，可以向原审法院申请再审的两类案件，如果当事人分别向原审法院和上一级法院申请再审且

---

① 《民事诉讼法》（2021 年修正）

第二百零六条　当事人对已经发生法律效力的判决、裁定，认为有错误的，可以向上一级人民法院申请再审；当事人一方人数众多或者当事人双方为公民的案件，也可以向原审人民法院申请再审。当事人申请再审的，不停止判决、裁定的执行。

② 《民事诉讼法司法解释》（2022 年修正）

第七十五条　民事诉讼法第五十六条、第五十七条和第二百零六条规定的人数众多，一般指十人以上。

③ 《民事诉讼法司法解释》（2022 年修正）

第三百七十四条　民事诉讼法第二百零六条规定的人数众多的一方当事人，包括公民、法人和其他组织。

民事诉讼法第二百零六条规定的当事人双方为公民的案件，是指原告和被告均为公民的案件。

④ 《民事诉讼法司法解释》（2022 年修正）

第三百七十七条　当事人一方人数众多或者当事人双方为公民的案件，当事人分别向原审人民法院和上一级人民法院申请再审且不能协商一致的，由原审人民法院受理。

不能协商一致，则由原审法院管辖。

将申请再审管辖法院上提一级，主要考虑的因素是加大监督纠错的力度，有利于化解申诉难的矛盾；将两类案件申请再审管辖法院下沉，主要考虑的因素则是将矛盾化解在基层，减轻当事人申请再审的诉讼成本。但在司法实践中，虽然可以向原审法院申请再审的两类案件通常法律关系较为清晰、争议较为容易界定，大部分当事人基于对原审法院管辖再审案件公正性的顾虑，以及对原审法院纠错本院作出生效裁判文书的疑虑，在选择申请再审法院时仍然倾向于选择向上一级法院申请再审，因此两类申请再审案件管辖法院下沉实际发挥的作用并不明显。

需要特别指出的是，2021 年最高人民法院相继发布了《四级法院审级职能改革办法》与《申请再审指南》，缩小了最高人民法院受理再审案件的范围。根据《四级法院审级职能改革办法》第十一条①、第十三条②，

---

① 《四级法院审级职能改革办法》

第十一条　当事人对高级人民法院作出的已经发生法律效力的民事、行政判决、裁定，认为有错误的，应当向原审高级人民法院申请再审；符合下列情形之一的，可以向最高人民法院申请再审：

（一）再审申请人对原判决、裁定认定的基本事实、主要证据和诉讼程序无异议，但认为适用法律有错误的；

（二）原判决、裁定经高级人民法院审判委员会讨论决定的。

当事人对高级人民法院作出的已经发生法律效力的民事、行政调解书申请再审的，应当向相关高级人民法院提出。

② 《四级法院审级职能改革办法》

第十三条　最高人民法院应当自收到民事、行政再审申请书之日起三十日内，决定由本院或者作出生效判决、裁定的高级人民法院审查。民事、行政申请再审案件符合下列情形之一的，最高人民法院可以决定由原审高级人民法院审查：

（一）案件可能存在基本事实不清、诉讼程序违法、遗漏诉讼请求情形的；

（二）原判决、裁定适用法律可能存在错误，但不具有法律适用指导意义的。

最高人民法院决定将案件交原审高级人民法院审查的，应当在十日内将决定书、再审申请书和相关材料送原审高级人民法院立案庭，并书面通知再审申请人。

《申请再审指南》第一条①、第二条②、第四条③的规定，可以总结出当事人可以向最高人民法院申请再审的生效裁判文书仅包括三种情形，一是最高人民法院自身作出的生效一审、二审民事判决、裁定、调解书。二是高级法院作出的，且当事人对原判决、裁定认定的基本事实、主要证据和诉讼程序均无异议，但认为适用法律有错误的。三是原判决、裁定系经高级法院审判委员会讨论决定的。而对于高级法院作出的生效调解书，当事人不能向最高人民法院申请再审，一方面是因为对调解书申请再审的法定情形为调解违反自愿原则或者调解协议内容违反法律，几乎不涉及法律适用确有错误的情形；另一方面则是因为司法实践中调解书经高级法院审判委员会讨论决定的情形极少。

《四级法院审级职能改革办法》与《申请再审指南》的出台，对于最高人民法院而言，有效避免了因当事人随意提起再审申请而浪费宝贵的司法资源，符合其"监督指导全国审判工作、确保法律正确统一适用"的核心职能定位；对于当事人而言，则意味着在《民事诉讼法》及司法解释关于申请再审管辖规定的基础上，能够向最高人民法院申请再审的民事案件范围大大缩小。

---

① 《申请再审指南》

第一条 当事人对最高人民法院已经发生法律效力的一审、二审民事判决、裁定、调解书，可以向最高人民法院申请再审。

② 《申请再审指南》

第二条 当事人对高级人民法院已经发生法律效力的一审、二审民事判决、裁定，符合下列情形之一的，可以向最高人民法院申请再审：

（一）再审申请人对原判决、裁定认定的基本事实、主要证据和诉讼程序无异议，但认为适用法律有错误的；（二）原判决、裁定经高级人民法院审判委员会讨论决定的。

③ 《申请再审指南》

第四条 当事人可以对最高人民法院、高级人民法院作出且符合本指南第一条、第二条规定的下列裁定向最高人民法院申请再审：

（一）不予受理的裁定；

（二）驳回起诉的裁定。

第三章

民事申请再审事由分析

第一节 当事人申请再审的常见事由分析

一、"有新的证据，足以推翻原判决、裁定的"再审事由分析

《民事诉讼法》第二百零七条规定了十三项再审的情形，其中第一项是"有新的证据，足以推翻原判决、裁定的"。但有新证据不等于可以再审，甚至新证据和再审之间还有很长的距离。比如，2020年四川高院再审大数据中关于再审事由方面，截至统计时间，申请事由中含"新证据"的案件数量虽然为1740件，但裁定再审案件再审理由中含"新证据"的仅为68件，即以"新证据"作为再审申请事由的裁定再审率为3.91%，低于法律适用错误和基本事实缺乏证据证明的再审率（分别为5.10%和5.31%）。① 因为通常意义上理解的新证据并不等于构成再审标准的新证据。下文将通过理解法律对再审新证据的规定结合代理再审案件的经验总结，对再审新证据构成标准进行论述，以供探讨。

（一）再审"新证据"的形式要件

1. 司法解释对再审新证据类型的规定

根据《民事诉讼法司法解释》第三百八十六条②的规定，再审新证据主要包括以下类型，见图3-1。

---

① 数据来源：中国裁判文书网，最后访问时间：2023年4月28日。
② 《民事诉讼法司法解释》（2022年修正）
第三百八十六条　再审申请人证明其提交的新的证据符合下列情形之一的，可以认定逾期提供证据的理由成立：
（一）在原审庭审结束前已经存在，因客观原因于庭审结束后才发现的；
（二）在原审庭审结束前已经发现，但因客观原因无法取得或者在规定的期限内不能提供的；
（三）在原审庭审结束后形成，无法据此另行提起诉讼的。
再审申请人提交的证据在原审中已经提供，原审人民法院未组织质证且未作为裁判根据的，视为逾期提供证据的理由成立，但原审人民法院依照民事诉讼法第六十八条规定不予采纳的除外。

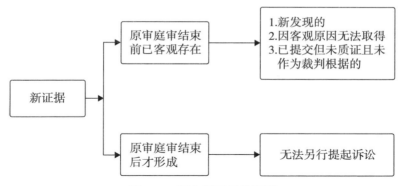

图 3-1　再审新证据的类型

需要说明的是，并非所有在原审中没有提交而在再审中提交的证据都叫"新证据"。法院在认定是否构成再审新证据时，对于原审当事人没有提交的原因有严格的限制，主要有三个关键要素：第一，证据形成的时间原则上是在原审庭审结束前。第二，原审未提交证据的主要原因是客观原因无法取得。第三，原审已经提交，但因非当事人的原因而未得到认定（鉴定机构的原因或法院的原因）。总之，申请人对原审未提交新证据没有过错。

2. 对三个关键要素的理解

（1）原审庭审结束后产生的证据是否属于再审新证据？

实践中，完全存在原审庭审结束以后因各种原因而形成新的证据的情形，当事人往往会请求以该新形成的证据申请再审。这里列举一个笔者代理的真实案例。

刘某与某房产公司合作开发某房产项目，双方约定刘某享受收益的30%，某房产公司享受收益的70%。第一期房产项目开发完毕后，由于双方发生矛盾不再继续合作，刘某起诉某房产公司至法院要求其按30%分配合作项目的收益，二审判决以刘某未提供证据证明合作项目已经达到结算条件而驳回刘某的诉讼请求。二审判决后不久，某房产公司对外发布了该房产项目的交房公告，刘某以此作为新证据向四川高院申请再审。再审审查过程中，法院以该项目是否达到结算条件属于还需要继续查明的事项，且该事项属于二审判决后新形成的证据，认为该案更适合重新提起诉讼。

为了避免申请人可能有重复诉讼的风险，法院在驳回再审申请的裁定书中注明了可另行诉讼的司法建议。

因此，根据再审新证据的形式要件来看，再审新证据原则上是指在原审中就已经客观存在的，生效判决后形成的证据不当然属于严格意义上的再审新证据，还需要判断是否能够另行提起诉讼。

（2）如何认定"因客观原因无法取得"？

首先，在诉讼过程中因为诉讼策略的原因，当事人选择未提交的证据，属刻意隐瞒证据的情形，当然不能作为再审新证据。

其次，在诉讼过程中因当事人的疏忽未提交的证据，不能作为再审新证据。这里的判断标准是以合理的推断，证据属于一方当事人控制之中而未提交的证据。但这个标准随着2015年《民事诉讼法司法解释》的修改有所松动。

根据《民事诉讼法司法解释》（2022年修正）第三百八十五条的规定："再审申请人提供的新的证据，能够证明原判决、裁定认定基本事实或者裁判结果错误的，应当认定为民事诉讼法第二百零七条第一项规定的情形。对于符合前款规定的证据，人民法院应当责令再审申请人说明其逾期提供该证据的理由；拒不说明理由或者理由不成立的，依照民事诉讼法第六十八条第二款和本解释第一百零二条的规定处理。"这个法条的意思可以总结为两点：第一，当事人非因客观原因原审未提交而作为再审新证据提交的，主要还是看该证据能否达到再审新证据的实质性要件（下文将阐述）。第二，能否采纳或者是否采取罚款、训诫措施主要在于审判法官的自由裁量权。但需要值得注意的是，有些新证据即便构成再审的实质性要件也很难启动再审，如合同效力之诉、合同撤销之诉和合同解除之诉等，若判决合同无效，或合同因撤销或解除终止，且就合同无效或终止的状态已经实现，这时出现的再审新证据是要继续恢复合同的效力或继续履行合同的，由于前述状态的无法逆转，再审改判将失去实质性的意义。当然，如果启动再审主要是为实现既有状态下的赔偿责任，则可以纳入考虑范围。

最后，还可能存在证据处于他人控制之中，原审庭审结束后才取得的情形。我们认为，这里的情形包括三种：一是原审诉讼过程中证据处于对方当事人控制之中。二是证据处于案外第三人控制之中（常见的如公司印章或重要资料被他人监管、新的证人证言）。三是当事人或律师客观上无法取得的证据，如政府部门相关文件，他案的档案资料等，这一类和再审事由第五项，即申请法院调取而法院未调取的证据有交集的部分。

（3）如何认定在原审举证期限后提交未质证的证据？

对于超过举证期限的证据，一方当事人往往以超过举证时限为由不予质证，因此原审在未质证的情况下未将该证据作为认定事实的依据。比较常见的是一方当事人在开庭结束后法院作出判决之前的期间（也属于举证期限后）提交的证据，这部分证据是最容易被法院忽略的，也是最具争议的。最高人民法院审判监督庭认为，对新证据的范围可以作适度扩张的解释，即只要是在原审中提交，不论举证期限前后，只要原审未予以质证的形式上都属于再审新证据的范畴。①

同时，根据最高人民法院的理解与适用，需要注意的是审判监督程序司法解释中提到的"未质证、认证"包括了原裁判中没有将该证据作为认定事实依据的范畴，即在裁判文书中未提及该证据。例如，在笔者曾代理的某建设工程合同纠纷的再审案件中，在第一次庭审后，一方当事人提交了几份重要证据，与之前提交的证据形成证据链，用以证明工程款已经结算并支付完毕，该部分证据在第二次庭审中进行了举证质证，但在一审判决书中法院对该部分证据只字未提，且二审中当事人亦未提交（当事人亦未发现一审判决未对证据作出认定的问题）。在申请再审过程中，申请人将该部分证据所能证明的事实以及原审法院未予以认定作为主要的申请理由后，法院裁定再审。因此，在图3-1关于新证据的类型中，第三种"原审已提交未质证或认定的"这里的"认定"并非司法解释的原文，但客观上是司法实践中涵盖的可以作为再审新证据的情形。

───────────────

① 江必新主编，最高人民法院审判监督庭编著：《最高人民法院关于适用民事诉讼法审判监督程序司法解释理解与适用》，人民法院出版社2008年版，第83页。

（二）再审"新证据"的实质要件

根据《民事诉讼法》第二百零七条第一项的规定，再审新证据是指"有新的证据，足以推翻原判决、裁定的"，这里的后半句讲的是新证据所要达到的实质性要件——"足以推翻原判决、裁定的"。

上文所讲的是新证据的形式要件，但仅满足形式要件依然不足以构成再审，还必须同时满足实质要件，即《民事诉讼法司法解释》第三百八十五条所规定的需要达到证明原判决、裁定认定基本事实错误或者裁判结果错误的标准。

1. 对案件基本事实的重新定义

一个案件的基本事实是用以确定案件性质、当事人具体权利义务、民事责任的事实。我们在下文会对基本事实的定义和在申请再审案件中如何阐述进行详尽的论述。在该文中，通过一份判决书的结构从逻辑上看如图3-2a。

图3-2a 判决书的一般逻辑结构

关于证据对事实认定的决定以及对判决结果的影响可简化成如下逻辑结构，如图3-2b。

图3-2b 判决书的简化逻辑结构

若在新证据加入前，法院对证据的认定能够证明"事实1"，得出"判决结果A"；在新证据加入后，法院对证据的认定能够证明的是与"事实1"有着本质区别的"事实2"，并得出重新分配当事人权利义务或民事责任的"判决结果B"。也即通过加入新证据，从而改变基本事实的认定，进而改变判决结果。

2. 影响法律适用并足以改变判决结果

大部分情况下，证据直接决定事实认定，法院再根据案件性质和事实认定决定适用的法律进而得出判决结果。但也有证据未改变具体的事实认定，只改变了法律适用进而改变判决结果的情况，即同样的事实在适用不同的法律时会得出不同的判决结果。例如，在某保证合同纠纷案件中，新证据的出现直接导致了主合同的无效，进而导致作为从合同的保证合同无效，从而根据《民法典》第六百八十二条①以及《担保制度司法解释》第十七条②减轻或免除了保证人的保证责任。在这样的案件里，保证人和债权人之间的事实关系原本没有发生任何变化，但新证据的出现直接改变了适用的法律条款，进而改变判决结果。

以上是常见的新证据足以改变判决结果的两种情形，除了程序上的问题，因新证据引发的再审程序也不外乎这两种情形。不管是形式要件还是实质要件，需要注意的是，再审申请人以新证据作为申请再审理由时，需要完成的论证目标和证明标准。

（三）代理以"新证据"申请再审案件中的注意事项

1. 新证据应与其他证据一起形成证据链

在再审案件的申请材料中，除了法院要求的必备项目，如申请书、判决书等，申请人应自行准备证据清单。已经经历过一审、二审的案件，绝大部分证据已经在原审程序中完成举证，所谓新证据也不可能反映案件的全貌，往往只是某个关键节点或对案件事实有重大影响的证据。且再审审查案件，法院一般不会调取原审卷宗，也很难客观地得知案件的全貌，所

---

①　《民法典》

第六百八十二条　保证合同是主债权债务合同的从合同。主债权债务合同无效的，保证合同无效，但是法律另有规定的除外。

保证合同被确认无效后，债务人、保证人、债权人有过错的，应当根据其过错各自承担相应的民事责任。

②　《担保制度司法解释》

第十七条　主合同有效而第三人提供的担保合同无效，人民法院应当区分不同情形确定担保人的赔偿责任：

（一）债权人与担保人均有过错的，担保人承担的赔偿责任不应超过债务人不能清偿部分的二分之一；

（二）担保人有过错而债权人无过错的，担保人对债务人不能清偿的部分承担赔偿责任；

（三）债权人有过错而担保人无过错的，担保人不承担赔偿责任。

主合同无效导致第三人提供的担保合同无效，担保人无过错的，不承担赔偿责任；担保人有过错的，其承担的赔偿责任不应超过债务人不能清偿部分的三分之一。

以若以新证据申请再审，新证据应该与原审证据重新组合成完整的证据链，而不仅仅是把新证据交给法院即可。

2. 关于询问程序的申请

询问是民事再审审查程序中的或有事项，法院对大部分案件都采取纯书面审查的形式。但案件是否经历询问这一跟审判法官当面、当庭交流的审判程序，从主客观方面对案件均会有重大影响，因此争取询问是再审审查程序中的一个重要环节。① 综观《民事诉讼法》及相关司法解释，仅《审判监督程序司法解释》第十三条第二款②规定了当事人以"足以推翻原判决、裁定"的新的证据申请再审的，法院应当询问当事人。因此，若存在新证据的，应当按照上文对新证据的要件，尤其是实质要件围绕"足以推翻原判决、裁定"的标准进行详细论述，以争取得到询问的机会。

3. 排除其他救济途径或规避重复诉讼的风险

上文讲到，根据《民事诉讼法司法解释》第三百八十六条第一款第三项的规定，形成于庭审结束以后但无法据此另行提起诉讼的，才属于再审中的新证据。也就是说，即便是新形成的证据，但对于可以通过另案诉讼途径得到司法救济的案件，法院并不会启动再审，其目的更多的是维护生效裁判的稳定性。但具体是否能"据此另行提起诉讼"，并非当事人或律师能够直接判断的，仍需要通过法官进行审查。所以，我们在申请再审的过程中，论述内容除了应包括本案不属于可以另案诉讼解决的问题，同时还应当与审查法官进行充分的沟通，了解其倾向。若在法院审查过程中已经有了本案可以另行诉讼的倾向，我们在争取再审的同时也要及时向法官表达。若最后法院驳回再审申请，也要在裁定书中特别注明本案属于可以另案诉讼的司法建议或观点（如前文所列"刘某与某房产公司合资合作开发房地产案"）。毕竟不同的法官哪怕对同一个案件也可能有完全不

---

① 参见本书第五章第五节的相关内容。
② 《审判监督程序司法解释》（2020 年修正）
第十三条 人民法院可以根据案情需要决定是否询问当事人。
以有新的证据足以推翻原判决、裁定为由申请再审的，人民法院应当询问当事人。

同的理解和认定，这是客观事实。所以再审审查法官认为可以另案诉讼的问题，不排除在另案诉讼中被其他法官认定为重复诉讼，因此在再审裁定书中若能对"可以另案诉讼"予以明确，为排除重复诉讼的风险增加了一道保障。

二、"原判决、裁定认定的基本事实缺乏证据证明的"再审事由分析

在当事人申请再审的事由中，适用频次最高的两项事由之一是《民事诉讼法》第二百零七条第二项所规定的"原判决、裁定认定的基本事实缺乏证据证明的"，不难发现，多数申请理由的重心通常都落在了"缺乏证据证明"这一法律事实的阐述上。实质上，该项事由的重点应该界定清楚申请再审案件的"基本事实"到底是什么，而"缺乏证据证明"这一事项只需结合案件证据加以说明即可，只有"基本事实"缺乏证据证明或被证伪，该项再审事由方才成立。但对申请再审案件"基本事实"的阐述往往被忽略或被界定错误，进而导致其再审事由缺乏说服力。因此，本书再审事由阐述核心在于对"基本事实"的构成要件进行论证。

（一）法律对"基本事实"的解释

当提及基本事实的时候，我们先联想到的是基础法律关系，但基础法律关系所对应的法律事实并不当然等同于案件的基本事实。

查阅整部《民事诉讼法》出现"基本事实"的地方有两处：第一处是二审法院对于上诉案件的处理，即第一百七十七条①第三项"原判决认

---

① 《民事诉讼法》（2021年修正）

第一百七十七条　第二审人民法院对上诉案件，经过审理，按照下列情形，分别处理：

（一）原判决、裁定认定事实清楚，适用法律正确的，以判决、裁定方式驳回上诉，维持原判决、裁定；

（二）原判决、裁定认定事实错误或者适用法律错误的，以判决、裁定方式依法改判、撤销或者变更；

（三）原判决认定基本事实不清的，裁定撤销原判决，发回原人民法院重审，或者查清事实后改判；

（四）原判决遗漏当事人或者违法缺席判决等严重违反法定程序的，裁定撤销原判决，发回原人民法院重审。

原审人民法院对发回重审的案件作出判决后，当事人提起上诉的，第二审人民法院不得再次发回重审。

定基本事实不清的，裁定撤销原判决，发回原审人民法院重审，或者查清事实后改判"。第二处是第二百零七条第二项关于再审事由的规定。这两处对"基本事实"的界定是一致的，如图3-3。

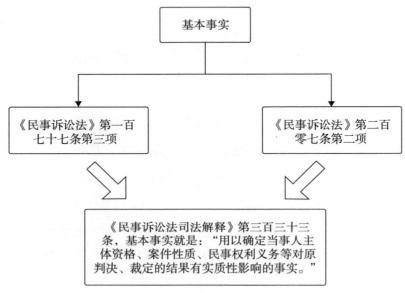

图3-3　基本事实的解释

所以，只有在对基础法律关系没有争议的诉讼案件中，基础法律关系对应的法律事实才是基本事实。但在多数诉讼案件中，各方当事人可能本身对基础法律关系是否成立这个点就是存在争议的。例如，某甲以民间借贷为由提起诉讼要求某乙偿还借款，诉讼过程中某乙主张与某甲之间是委托投资理财关系而非借贷关系，这种情况下某甲和某乙关系是否成立民间借贷将会成为本案的一个争议焦点。

（二）最高人民法院审判监督庭对"基本事实"的诠释

最高人民法院审判监督庭的法官既是《审判监督程序司法解释》的起草者，又具有丰富的审判经验，因此他们对基本事实的理解是我们在代理再审审查案件时最有必要参考的。

1. 作为审判对象的案件事实

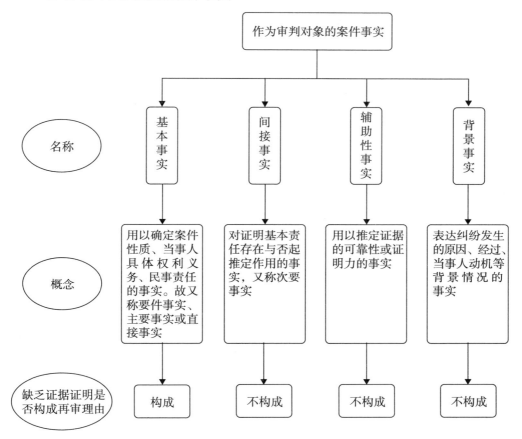

图 3-4 作为审判对象的案件事实分类

不管是基本事实、间接事实、辅助性事实还是背景事实，鉴于这几个事实均是法院的审理对象且这几个事实之间具有不可避免的逻辑关系（基本事实就是主要事实），因此我们在分析案件的时候有必要对几个事实予以区分并理解。但因为只有基本事实缺乏证据证明才能被纳入再审事由的范围，因此我们在代理再审案件时的重点是论证基本事实的范围。

也许有人存在以下疑问，若一个次要事实决定了基本事实的真伪，而该次要事实又缺乏证据证明，因次要事实缺乏证据证明并不构成再审事由，那么这种情况怎么处理？我们认为，这是一个伪命题，因为如果一个事实决定了案件基本事实的真伪，这个事实本身就是一个主要事实，即基本事实，因为次要事实对基本事实只有推定作用而不是决定作用。

最高人民法院审判监督庭在说明何谓基本事实、何谓次要事实的时候举了一个贷款合同的案例。① 在某金钱贷款合同中，A 为贷款人，B 为借款人，B 向 A 借款 100 万元，A、B 之间缔结合同的事实与金钱交费的事实即为案件的基本事实，若该部分事实缺乏证据证明即构成再审事由。而在此贷款合同中，A 的账号上少了 100 万元，B 的账号上增加了 100 万元，以此推断两者之间为借款关系，该事实为次要事实，法院不能仅以此事实作为定案的依据。因此，该部分证据缺乏证据证明不构成再审事由。

当然，实践中对何谓基本事实，何谓次要事实、背景事实、辅助性事实的界定会复杂得多，仅仅依靠对概念的理解是难以界定的，更多的是需要结合实践经验和逻辑推演。

2. 如何确定个案中的基本事实

虽然上文我们对基本事实的界定做了介绍，但运用到个案当中我们如何清晰地界定案件的基本事实却是一个现实难题。因为在一个案件当中，法院可能会在判决书中描述很多事实，并基于这些事实再结合法律适用得出判决结果。它们的结构形态可能是以下的任何一种，见图 3-5a、图 3-5b、图 3-5c、图 3-5d。

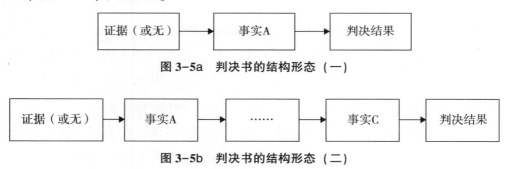

图 3-5a　判决书的结构形态（一）

图 3-5b　判决书的结构形态（二）

① 江必新主编，最高人民法院审判监督庭编著：《最高人民法院关于适用民事诉讼法审判监督程序司法解释理解与适用》，人民法院出版社 2008 年版，第 94 页。

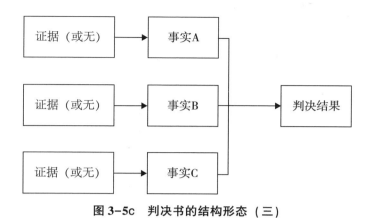

图 3-5c 判决书的结构形态（三）

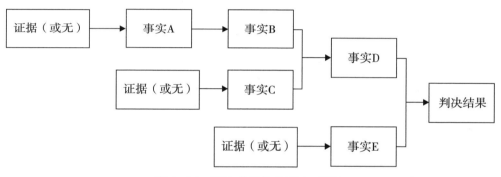

图 3-5d 判决书的结构形态（四）

以上四种形态中，形态（一）属于理想状态，但现实中更多的情况是形态（二）、形态（三）、形态（四），甚至是更复杂的形态。而我们要做的工作就是把任意一种复杂的形态拆分成形态（一）这种单元模式，在拆分的过程中，我们要识别出事实 A、事实 B、事实 C 等与判决结果的关联性，进而甄别出哪些事实属于基本事实，以及是哪个或哪些基本事实缺乏证据证明。

（1）可通过判决书中的文字提示来认定

在判决书中经常会出现"法院确认的事实有……""本院认为……事实"或"依据……的事实"等字眼儿，在这些字眼儿后面常常是法院对案件性质的认定或当事人权利义务的分析，这些事实往往便是我们个案中的基本事实。

（2）通过判决结果倒推演绎法来确认基本事实

有时候，我们会遇到一个案例存在当事人众多、法律关系复杂（如建设工程施工合同纠纷，当事人可能会出现发包方、总包方、管理方、转包方、实际施工人等，既有转包协议又有担保协议）的情形，一份判决书就长达数十页，一个事实又关联着其他事实，这种情况下，我们可以尝试通过判决结果来倒推基本事实。

我们知道，一份民事判决书的结构从形式上看如图3-6（以一审判决为例）。

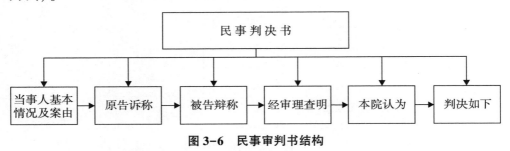

图3-6 民事审判书结构

而一份判决书的结构从逻辑上看如图3-7a。

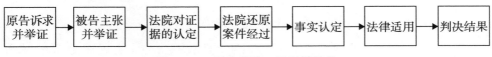

图3-7a 判决书的一般逻辑结构

判决结果倒推演绎法便是将一份判决书的结构从形式转换成逻辑，再倒推这个判决结果所依赖的事实，此时，判决书结构已简化成图3-7b。

图3-7b 判决书的简化逻辑结构

此时所倒推出来的这个事实就是基本事实，如果这个事实缺乏证据证明便可适用《民事诉讼法》第二百零七条第二项以申请再审。

（3）对于形态（二）的情况，如何确定基本事实

关于案件事实结构形态（二），如果法院依据判决的事实C并非直接通过现有证据推演的，而是通过已经认定的事实A或事实B等来推演的，

但缺乏证据证明的却是事实 A，如甲乙双方签订买卖合同，乙向甲购买货物，若甲之货物不能达到某标准，乙可单方解除合同。后甲之货物在使用过程中出现问题，乙诉讼解除，甲反诉支付货款，法院判决合同解除，由甲返还已付的货款并承担赔偿责任。在这种情形下，究竟甲之货物是否达到某标准（事实 A）是本案的基本事实还是甲之行为是否构成合同约定解除的情形（事实 C）是本案的基本事实，即如果适用《民事诉讼法》第二百零七条第二项来申请再审，重点论证事实 A 缺乏证据证明还是事实 C 缺乏证据证明，实践中存在不同认识。

观点一：由于事实 C 决定了甲乙双方权利义务的分配和民事责任的承担，因此事实 C 是本案的基本事实。

观点二：因事实 A 是本案需要证据证明的主要事实，且事实 A 决定了事实 C 进而决定了判决结果，所以事实 A 是本案要论证的基本事实。

我们更倾向于观点二，因为无论采取哪种观点的论证模式，都会回到论证事实 A 缺乏证据证明这个观点上来，然后再对事实 A 决定了事实 C 做陈述性说明即可。

当然，以上任何一种方法在能熟悉掌握并运用再审事由的法律专业工作者眼里都是无须去做刻意区分的，他们可以通过丰富的办理或代理再审审查案件的经验迅速定位基本事实，因此对法理的深入学习很重要，对个案经验的积累和总结也很重要。

3. 民事再审申请书中"基本事实"如何描述

对多数再审审查案件来说，再审审查就是一个独立的书面审查案件，我们最主要的武器是一纸再审申请书，但单凭一纸文书就想确定生效裁判存在错误的难度是极大的，所以再审申请书一定要写得既详尽周全，又清晰明了。

从前文对再审数据的分析可以看出，再审申请成功的概率呈现逐年降低的趋势，尤其是四川高院的再审率从 2016 年的 20% 左右降至 2021 年的不足 5%。要想让再审申请成功，我们需要让审查法官弄清楚再审申请书到底在表达什么，而且是在极短时间内弄清楚（2022 年全国法院法官人均办理案件数量为 242 件，而高级法院负责再审审查的法官案件数量应在此之上，且高级法院的法官还承担着更多的案件外的事务性工作）。我们建议在以本项再审事由申请再审时，表达基本事实的时候可以用如下方法。

（1）直接应用法

对哪个事实缺乏证据证明直接进行说明，且指明该事实在原判决书上的具体位置（第几页第几段第几行）并直接摘抄。这个方法方便法官结合原判决书对应起来看，简单清楚。

（2）图表表达法

对案件的事实作可视化处理，并对缺乏证据证明的事实特殊标注以进行提示。这种方法有助于法官快速了解案情，使律师的工作在代理案件过程中发挥真正的作用——帮助法官作出正确的判断。

（3）论证你所表述的事实是本案的基本事实

这个步骤往往是最容易被忽视的。因为多数当事人习惯性地把大量的工作放在论证"缺乏证据证明"这个点上，而忽略了如果没有成功论证相关事实是一个基本事实的话，该份申请书便被直接略过了。也就是说，如果把这个论证点留给法官，或者说认为这个论证点是需要法官完成的，则已经把败诉留给了自己。

总之，申请再审案件成功裁定再审的概率极低，所以它非常令人头疼；但是它也非常有趣，因为它有"起死回生、化腐朽为神奇"的魅力，所以又让人欲罢不能。因此，我们对待每一份再审申请的文书就像对待一件艺术品，需要反复打磨。而对于案件"基本事实"的论证，是解锁《民事诉讼法》第二百零七条第二项再审事由真正的钥匙。

三、"原判决、裁定适用法律确有错误的"再审事由分析

任何一个民事审判，法院都会基于审理查明的事实适用法律从而得出判决结果。可以说，每一份裁判文书都是审判人员在解决如何适用法律来回应权利主张一方的诉讼请求，因此法律适用也是再审审查的主要审查内

容之一。通过我们统计的四川高院近年来再审申诉案件可以发现，《民事诉讼法》第二百零七条第六项所规定的"原判决、裁定适用法律确有错误的"不仅在当事人申请再审的事由里面适用频次高，且四川高院对当事人所依据的该项再审事由的采纳率也常年居于高位。因此，对再审事由"法律适用错误"构成要件的掌握是一个从事再审类诉讼业务律师的必备技能。

（一）论证某个问题属于"法律问题"

1. 法律适用三段论和本文的关联

我们知道，一个诉讼案件的裁判思路可以用法律适用的逻辑三段论进行，用公式表达如下。

T—R（具备 T 的要件时，即适用 R 的法律效果）；

S=T（具体的案件事实符合 T 的要求）；

S—R（关于该具体的案件事实，适用 R 的法律效果）。

在该公式中，大前提 T 为法律条文的要件，R 是对应的法律效果，小前提 S 是具体的案件事实，当 S 与 T 的情况一致时则得出 R 的法律效果。这个三段论公式表达了法律适用的过程，下文关于再审审查"法律适用错误"的论证也将分成三段进行，该三段论是指在适用法律错误作为申请再审之理由时。

定位某个问题属于法律问题；

论证在此法律问题之下的法律适用错误之剖析；

阐明因法律适用错误导致的判决结果错误，并指明应当正确适用的法律。

一个案件的裁判就是事实认定、法律适用、判决结果的过程，但如图3-8所示，法律适用并不当然发生在"法律适用"阶段，往往在事实认定的过程中也涉及法律适用的问题，且法律适用三段论公式最核心的节点在"S=T"这个问题上，因此本文与"法律适用三段论"也有密切关联。

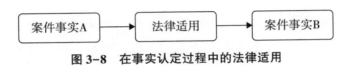

图3-8　在事实认定过程中的法律适用

2. 如何区分"法律问题"和"事实问题"

作为民事法律行为认定结论的案件，事实本身包含了事实问题和法律问题。在申请再审案件中，当我们申请的理由是"原判决、裁定适用法律确有错误"时，我们首先需要论证某一个问题是一个法律问题而不是事实问题（事实方面的问题可从"基本事实缺乏证据证明"等切入），但许多情况下，这两者极易混淆。对此，最高人民法院审判监督庭指出："总体上，事实是指实际发生的事情、事件以及通常存在有形物或外观，并非一种推测或假定；法律是指国家通过立法形式确定的社会行为规则和责任规则，是预设的行为规范。判断某一事实或行为是否存在，属于事实问题；判断某一事实或行为是否具有法律上的价值，属于法律问题。关于证据采信问题一般为事实问题，法律问题主要为合同的定性、责任的分担、未明确的法律术语、经验法则和逻辑规则等蕴含价值判断的政策关怀的普遍性事项。"①

基于上述理论，在实际案件中，我们不妨用以下简单易行的办法进行区分。

第一，如果一个问题是由一个或多个事实问题论证而来，那么这是一个事实问题。第二，如果一个问题是由一个或多个法律规范论证而来，那么这是一个法律问题。第三，如果一个问题是由事实问题结合法律规范论证而来，那么这也是一个法律问题。

对此不难总结出，一个问题是否属于法律问题的范畴，主要看这个问题里是否含有法律元素。通常情况下，我们认为并不需要把这个问题做到理论上的严格区分，但是根据个案中我们申请再审的法定理由，以及该理

① 江必新主编，最高人民法院审判监督庭编著：《最高人民法院关于适用民事诉讼法审判监督程序司法解释理解与适用》，人民法院出版社2008年版，第120页。

由还关乎是否属于最高人民法院再审审查的受案范围①，因此对申请再审事由的论证必定要做到条理清晰、言之有据。比如，某个事实到底是一个法律问题还是一个纯粹的事实问题存在争议，我们能够用法律语言阐述好立论和结论之间的因果关系以明确再审事由的主张。

（二）论证相关法律问题是由于法律适用错误导致

1. "法律"的范围

每当提及法律规范的时候，接下来便是广义和狭义之分或各种分类，本文中的法律主要是在裁判文书中可以作为适用依据的法律规范。根据《引用规范性法律文件规定》，在民事裁判中可以直接引用为判决依据的规范性法律文件包括如下几类。

（1）法律及法律解释

这里的法律是指我国的立法机关全国人大及全国人大常委会行使立法权，根据法定程序制定通过并颁布的规范性法律文件。法律解释是指立法机关对法律条文及其含义作出的解释。

（2）司法解释

一般认为，最高人民法院或最高人民检察院在行使司法职权的过程中对如何适用法律作出的阐明即司法解释。在民事案件中所用到的司法解释主要是最高人民法院的司法解释，但并非最高人民法院出台的具有阐明法律适用的规范性法律文件都是司法解释，其是否属于司法解释，应从形式上与实质上进行判断。

从形式上来看，最高人民法院发布的文件包括"解释""规定""规则""指导意见""批复""答复""决定""会议纪要"等形式，但仅有"解释""规定""规则""批复"和"决定"五种形式才符合司法解释的

---

① 参见本书第二章第五节的相关内容。

形式要求。① 从实质上来看，最高人民法院发布的司法解释，均是经最高人民法院审判委员会讨论通过的。② 故判断是否属于最高人民法院司法解释的精确标准是看文件的首部是否有"最高人民法院审判委员会第××次会议通过"字样。

（3）行政法规、地方性法规、自治条例和单行条例

这一类规范性法律文件的适用是比较复杂的。根据《引用规范性法律文件规定》第三条、第四条、第五条的规定，③ 首先，这一类规范性法律文件只有民事裁判文书（含刑事附带民事裁判文书）和行政裁判文书可以直接引用，刑事裁判文书则不得引用。其次，对于国务院出台的行政法规和最高人民法院颁布的司法解释，二者在位阶上存在争议，所以对两者发生冲突时的适用问题也存在一定争议。我们认为，根据《引用规范性法律文件规定》第四条、第五条对引用规范性法律文件的表述来看，在民事诉讼案件中，司法解释应优于行政法规；而在行政诉讼案件中，行政法规则优于司法解释，具体引用方式可参考图3-9。

---

① 《最高人民法院关于司法解释工作的规定》（2021年修正）

第六条　司法解释的形式分为"解释"、"规定"、"规则"、"批复"和"决定"五种。

对在审判工作中如何具体应用某一法律或者对某一类案件、某一类问题如何应用法律制定的司法解释，采用"解释"的形式。

根据立法精神对审判工作中需要制定的规范、意见等司法解释，采用"规定"的形式。

对规范人民法院审判执行活动等方面的司法解释，可以采用"规则"的形式。

对高级人民法院、解放军军事法院就审判工作中具体应用法律问题的请示制定的司法解释，采用"批复"的形式。

修改或者废止司法解释，采用"决定"的形式。

② 《最高人民法院关于司法解释工作的规定》（2021年修正）

第四条　最高人民法院发布的司法解释，应当经审判委员会讨论通过。

③ 《引用规范性法律文件规定》

第三条　刑事裁判文书应当引用法律、法律解释或者司法解释。刑事附带民事诉讼裁判文书引用规范性法律文件，同时适用本规定第四条规定。

第四条　民事裁判文书应当引用法律、法律解释或者司法解释。对于应当适用的行政法规、地方性法规或者自治条例和单行条例，可以直接引用。

第五条　行政裁判文书应当引用法律、法律解释、行政法规或者司法解释。对于应当适用的地方性法规、自治条例和单行条例、国务院或者国务院授权的部门公布的行政法规解释或者行政规章，可以直接引用。

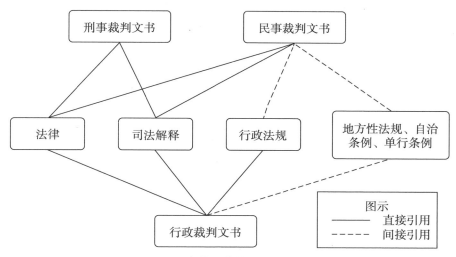

图 3-9　不同案件规范性法律文件引用范围

（4）其他规范性法律文件

这里的"其他规范性法律文件"主要是指上述第二点提到的最高人民法院出台的司法解释等以外的，如部门规章等其他规范性法律文件。在民事诉讼中，这类规范性法律文件法院不得直接引用，但可以作为说理的依据。

2. 对"法律适用错误"的理解

（1）"法律适用"的范围

"法律适用"并非只是法律引用规则，"法律适用"本身包含"法律引用"和"法律理解"两个部分，也就是说，"法律引用"只是法律适用的一个方面，法律适用的重点也是难点在于"法律理解"，因此只有对法律进行正确的理解才能准确地引用法律。《民事诉讼法司法解释》第三百八十八条①列举了"适用法律确有错误"的六种情形，在该六种情形中有

---

① 《民事诉讼法司法解释》（2022 年修正）

第三百八十八条　有下列情形之一，导致判决、裁定结果错误的，应当认定为民事诉讼法第二百零七条第六项规定的原判决、裁定适用法律确有错误：

（一）适用的法律与案件性质明显不符的；

（二）确定民事责任明显违背当事人约定或者法律规定的；

（三）适用已经失效或者尚未施行的法律的；

（四）违反法律溯及力规定的；

（五）违反法律适用规则的；

（六）明显违背立法原意的。

四种都是法律引用方面的问题，只有第二项和第六项主要属于法律理解方面的问题。

（2）法律引用错误

①引用不得直接作为判决依据的规范性法律文件

如上文所述，在民事诉讼中，除《引用规范性法律文件规定》第四条所列举的法律、法律解释、司法解释、行政法规、地方性法规、自治条例以及单行条例外的其他规范性法律文件仅能作为说理的依据。若将其他规范性法律文件直接引用为裁判的依据则属于法律适用错误。例如，在一份民事判决书中法官所依据的规范性法律文件为部门规章或最高人民法院会议纪要，这便是明显的法律引用错误。

②引用已失效的规范性法律文件

法律规范犹如浩瀚的海洋，律师在代理诉讼案件时一个非常重要的步骤是法律检索，失效的文件当然不能作为法律适用的依据，作为说理的依据也不行。因此，对于裁判文书中，法院所适用的法律规范亦需要对其效力进行检索，尤其是较少使用的规范性法律文件。确认相关文件是否失效，笔者建议通过多个网站同时进行予以验证，同时还应注意即使法律规范未失效，但可能存在具体条文被新法覆盖后失效的情形。例如，2015年《民事诉讼法司法解释》实施以后，《最高人民法院印发关于适用〈中华人民共和国民事诉讼法〉若干问题的意见》即废止，而同时期的《民事诉讼证据规定》（2008 年调整）虽然继续有效，但其中部分法条则因被替代而失效。

③ 引用的规范性法律文件与基础法律关系不一致

这一点所对应的情形为《民事诉讼法司法解释》第三百八十八条第一项所规定的"适用的法律与案件性质明显不符"。一般而言，民事案件可划分为物权、合同、侵权、婚姻家庭继承等几大类型，对不同类型的案件分别有相应的法律规定。何谓"明显"，简单地说，即将他类法律规定适用于本类案件类型，如在物权法律关系中直接引用《民法典》合同编的内容。同时，由于案件性质即为当事人之间法律关系的性质，所以我们认为，可以将该种情形直接定位为"引用的规范性法律文件与基础法律关系不一致"。

　　已故的邹碧华法官认为，每一个民事诉讼案件首先我们要定位其基础法律关系，[①] 这个基础法律关系说得通俗一点就是案件的案由。有时候我们立案时的案由不一定准确，如名为房屋买卖实为借贷的情形，但是每一个案件经审理后，法院均会对其基础法律关系作出认定，并根据确认的基础法律关系适用法律。比如，我们对一个融资租赁合同纠纷应当适用融资租赁的相关规定，或《民法典》合同编通则分编的相关规定对其诉讼请求作出回应，但不能适用借款合同的相关规定。这个听起来似乎很容易，理论上不会因这种情况出现法条引用错误的情形，而实质上却并非易事。再如，一个民间委托投资理财纠纷应当如何适用法律的问题，民间委托投资理财在《民法典》合同编里并未提及，但合同编中规定有委托合同，因此很多人第一时间会想到适用委托合同的相关规定，并在确定责任时适用"委托人承担处理后果"的一般性原则。若如此引用法律的问题在于，如图3-10所示，委托理财合同纠纷和委托合同纠纷均属于三级案由，在适用法律方面双方并无包含关系。故委托投资理财合同纠纷在适用法律时只能参照委托合同的相关规定，同时更多的是适用合同编通则分编的相关规定。

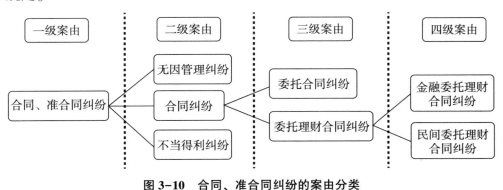

图3-10　合同、准合同纠纷的案由分类

　　因此，在论证适用的法律与案件性质明显不符的情形时，如何把

---

① 邹碧华：《要件审判九步法》，法律出版社2010年版，第27页。

握"明显"这个关键词，取决于我们是否可以把一个看起来不明显或不够明显的法律问题表达得十分明显。

（3）对法律理解错误

《引用规范性法律文件规定》全文只有八条，这八条是我们每一个做诉讼案件的律师都值得好好理解并熟记的条文，但该司法解释只解决了在法律适用中关于法律引用的问题。而法律适用还包括了对法律规范的理解，这是一个逻辑推演的过程（不管是几段论），且对法律的理解往往发生在对案件事实的性质认定环节，即论证"S=T"的环节，所以我们说法律的适用本身包含了对案件事实部分的确认或论证。同时，所有诉讼案件在适用每一条法律时都会涉及对法律的理解问题，因此对法律的理解错误是运用"法律适用错误"中最核心且最难掌握的部分，同时也是一份判决书的灵魂所在。

如"于某故意伤害案"便涉及对"正当防卫"的理解问题。① 对法律的理解最能体现一个法律工作者的专业水平，即便在对全案事实已经审理查明并准确引用法条的情况之下，对法律的不同理解依然可能得出不同的判决结果，就如在使用相同食材（案件事实），使用同一种烹饪方法（基础法律关系），不同的厨师也可能烹制出不同口味的菜品（判决结果）。具体而言，对法律规范理解错误导致的适用法律错误有如下几个典型情形。

①因对法律规范的理解错误导致适用了错误的法律

此种情形包括两层含义：第一，因对法律规范的理解错误导致本来应当适用A法律，结果适用了B法律。第二，因对法律规范的理解错误导致本应该适用的法律没有得到适用。如在一个涉及表见代理案件的法律适用方面，因为对"第三人是否善意"的理解不同，导致本来可以适用表见代理相关法律规定的，没有得到适用。

②因对法律规范的理解错误导致认定案件事实错误

当一个案子的判决是经由图3-11（或类似）论证结构得出的时候，

---

① 参见（2017）鲁刑终151号刑事附带民事判决书，最高人民法院指导性案例93号。

我们的法律适用不单单发生在第三阶段，也可能发生在事实认定 D 的第二阶段，这种情况下如果事实认定 D 的认定错误源于事实 C，那么不属于法律适用错误的范畴（可考虑是否属于"基本事实缺乏证据证明"）；如果事实认定 D 的认定错误源于对"法律 x"的理解错误，则属于法律适用错误的范畴。同时图 3-11 可用于区分"事实问题"和"法律问题"，事实"ABC"都是事实问题，"事实认定 D""法律 x""法律 y"属于法律问题。实践中，若"法律 y"适用错误，是比较容易论证，也比较好理解。对"法律 x"的适用因隐藏在对事实认定 D 的认定过程中，论证起来则会相对复杂一些。

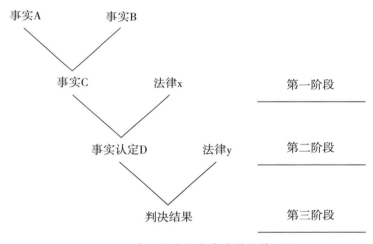

图 3-11 事实认定阶段存在的法律适用

（4）需注意法律适用中的衡平性规定

理论界对法律规范有几种逻辑性的分类。例如，根据法条对民事主体指引方式的不同，可分为原则性法条和规则性法条；根据规则性法条是否具备完整法律规则的要素，或者是否可以作为权利的基础，又可以将规则法条分为完全法条和不完全法条。此外，根据法条对审判机关约束力的强弱，法条可分为严格规定和衡平规定 。[①] 严格规定是对构成要件和法律效果进行具体、明确、清楚界定的法条，该类型的法条对审判机关约束力较

[①] 黄茂荣：《法学方法与现代民法》，中国政法大学出版社 2001 年版，第 122—123 页。

强，一般没有留下裁量空间；而衡平规定是指构成要件或者法律效果相对模糊或者抽象的法条，该类型的法条对审判机关约束力较弱，法官有一定的裁量空间。这样的法条里面含有一些不确定的概念或裁量条款。比如，我们上文讲到的"适用法律和案件性质明显不符的"，"明显"就是一个不确定的概念；再如，《民法典》第五百八十五条①第二款的规定，也是典型的赋予法官裁量空间的裁量条款。当然，还有其他众多法条看似确定，实质上赋予了审判人员相当大的弹性空间。

在以原审适用法律错误为由申请再审时，该项法律规范即属于衡平规定，且主要是法院对法律理解方面的原因导致的，故要相当谨慎地对待。因为这类规范本身就赋予了法官相当大的弹性空间，因此论证起来十分困难，这类案件在做前期分析时可从案例入手，通过对相关案例进行数据分析对比，参考本案的数据是否在合理范围之内。同时，任何一个案件我们都不能忽略了案件背景的举证，对法律的理解亦尊重"人之常情"。

（三）应指明因适用法律错误导致判决结果错误并指明应正确适用的法律

适用法律错误并不当然导致判决结果的错误，实际上存在不少适用法律错误而判决结果正确的案例。比如，若法官引用了一个已经失效的法律规范条文，但新的法律规范并未对该条文进行实质性修订，则这种情况就会出现典型的法律适用错误（因"法律引用"导致）而判决结果正确的情形。再如，一个建设工程施工合同纠纷，在合同效力的认定上，因适用法律错误（因"法律理解"导致）将无效的合同认定为有效，但是根据建设工程施工合同纠纷中"无效合同参照有效合同的处理原则"（没有质量瑕疵且完工的情况下），法院在确认需要支付的工程款方面别无二致。

---

① 《民法典》

第五百八十五条 当事人可以约定一方违约时应当根据违约情况向对方支付一定数额的违约金，也可以约定因违约产生的损失赔偿额的计算方法。

约定的违约金低于造成的损失的，人民法院或者仲裁机构可以根据当事人的请求予以增加；约定的违约金过分高于造成的损失的，人民法院或者仲裁机构可以根据当事人的请求予以适当减少。

当事人就迟延履行约定违约金的，违约方支付违约金后，还应当履行债务。

在这种仅涉及法律适用错误而判决结果正确的情况之下，再审法院通常可能会仅在裁定中作出说明而不会裁定再审。因此，为了达到启动再审的目的，务必进一步说明因法律适用错误导致实体判决结果也存在错误的情况。

再审程序基于原裁判确有错误而启动，指明应当正确适用的法律的原因在于，即便我们提供的方法法院不一定采纳，但是也可以作为解决思路引发法官的思考。当然，指明应当适用的法律往往需要和适用法律错误的论证环节融为一体，而无须刻意为之。

第二节　当事人申请再审的其他事由分析

一、"原判决、裁定认定事实的主要证据是伪造的"再审事由分析

认定案件事实的主要证据是伪造的，将可能导致案件基本事实的认定从根本上产生偏差而形成错误裁判。《民事诉讼法》第二百零七条第三项规定，当事人的申请符合"原判决、裁定认定事实的主要证据是伪造的"情形，法院应当再审。下面我们将对本项再审申请事由进行分析。

（一）"主要证据"的认定

本项再审事由明确规定，只有"主要证据"是伪造的，当事人才可依据本项再审事由申请再审。主要证据一般有以下三个特征：第一，主要证据是与案件基本事实①相关的证据，而不是证明案件间接事实、辅助性事实或者背景事实的证据，对于定案具有至关重要的作用。第二，主要证据必须有较强的证明力，不论其表现为直接证据还是间接证据，只要是对案件基本事实有较强证明力的，都属于主要证据。第三，主要证据是不可

---

① 对基本事实的详细论述参见本章第一节的相关内容。

或缺的证据，若缺少主要证据，则无法认定案件的基本事实。①

如在（2019）最高法民申864号案件中，再审申请人主张案涉合同加盖的是原法定代表人私刻的公司印章，故案涉合同是虚假合同，对其没有约束力。最高人民法院认为，原判决认定事实的依据是案涉购房和车位合同，并非公章本身，即使公章是伪造的，也不等于案涉合同对红某公司没有约束力，红某公司未能提供其他证据证明原判决认定事实的主要证据是伪造的，因此对其该项主张，不予支持。

但在（2017）最高法民申4070号案件中，一审、二审法院均主要依据《还款计划》认定再审申请人应当向被申请人继续履行债务。原判决生效后，有另案（2016）吉2405刑初126号刑事判决与（2017）吉24刑终42号刑事裁定认定，本案原生效裁判所依据的主要证据《还款计划》，是被申请人的原委托代理人伙同他人利用盖有再审申请人及其关联公司公章、法人章的空白A4纸所伪造。最高人民法院认为，该案符合"原判决、裁定认定事实的主要证据是伪造的"这一再审事由。与前述案例不同的是，在该案中，行为人直接伪造的是书证的内容本身，是作为法院认定案件基本事实的主要证据。

鉴于再审案件的难度和程序的特殊性，作为再审申请人，应当综合分析判断生效判决、裁定的错误之后向再审法院提出具体的再审请求与理由。若原审主要证据存在问题，则还可能涉及"基本事实缺乏证据证明"的问题，进而可能导致"适用法律确有错误"。我们建议在申请再审时，对多个再审事由一并考量。

（二）"伪造"的认定

《民事诉讼法》及相关司法解释并未对何谓"伪造"证据作出规定。但一般认为，"伪造"证据即在没有相关证据的情况下，非法制造虚假的证据。而"变造"证据，即在真实证据的基础上加以改造，以改变其所要证明的内容。在2007年《民事诉讼法》修改过程中，立法机关认为，

---

① 参见江必新主编：《新民事诉讼法条文理解与适用》，人民法院出版社2022年版，第981页。

该项所规定的"伪造"证据应当包括"变造"证据的情形。因此，原判决、裁定认定事实的主要证据是变造的，也应适用本事由。[①] 此外，认定"伪造"证据的核心在于，相关证据是否能够真实反映客观事实。若证据仅表现为表述瑕疵，并非属于"伪造"证据的范围，如在（2018）最高法民申 4993 号案件中，最高人民法院认为，用于抵押登记备案的合同没有写明文号及日期仅为表述瑕疵，并不足以导致已办理的抵押权灭失。

二、"原判决、裁定认定事实的主要证据未经质证的"再审事由分析

质证权利是当事人的重要诉讼权利；同时证据只有依法经过质证才具有效力、才能够还原案件事实。对此，《民事诉讼法》第二百零七条第四项规定，当事人的申请符合"原判决、裁定认定事实的主要证据未经质证的"情形，法院应当再审。下面我们将对本项再审申请事由进行分析。

（一）该项再审事由更倾向于实体性再审事由

《民事诉讼法》第二百零七条所规定的十三项再审事由分为程序性再审事由与实体性再审事由基本成为业界共识。将再审事由进行分类的原因在于法院审查当事人再审申请时，是否应当裁定进入再审审理程序的标准不同。若属于程序性再审事由，成立则应进入再审；若属于实体性再审事由，则还应进一步判断生效判决、裁定是否存在实体性错误的可能。但第四项"原判决、裁定认定事实的主要证据未经质证的"这一再审事由究竟属于哪一类在学术界与实务界一直存在争议。

学术界的认识更多的是以王亚新教授等为代表的认为该项再审事由属于程序性再审事由。[②] 但是从相关司法解释的修改、最高人民法院审判监督庭高级法官的观点来看，实务界更多的是倾向于将该项再审事由归类于

---

① 参见江必新主编：《新民事诉讼法条文理解与适用》，人民法院出版社 2022 年版，第 982 页。

② 参见王亚新：《民事审判监督制度整体的程序设计——以〈民事诉讼法修正案〉为出发点》，载《中国法学》2007 年第 5 期。郑金玉：《民事程序性再审事由及其规范化功能解析》，载《河北法学》2010 年第 28 卷第 8 期。

实体性再审事由，原因如下。

第一，虽然 2008 年颁布的《审判监督程序司法解释》第十七条①的规定将第四项再审事由归类为程序性事项，但 2020 年该解释经修正后已将该条规定予以删除。

第二，《第一次全国民事再审审查工作会议纪要》第二十条②规定明确，应当区分再审事由类型。虽然其没有直接明确地将十三项再审事由以程序性、实体性再审事由作出区分，但其将第一项至第六项划归为同一类别，且需要判断"是否存在影响基本事实、案件性质、裁判结果等情形"，实质上即认为第四项系实体性再审事由。

第三，在《指令再审和发回重审规定》第五条③所列举的违反法定程序的情形并未将第四项再审事由的情形纳入其中。

第四，最高人民法院审判监督庭高级法官在公开发表的学术论文中，所列举的程序性再审事由仅为第七项至第十三项这七项事由而不包括第四项。④

---

① 《审判监督程序司法解释》（2008 年颁布，已于 2020 年进行修正）

第十七条 民事诉讼法第一百七十九条（现第二百零六条）第二款规定的"违反法定程序可能影响案件正确判决、裁定的情形"，是指除民事诉讼法第一百七十九条第一款第（四）项以及第（七）项至第（十二）项之外的其他违反法定程序，可能导致案件裁判结果错误的情形。

② 《第一次全国民事再审审查工作会议纪要》

20. 人民法院审查民事申请再审案件，应当区分再审事由类型，结合案件具体情况，准确掌握再审事由成立的条件。

原判决、裁定存在民事诉讼法第一百七十九条（现第二百零七条）第一款第（七）项至第（十三）项以及该条第二款规定情形的，应当认定再审事由成立。

当事人依据民事诉讼法第一百七十九条第一款第（一）项至第（六）项申请再审的，人民法院判断再审事由是否成立，应当审查原判决、裁定在证据采信、事实认定、法律适用方面是否存在影响基本事实、案件性质、裁判结果等情形。

③ 《指令再审和发回重审规定》

第五条 人民法院按照第二审程序审理再审案件，发现第一审人民法院有下列严重违反法定程序情形之一的，可以依照民事诉讼法第一百七十条（现第一百七十七条）第一款第（四）项的规定，裁定撤销原判决，发回第一审人民法院重审：

（一）原判决遗漏必须参加诉讼的当事人的；

（二）无诉讼行为能力人未经法定代理人代为诉讼，或者应当参加诉讼的当事人，因不能归责于本人或者其诉讼代理人的事由，未参加诉讼的；

（三）未经合法传唤缺席判决，或者违反法律规定剥夺当事人辩论权利的；

（四）审判组织的组成不合法或者依法应当回避的审判人员没有回避的；

（五）原判决、裁定遗漏诉讼请求的。

④ 参见王朝辉：《民事再审事由的体系展开与程序效力》，载《法律适用》2020 年第 20 期。

我们认为，该项再审事由虽然同时具有程序性及实体性双重属性，但再审法院更关注的是该项再审事由的实体属性。虽然质证权利属于当事人的诉讼权利，剥夺当事人的质证权利当然属于程序性的违法事项，将会使审判结果因不能以当事人自行负责而丧失正当性；[1] 但同时，作为申请再审的第四项事由并未囊括所有剥夺当事人质证权利的情形，其明文规定了仅限于对原判决、裁定认定事实的主要证据未经质证的才应当被再审。而原判决、裁定认定事实的主要证据所对应的，如前文所述，即涉及案件基本事实的证据。也就是说，因为主要证据系对认定案件基本事实存在直接影响的证据，若剥夺了当事人对主要证据的质证权利，不仅违反《民事诉讼法》关于当事人法定诉讼权利的设定，也可能导致对案件基本事实缺乏客观全面的判断，进而产生对基本事实的错误认定，故而赋予当事人通过再审予以救济的权利。从这一点来看，该项再审事由更契合实体性再审事由的适用规则。

（二）构成要件分析

1. 原判决、裁定认定事实的主要证据

首先，关于什么是"主要证据"及其对应的"基本事实"如何认定的问题在前文中已做论述，此处不再赘述。

其次，需要说明的是，并非所有认定案件基本事实的证据均为主要证据。认定案件基本事实的非主要证据未经质证的，并不能适用该项规定。如果一项待证事实已有证据能够充分证明，如原审法院认定借款事实这一基本事实的主要证据已有案涉《借条》《收条》及当事人的收款记录等证据，则再审申请人主张其他主要证据，如银行流水未经质证的，则不符合第四项再审事由。

最后，此处所称主要证据系已经被原审法院采信作为裁判依据的证据。若原审已经提交但未经质证，也未作为裁判依据的，依据《民事诉讼法司

---

① 参见江必新主编：《新民事诉讼法条文理解与适用》，人民法院出版社2022年版，第983页。

法解释》第三百八十六条①第二款的规定，该证据属于"新证据"的认定范畴，而不属于此项"认定事实的主要证据未经质证的"所囊括的范围。

2. 对"未经质证"的认定

对此，首先需要明确的是何谓质证。从《民事诉讼法司法解释》第一百零三条②第一款与第一百零四条③第一款这两条规定来看，质证即当事人针对其他当事人所出示证据的真实性、合法性、关联性以及证据有无证明力和证明力大小（以下简称三性两力），通过己方的质疑、辩驳及相应的解释、说明，直接影响法官对相应证据判断认定的活动，其目的在于通过评价其他当事人所出示证据的证据内容、证据形式、证据来源以及和待证事实的关系等，以准确披露案件真实而完整的信息。同时，通过质证也能给予当事人程序保障，让当事人能够以自身独立意思表示充分展开辩论活动，参与法院认定案件事实的过程并表达意见，使其对诉讼结果承担相应的风险与责任。④

而原审所采信的主要证据未经质证的，简言之，即未能针对他方当事人针对案件基本事实所出示的主要证据围绕"三性两力"提出己方意见。

---

① 《民事诉讼法司法解释》（2022年修正）

第三百八十六条 再审申请人证明其提交的新的证据符合下列情形之一的，可以认定逾期提供证据的理由成立：

（一）在原审庭审结束前已经存在，但因客观原因于庭审结束后才发现的；

（二）在原审庭审结束前已经发现，但因客观原因无法取得或者在规定的期限内不能提供的；

（三）在原审庭审结束后形成，无法据此另行提起诉讼的。

再审申请人提交的证据在原审中已经提供，原审人民法院未组织质证且未作为裁判根据的，视为逾期提供证据的理由成立，但原审人民法院依照民事诉讼法第六十八条规定不予采纳的除外。

② 《民事诉讼法司法解释》（2022年修正）

第一百零三条 证据应当在法庭上出示，由当事人互相质证。未经当事人质证的证据，不得作为认定案件事实的根据。

当事人在审理前的准备阶段认可的证据，经审判人员在庭审中说明后，视为质证过的证据。

涉及国家秘密、商业秘密、个人隐私或者法律规定应当保密的证据，不得公开质证。

③ 《民事诉讼法司法解释》（2022年修正）

第一百零四条 人民法院应当组织当事人围绕证据的真实性、合法性以及与待证事实的关联性进行质证，并针对证据有无证明力和证明力大小进行说明和辩论。

能够反映案件真实情况、与待证事实相关联、来源和形式符合法律规定的证据，应当作为认定案件事实的根据。

④ 参见王亚新：《民事诉讼中质证的几个问题——以最高人民法院证据规定的有关内容为中心》，载《法律适用》2004年第3期。

即使是法院因审理案件的需要，向有关机关调查取得的证据，其证据来源合法、证明事项明确、指向清楚，但仍须依法进行质证才能作为定案依据。如在（2021）甘民申 2791 号案件中，二审法院为核实县果业局出具的调查报告及证明相关内容，依职权向县工业和信息化局、县果业局进行调查，但该调查内容未向当事人出示或说明，再审法院即认为该情形属于《民事诉讼法》第二百零七条第四项所规定的再审事由。

当然，针对何谓该项再审事由中的未经质证，还需要强调以下几个方面的问题。

（1）未经质证系"未能"而非"未想"

《民事诉讼法司法解释》第三百八十七条①规定，当事人拒绝发表质证意见或者质证中未对证据发表质证意见的，不属于未经质证的情形。也就是说，当事人主动或以默示的行为放弃质证权利的，不得再以本项事由申请再审。比如，在司法实践中，无正当理由拒不到庭参加诉讼②、认为他方出示的证据超过举证期限而不予质证③、认为他方出示的证据不是新证据而拒绝质证④等，再审法院认为系当事人对质证权利的放弃。

（2）非当庭质证的，也视为已经质证

《民事诉讼证据规定》第六十条⑤第一款规定，当事人在审理前的准备阶段或者法院调查、询问过程中发表过质证意见的证据，视为质证过的证据。在司法实践中也有法院认为，即使在庭审过程中未质证，但当事人在补充陈述中表达了相关看法，原审法院处理结果基本适当的，也仅属于

---

① 《民事诉讼法司法解释》（2022 年修正）
第三百八十七条　当事人对原判决、裁定认定事实的主要证据在原审中拒绝发表质证意见或者质证中未对证据发表质证意见的，不属于民事诉讼法第二百零七条第四项规定的未经质证的情形。
② 参见（2020）吉民申 2695 号民事裁定书。
③ 参见（2014）民申字第 2154 号案，最高人民法院公报案例；（2020）豫民申 573 号民事裁定书。
④ 参见（2021）鲁民申 13319 号民事裁定书。
⑤ 《民事诉讼证据规定》（2019 年修正）
第六十条　当事人在审理前的准备阶段或者人民法院调查、询问过程中发表过质证意见的证据，视为质证过的证据。
当事人要求以书面方式发表质证意见，人民法院在听取对方当事人意见后认为有必要的，可以准许。人民法院应当及时将书面质证意见送交对方当事人。

程序瑕疵，而不宜作为进入再审的理由。①

（3）已质证过的证据无须再质证

一审已经质证过的证据，当事人在二审中又提交的，不属于新证据，即不属于应质证对象，未对该重复提交的证据进行质证的，不属于本项所称未经质证的情形。比如，在（2021）最高法民申 4965 号案件中，关于投资者损失的计算方法已在一审中进行了质证，二审法院根据二审重新质证并认定的基础数据，直接采用一审已经质证过的计算方法确定投资者的损失的，不属于主要证据未经质证的情形。

三、"对审理案件需要的主要证据，当事人因客观原因不能自行收集，书面申请人民法院调查收集，人民法院未调查收集的"再审事由分析

民事诉讼中当事人是举证责任的主体，法院仅在特定情形下按照法定程序补充性调查收集证据。但当事人因客观原因不能自行收集的证据，可以申请法院调查收集，这是法律赋予当事人的权利。《民事诉讼法》第二百零七条第五项规定了"对审理案件需要的主要证据，当事人因客观原因不能自行收集，书面申请人民法院调查收集，人民法院未调查收集的"情形，法院应当再审。下面我们将对本项再审申请事由进行分析。

（一）原审中当事人申请法院调查收集的证据应当符合的标准

1. 必须是审理案件需要的主要证据

当事人因客观原因不能自行收集而申请法院调查收集的证据，必须是审理案件需要的主要证据。何谓认定案件基本事实所必要的"主要证据"，在前文已详细阐述，在此不再赘述。当事人申请法院调查收集的证据，如系间接证据或辅助性证据，法院未调查收集的，不构成本项再审事由。

---

① 参见（2021）豫 15 民申 635 号民事裁定书。

2. 必须是与待证事实相关联的证据

根据《民事诉讼法司法解释》第九十五条①的规定，当事人申请法院调查收集的证据必须是与待证事实相关、有调查收集必要的证据，否则法院不予准许当事人调查收集证据的申请并无不当。比如，在（2017）最高法民申 3379 号案件中，最高人民法院认为，在一审法院已从公安机关调取了被申请人的供述及其与再审申请人之间借贷事实的侦查资料的情况下，被申请人与其他借款人之间的借款情况不属于认定本案事实的主要证据，与本案待证事实无直接关联，原审法院未准许再审申请人调查收集证据的申请并无不当。

3. 必须是当事人因客观原因不能自行收集的证据

根据《民事诉讼法》第六十七条②第二款、《民事诉讼法司法解释》第九十六条③的规定，除依职权调取的证据外，法院调查收集证据，应当依照当事人的申请进行。《民事诉讼法司法解释》第九十四条④第一款规定

---

① 《民事诉讼法司法解释》（2022 年修正）

第九十五条 当事人申请调查收集的证据，与待证事实无关联、对证明待证事实无意义或者其他无调查收集必要的，人民法院不予准许。

② 《民事诉讼法》（2021 年修正）

第六十七条 当事人对自己提出的主张，有责任提供证据。

当事人及其诉讼代理人因客观原因不能自行收集的证据，或者人民法院认为审理案件需要的证据，人民法院应当调查收集。

人民法院应当按照法定程序，全面地、客观地审查核实证据。

③ 《民事诉讼法司法解释》（2022 年修正）

第九十六条 民事诉讼法第六十七条第二款规定的人民法院认为审理案件需要的证据包括：

（一）涉及可能损害国家利益、社会公共利益的；

（二）涉及身份关系的；

（三）涉及民事诉讼法第五十八条规定诉讼的；

（四）当事人有恶意串通损害他人合法权益可能的；

（五）涉及依职权追加当事人、中止诉讼、终结诉讼、回避等程序性事项的。

除前款规定外，人民法院调查收集证据，应当依照当事人的申请进行。

④ 《民事诉讼法司法解释》（2022 年修正）

第九十四条 民事诉讼法第六十七条第二款规定的当事人及其诉讼代理人因客观原因不能自行收集的证据包括：

（一）证据由国家有关部门保存，当事人及其诉讼代理人无权查阅调取的；

（二）涉及国家秘密、商业秘密或者个人隐私的；

（三）当事人及其诉讼代理人因客观原因不能自行收集的其他证据。

当事人及其诉讼代理人因客观原因不能自行收集的证据，可以在举证期限届满前书面申请人民法院调查收集。

了当事人及其诉讼代理人因客观原因不能自行收集的证据包括：（一）证据由国家有关部门保存，当事人及其诉讼代理人无权查阅调取的；（二）涉及国家秘密、商业秘密或者个人隐私的；（三）当事人及其诉讼代理人因客观原因不能自行收集的其他证据。

该款规定的"客观原因"是指意志以外的原因，既包括由于证据的特殊性导致当事人及其诉讼代理人无法收集的情形，也包括由于自身存在的特殊情形致使当事人及其诉讼代理人无法收集的情形。当事人有能力、有条件收集而未收集的证据，或法院不依职权调取但当事人能够通过其他方式取得的证据，当事人申请法院调查收集、法院未调查收集的，不构成本项再审事由。例如，在（2021）最高法民申3409号案件中，最高人民法院认为，再审申请人申请二审法院调查取证的内容系证人证言，证人证言不属于当事人因客观原因不能自行收集的证据，并非认定本案基本事实而需要调查、收集的证据，其申请再审理由不能成立。

（二）原审中当事人申请法院调查收集证据应当满足的要件

当事人依据本项事由申请再审，需审查自身在原审中申请法院调查收集证据是否符合《民事诉讼证据规定》第二十条①规定的要件。

1. 应当在举证期限届满前提出申请

当事人申请法院调查收集证据，应当在举证期限届满前提出。该条规定将申请法院调查收集证据与当事人提交证据的举证期限作出一致规定，关于当事人举证期限的相关规定也适用于申请调查取证。② 如当事人在举证期限届满后提出调查收集证据申请，但符合《民事诉讼法司法解释》

---

① 《民事诉讼证据规定》（2019年修正）

第二十条　当事人及其诉讼代理人申请人民法院调查收集证据，应当在举证期限届满前提交书面申请。

申请书应当载明被调查人的姓名或者单位名称、住所地等基本情况、所要调查收集的证据名称或者内容、需要由人民法院调查收集证据的原因及其要证明的事实以及明确的线索。

② 参见最高人民法院民事审判第一庭编著：《最高人民法院新民事诉讼证据规定理解与适用》，人民法院出版社2020年版，第234页。

第一百零一条①、第一百零二条②规定的情形，法院亦应当予以准许。

2. 应当以书面方式提出申请

当事人申请法院调查收集证据，应当以书面形式提出申请，书面形式的证据申请才具有形式上的合法性。但司法实践中，对于当事人书面申请确有困难，或者简易程序中无书面申请必要的，法院可以将当事人口头申请的内容予以明确记录，由当事人签字或捺印，以此替代书面申请。③

3. 应当明确申请内容和申请理由

当事人申请法院调查收集证据，申请书应当载明被调查人的姓名或者单位名称、住所地等基本情况、所要调查收集的证据名称或者内容，并且应当说明需要由法院调查收集证据的原因，即申请调查收集的证据与案件待证事实的关联性，以及无法自行收集的客观原因。

4. 应当提供明确的线索

当事人申请法院调查收集证据，应当明确所要调查收集的证据名称或者内容，即便因客观原因无法确认证据的具体内容，仍然有义务向法院提供明确的线索，便于法院进行调查取证。如当事人无法提供证据线索、仅凭主观推断申请法院调查收集证据，法院不予准许并无不当。例如，在（2020）最高法民申6259号案件中，最高人民法院认为，再审申请人在原审中申请调取证据的主张仅为主观推断，缺乏证据证明，也未提供初步线索材料，在无客观证据的情况下，要求法院启动程序调取案外人财务往来

---

① 《民事诉讼法司法解释》（2022年修正）

第一百零一条　当事人逾期提供证据的，人民法院应当责令其说明理由，必要时可以要求其提供相应的证据。

当事人因客观原因逾期提供证据，或者对方当事人对逾期提供证据未提出异议的，视为未逾期。

② 《民事诉讼法司法解释》（2022年修正）

第一百零二条　当事人因故意或者重大过失逾期提供的证据，人民法院不予采纳。但该证据与案件基本事实有关的，人民法院应当采纳，并依照民事诉讼法第六十八条、第一百一十八条第一款的规定予以训诫、罚款。

当事人非因故意或者重大过失逾期提供的证据，人民法院应当采纳，并对当事人予以训诫。

当事人一方要求另一方赔偿因逾期提供证据致使其增加的交通、住宿、就餐、误工、证人出庭作证等必要费用的，人民法院可予支持。

③ 参见最高人民法院民事审判第一庭编著：《最高人民法院新民事诉讼证据规定理解与适用》，人民法院出版社2020年版，第235页。

账目，缺乏合理性依据。

（三）依据本项事由申请再审应当注意的几个问题

1. 证据在对方当事人控制之下，不属于申请法院调查收集证据的情形

《民事诉讼法司法解释》第一百一十二条①第一款与第二款分别规定了书证提出命令规则与证明妨害推定规则，即书证在对方当事人控制之下的，承担举证证明责任的当事人可以在举证期限届满前书面申请法院责令对方当事人提交；法院经审查认为申请理由成立的，应当责令对方当事人提交，对方当事人无正当理由拒不提交的，法院可以认定申请人所主张的书证内容为真实。

关于申请法院责令提交书证和申请法院调查收集证据的区别见表3-1。

表3-1　申请法院责令提交书证和申请法院调查收集证据的区别

对比项	申请法院责令提交书证	申请法院调查收集证据
证据种类	仅限书证	全部证据种类
申请条件	对方当事人控制书证	因客观原因不能自行收集
形式要件	书面申请	书面申请
内容要件	申请书应当载明所申请提交的书证名称或者内容、需要以该书证证明的事实及事实的重要性、对方当事人控制该书证的根据以及应当提交该书证的理由	申请书应当载明被调查人的姓名或者单位名称、住所地等基本情况、所要调查收集的证据名称或者内容、需要由人民法院调查收集证据的原因及其要证明的事实以及明确的线索
未能取得证据的法律后果	认定申请人所主张的书证内容为真实	申请人承担举证不能的后果

需要注意的是，书证在对方当事人控制之下的，不属于申请调查收集

---

① 《民事诉讼法司法解释》（2022年修正）

第一百一十二条　书证在对方当事人控制之下的，承担举证证明责任的当事人可以在举证期限届满前书面申请人民法院责令对方当事人提交。

申请理由成立的，人民法院应当责令对方当事人提交，因提交书证所产生的费用，由申请人负担。对方当事人无正当理由拒不提交的，人民法院可以认定申请人所主张的书证内容为真实。

证据的情形。① 因此，原审法院未依据当事人申请责令对方当事人提交书证的，不构成本项再审事由。

2. 因证据灭失法院未予支持调查取证申请不构成本项再审事由

如果当事人申请法院调查收集的证据客观上已经灭失，法院未予准许当事人的申请，该情形亦不构成本项再审事由。例如，在（2020）最高法民申 3789 号案件中，最高人民法院认为，再审申请人原审中申请调取的银行进账单等交易文件在另案审理中法院已到相关银行进行查询，但原始凭证已过保存期限被销毁导致无法查询，二审法院对再审申请人的调查取证申请不予支持，不属于《民事诉讼法》第二百条（现第二百零七条）第五项规定的情形。

3. "新证据"再审事由与本项再审事由的举证责任区别

当事人依据本项再审事由申请再审，原审中系因客观原因不能自行收集证据而向法院申请调查收集；当事人依据《民事诉讼法》第二百零七条第一项规定的"有新的证据，足以推翻原判决、裁定的"申请再审，则应当自行收集新证据。例如，在（2019）最高法民申 1172 号案件中，最高人民法院认为，再审审查程序中，当事人以新证据事由申请再审的，应当自行收集新证据，法院仅依据其提交的新证据进行审查，并作出是否再审的结论。再审审查程序中，再审申请人申请法院依职权调取新证据，本院不予准许。再审申请人在原一审、二审审理期间未书面向法院申请调取证据，以《民事诉讼法》第二百条（现第二百零七条）第五项规定申请再审，本院不予支持。

四、"审判组织的组成不合法或者依法应当回避的审判人员没有回避的"再审事由分析

合议制是司法民主性或者说民主协商性的直接体现，具有相当程度的

---

① 参见最高人民法院民事审判第一庭编著：《最高人民法院新民事诉讼证据规定理解与适用》，人民法院出版社 2020 年版，第 235 页。

制约监督功能;① 同时，为维护审判人员作为中立裁判者的地位，我国民事诉讼程序还建立了回避制度。前述审判组织制度是保障案件公平公正解决、树立司法权威的基本程序要义之一，故《民事诉讼法》第二百零七条第七项规定了"审判组织的组成不合法或者依法应当回避的审判人员没有回避的"情形，法院应当再审。下面我们将对本项再审申请事由进行分析。

（一）"审判组织的组成不合法"之构成要件

1. 审判组织的"组成人员"

根据《民事诉讼法》第四十条②第一款的规定，审判组织的组成人员只有审判员以及人民陪审员两类，但审判员、人民陪审员首先需要的是被正式任命，且在任命的有效期限内才有资格参与审判组织的组成。司法实践中，若案件由不具有法官身份的法院其他工作人员审理③或参与审理的人民陪审员任期届满后尚未被再次正式任命的④，均属于本项所称"审判组织的组成不合法"的情形。

其次民事案件合议庭的组成人数必须是单数，且一般为三人；公益诉讼案件，则应由人民陪审员和法官组成七人合议庭进行审理⑤。且无论在基层法院、中级法院还是高级法院，人民陪审员只能够参与第一审由合议

---

① 参见张卫平：《审判资源程序配置的综合判断——以民事诉讼程序为中心的分析》，载《清华法学》2022 年第 16 期。

② 《民事诉讼法》（2021 年修正）

第四十条 人民法院审理第一审民事案件，由审判员、陪审员共同组成合议庭或者由审判员组成合议庭。合议庭的成员人数，必须是单数。

适用简易程序审理的民事案件，由审判员一人独任审理。基层人民法院审理的基本事实清楚、权利义务关系明确的第一审民事案件，可以由审判员一人适用普通程序独任审理。

陪审员在执行陪审职务时，与审判员有同等的权利义务。

③ 参见（2018）豫民再85 号民事裁定书。

④ 参见（2019）苏民再525 号民事裁定书。

⑤ 《人民陪审员法》

第十六条 人民法院审判下列第一审案件，由人民陪审员和法官组成七人合议庭进行：

（一）可能判处十年以上有期徒刑、无期徒刑、死刑，社会影响重大的刑事案件；

（二）根据民事诉讼法、行政诉讼法提起的公益诉讼案件；

（三）涉及征地拆迁、生态环境保护、食品药品安全，社会影响重大的案件；

（四）其他社会影响重大的案件。

庭审理的民事案件，不能参与二审程序的审理。①

2. "审判组织"的组成形式

根据《民事诉讼法》《人民法院组织法》等相关规定，审判组织在诉讼程序中是指法院审判案件的组织形式，分为合议制和独任制。我国民事审判程序以合议制审理案件为主，独任制审理案件为辅。近年来，随着我国公民法治意识的增强，全国法院新收案件以每年10%的速度增长②且案件增量保持较为强劲的势头，各级法院都存在案多人少的困扰。因此，在2021年修正《民事诉讼法》时对独任制的适用范围进行了扩张。当然，此次扩张为有限扩张，没有改变以合议制为主、独任制为辅的基本原则，对独任制的适用情形仍作了严格规定。对个案而言，若一审、二审程序中采取与法律规定不符的审判组织形式的，属于本项再审事由所称的"审判组织的组成不合法"的情形。

（1）一审程序审判组织的组成

根据《民事诉讼法》第四十条③第一款的规定，法院审理第一审民事案件原则上应由审判员、人民陪审员共同组成合议庭或者由审判员组成合议庭，只有在第二款所述的"适用简易程序审理的民事案件"以及"基层人民法院审理的基本事实清楚、权利义务关系明确的第一审民事案件"

---

① 《人民陪审员法》

第十五条　人民法院审判第一审刑事、民事、行政案件，有下列情形之一的，由人民陪审员和法官组成合议庭进行：

（一）涉及群体利益、公共利益的；

（二）人民群众广泛关注或者其他社会影响较大的；

（三）案情复杂或者有其他情形，需要由人民陪审员参加审判的。

人民法院审判前款规定的案件，法律规定由法官独任审理或者由法官组成合议庭审理的，从其规定。

② 参见周强：《最高人民法院关于人民法院加强民事审判工作依法服务保障经济社会持续健康发展情况的报告》，http：//www.npc.gov.cn/npc/c30834/202010/c25fcabf5b6a43769f2d9c9d419a3a94.shtml，最后访问时间：2023年4月28日。

③ 《民事诉讼法》（2021年修正）

第四十条　人民法院审理第一审民事案件，由审判员、陪审员共同组成合议庭或者由审判员组成合议庭。合议庭的成员人数，必须是单数。

适用简易程序审理的民事案件，由审判员一人独任审理。基层人民法院审理的基本事实清楚、权利义务关系明确的第一审民事案件，可以由审判员一人适用普通程序独任审理。

陪审员在执行陪审职务时，与审判员有同等的权利义务。

这两类情形下才可由审判员一人独任审理。

需要说明的是，由于在实践中部分案件的核心和关键事实清楚，仅部分事实细节或者关联事实需进一步查实，这类案件总体上仍为简单案件，并无组成合议庭审理的必要。① 故 2021 年在修正《民事诉讼法》时新增"基层人民法院审理的基本事实清楚、权利义务关系明确的第一审民事案件"这一可以适用独任制的情形。当然，为避免独任制在司法实践中的滥用，《民事诉讼法》第四十二条同时对不得独任审理的范围作出了严格限制。②

（2）二审程序审判组织的组成

在 2021 年修正《民事诉讼法》后，第二审法院审理上诉案件的审判组织组成形式同样变更为以组成合议庭审理为原则，只有符合以下特定情形的案件二审法院才可以由审判员一人独任审理案件：第一，第一审适用简易程序审结的或者不服裁定提起上诉的第二审民事案件。第二，达到事实清楚、权利义务关系明确的标准。第三，经双方当事人同意。③ 当然，

---

① 《关于〈中华人民共和国民事诉讼法（修正草案）〉的说明》
三、草案的主要内容（四）扩大独任制适用范围。
② 《民事诉讼法》（2021 年修正）
第四十二条　人民法院审理下列民事案件，不得由审判员一人独任审理：
（一）涉及国家利益、社会公共利益的案件；
（二）涉及群体性纠纷，可能影响社会稳定的案件；
（三）人民群众广泛关注或者其他社会影响较大的案件；
（四）属于新类型或者疑难复杂的案件；
（五）法律规定应当组成合议庭审理的案件；
（六）其他不宜由审判员一人独任审理的案件。
③ 《民事诉讼法》（2021 年修正）
第四十一条　人民法院审理第二审民事案件，由审判员组成合议庭。合议庭的成员人数，必须是单数。
中级人民法院对第一审适用简易程序审结或者不服裁定提起上诉的第二审民事案件，事实清楚、权利义务关系明确的，经双方当事人同意，可以由审判员一人独任审理。
发回重审的案件，原审人民法院应当按照第一审程序另行组成合议庭。
审理再审案件，原来是第一审的，按照第一审程序另行组成合议庭；原来是第二审的或者是上级人民法院提审的，按照第二审程序另行组成合议庭。
《最高人民法院关于印发〈民事诉讼程序繁简分流改革试点实施办法〉的通知》
第十八条　第二审人民法院审理上诉案件应当组成合议庭审理。但事实清楚、法律适用明确的下列案件，可以由法官一人独任审理：
（一）第一审适用简易程序审理结案的；
（二）不服民事裁定的。

二审案件独任制的适用仍应符合前述《民事诉讼法》第四十二条对不得独任审理的范围所作出的限制性规定。

司法实践中，还需要注意二审法院的审理形式与审判组织的组成形式并无对应关系。即使属于二审依法应当组成合议庭审理案件的情形，二审法院组成合议庭后若基于《民事诉讼法》第一百七十六条第一款①的规定认为相关案件可以不开庭审理的，二审法院仍然可以采用书面审理的方式进行；若有必要，可以仅由一名合议庭成员组织询问。例如，在（2020）最高法民申 3575 号案件中，最高人民法院认为，二审法院依法组成合议庭对本案进行了审理，由一名合议庭成员主持询问，不属于《民事诉讼法》第二百条（现第二百零七条）第七项规定的审判组织的组成不合法的情形。

3. 违反司法亲历性原则是否属于审判组织不合法的具体情形

此外，司法亲历性作为司法工作的重要原则，是审判人员行为规则的重要内容，有着裁判者不更换以及审理者裁判、裁判者负责等要求。② 但是违反司法亲历性是否属于"审判组织的组成不合法"的情形，司法实践中存在一定争议。虽然有法院对此持肯定看法：比如，审判人员未经合法手续中途变更③、判决书署名的审判人员没有实际参与庭审的④或判决书署名的审判人员与实际参与庭审的审判人员不一致的⑤，再审法院认为属于"审判组织的组成不合法"的情形；但是最高人民法院在（2018）最高法民申 1895 号案件中认为，再审申请人认为二审审判组织不合法，但其在二审庭审过程中对合议庭组成人员并未提出过异议，合议庭成员的变更亦非引起再审的法定事由；在（2019）最高法民申 4623 号案件中认

---

① 《民事诉讼法》（2021 年修正）

第一百七十六条第一款　第二审人民法院对上诉案件应当开庭审理。经过阅卷、调查和询问当事人，对没有提出新的事实、证据或者理由，人民法院认为不需要开庭审理的，可以不开庭审理。

② 参见朱孝清：《司法的亲历性》，载《中外法学》2015 年第 27 期。

③ 参见（2017）赣民再 57 号民事裁定书。

④ 参见（2015）陕民提字第 00013 号民事裁定书。

⑤ 参见（2018）沪民再 31 号民事裁定书。

为，二审变更合议庭成员未再次开庭审理，不属于《民事诉讼法》第二百条（现第二百零七条）第七项规定的审判组织不合法。故我们建议，若法院存在违反司法亲历性原则的行为，应当及时在审理过程中提出，以维护自身利益。

（二）"依法应当回避的审判人员没有回避的"构成要件

1. "审判人员"的认定

根据《民事诉讼法司法解释》第四十八条的规定，依法应当回避的审判人员包括参与本案审理的法院院长、副院长、审判委员会委员、庭长、副庭长、审判员和人民陪审员。① 虽然书记员、翻译人员、鉴定人、勘验人②及执行员③同样适用审判人员回避的有关规定，但其并不承担审判职能，不属于审判人员，因此如果当事人以该部分人员未回避而申请再审，在审判实践中难以得到支持。

2. "回避"的构成要件

审判人员作为居中裁判者需要保持中立，法律规定回避制度，能够使当事人对法官产生信赖感。回避制度是指审判人员以及其他可能影响案件审理公正性的有关人员，按照法律规定应当退出该案件审理的制度，该制度既是对当事人的保护，也是对审判人员的保护。民事诉讼中审判人员需要回避的情形根据性质的不同，主要分为以下三类情形。

---

① 《民事诉讼法司法解释》（2022年修正）

第四十八条　民事诉讼法第四十七条所称的审判人员，包括参与本案审理的人民法院院长、副院长、审判委员会委员、庭长、副庭长、审判员和人民陪审员。

② 《民事诉讼法》（2021年修正）

第四十七条　审判人员有下列情形之一的，应当自行回避，当事人有权用口头或者书面方式申请他们回避：

（一）是本案当事人或者当事人、诉讼代理人近亲属的；

（二）与本案有利害关系的；

（三）与本案当事人、诉讼代理人有其他关系，可能影响对案件公正审理的。

审判人员接受当事人、诉讼代理人请客送礼，或者违反规定会见当事人、诉讼代理人的，当事人有权要求他们回避。

审判人员有前款规定的行为的，应当依法追究法律责任。

前三款规定，适用于书记员、翻译人员、鉴定人、勘验人。

③ 《民事诉讼法司法解释》（2022年修正）

第四十九条　书记员和执行员适用审判人员回避的有关规定。

第一，审判人员不得重复参与同一案件审理的情形。《民事诉讼法司法解释》第四十五条规定："在一个审判程序中参与过本案审判工作的审判人员，不得再参与该案其他程序的审判。发回重审的案件，在一审法院作出裁判后又进入第二审程序的，原第二审程序中审判人员不受前款规定的限制。"该条规定的目的在于避免已经参与过审理的审判人员在相同案件的另一程序中存在先入为主的意见，避免丧失不同审判程序的功能。

第二，审判人员的特定身份可能影响案件公正审理的情形。《民事诉讼法司法解释》第四十三条规定："审判人员有下列情形之一的，应当自行回避，当事人有权申请其回避：（一）是本案当事人或者当事人近亲属的；（二）本人或者其近亲属与本案有利害关系的；（三）担任过本案的证人、鉴定人、辩护人、诉讼代理人、翻译人员的；（四）是本案诉讼代理人近亲属的；（五）本人或者其近亲属持有本案非上市公司当事人的股份或者股权的；（六）与本案当事人或者诉讼代理人有其他利害关系，可能影响公正审理的。"需要说明的是，关于"近亲属"的范围，三大诉讼法及相关法律与司法解释的规定并不一致。《民法典》第一千零四十五条第二款规定："配偶、父母、子女、兄弟姐妹、祖父母、外祖父母、孙子女、外孙子女为近亲属。"《刑事诉讼法》第一百零八条第六项规定："'近亲属'是指夫、妻、父、母、子、女、同胞兄弟姊妹。"《最高人民法院关于适用〈中华人民共和国行政诉讼法〉的解释》第十四条第一款所列举的"近亲属"为："配偶、父母、子女、兄弟姐妹、祖父母、外祖父母、孙子女、外孙子女和其他具有扶养、赡养关系的亲属。"当然，虽然《民事诉讼法》对民事诉讼领域中的"近亲属"并未作出规定，但按照其所对应的实体法的规定，也即《民法典》第一千零四十五条的规定进行认定更为合理。

第三，审判人员存在特定行为可能影响公正审理的情形。《民事诉讼法司法解释》第四十四条规定："审判人员有下列情形之一的，当事人有权申请其回避：（一）接受本案当事人及其受托人宴请，或者参加由其支付费用的活动的；（二）索取、接受本案当事人及其受托人财物或者其他利益的；（三）违反规定会见本案当事人、诉讼代理人的；（四）为本案当事人推荐、介绍诉讼代理人，或者为律师、其他人员介绍代理本案的；（五）向本案当事人及其受托人借用款物的；（六）有其他不正当行为，可能影响公正审理的。"

综合以上规定，若原审审判人员存在以上应当回避而未回避的情形，当事人可以以此为由申请再审。但需要注意的是，在以此申请再审时，适用"谁主张，谁举证"的一般规则，尤其是针对原审审判人员存在特定行为可能影响公正审理的情形，仅提供相关线索并不足以达到证明标准，仍需要进行充分的举证。

五、"无诉讼行为能力人未经法定代理人代为诉讼或者应当参加诉讼的当事人，因不能归责于本人或者其诉讼代理人的事由，未参加诉讼的"再审事由分析

《民事诉讼法》第二百零七条第八项规定，当事人的申请符合"无诉讼行为能力人未经法定代理人代为诉讼或者应当参加诉讼的当事人，因不能归责于本人或者其诉讼代理人的事由，未参加诉讼的"情形，法院应当再审。本项规定的再审事由包括无诉讼行为能力人未经法定代理人代为诉讼和遗漏必要共同诉讼人两种情形，下面我们将对本项再审申请事由进行分析。

（一）无诉讼行为能力人未经法定代理人代为诉讼

诉讼行为能力，是指当事人可以亲自实施诉讼行为，并通过自己的行为行使诉讼权利和承担诉讼义务的诉讼法上的资格。如果当事人不具备诉讼行为能力，就不能自己提起诉讼、参加诉讼，必须由其法定代理人代为实施诉讼行为，否则就是无效的诉讼行为。

当事人的诉讼行为能力与民事行为能力密切相关，通常情形下，具有完全民事行为能力的人具有诉讼行为能力，无民事行为能力或者限制行为

能力的人，包括《民法典》第十九条①所规定的限制民事行为能力的未成年人、第二十条②所规定的无民事行为能力的未成年人、第二十一条③所规定的无民事行为能力的成年人、第二十二条④所规定的限制民事行为能力的成年人，因意思能力不足或欠缺社会经验，无法行使或无法独立行使诉讼权利和承担诉讼义务，为避免其遭受不利损失，不应赋予其诉讼行为能力。为保护其合法权益，《民法典》第二十三条规定，无民事行为能力人、限制民事行为能力人的监护人是其法定代理人，《民事诉讼法》第六十条⑤规定了无诉讼行为能力人由其监护人作为法定代理人代为诉讼。

需要注意的是，根据《民事诉讼法》第一百五十三条⑥的规定，在诉讼过程中当事人丧失诉讼行为能力，且尚未确定法定代理人的，法院应当

———————————

① 《民法典》
第十九条 八周岁以上的未成年人为限制民事行为能力人，实施民事法律行为由其法定代理人代理或者经其法定代理人同意、追认；但是，可以独立实施纯获利益的民事法律行为或者与其年龄、智力相适应的民事法律行为。
② 《民法典》
第二十条 不满八周岁的未成年人为无民事行为能力人，由其法定代理人代理实施民事法律行为。
③ 《民法典》
第二十一条 不能辨认自己行为的成年人为无民事行为能力人，由其法定代理人代理实施民事法律行为。
八周岁以上的未成年人不能辨认自己行为的，适用前款规定。
④ 《民法典》
第二十二条 不能完全辨认自己行为的成年人为限制民事行为能力人，实施民事法律行为由其法定代理人代理或者经其法定代理人同意、追认；但是，可以独立实施纯获利益的民事法律行为或者与其智力、精神健康状况相适应的民事法律行为。
⑤ 《民事诉讼法》（2021年修正）
第六十条 无诉讼行为能力人由他的监护人作为法定代理人代为诉讼。法定代理人之间互相推诿代理责任的，由人民法院指定其中一人代为诉讼。
⑥ 《民事诉讼法》（2021年修正）
第一百五十三条 有下列情形之一的，中止诉讼：
（一）一方当事人死亡，需要等待继承人表明是否参加诉讼的；
（二）一方当事人丧失诉讼行为能力，尚未确定法定代理人的；
（三）作为一方当事人的法人或者其他组织终止，尚未确定权利义务承受人的；
（四）一方当事人因不可抗拒的事由，不能参加诉讼的；
（五）本案必须以另一案的审理结果为依据，而另一案尚未审结的；
（六）其他应当中止诉讼的情形。
中止诉讼的原因消除后，恢复诉讼。

裁定中止诉讼，待确定其法定代理人代为参加诉讼后恢复诉讼。如法院未中止诉讼而继续审理判决，则构成本项规定的再审事由。

（二）应当参加诉讼的当事人，因不能归责于本人或者其诉讼代理人的事由未参加诉讼

1. 对"应当参加诉讼的当事人"的理解

"应当参加诉讼的当事人"源于《民事诉讼法》规定的必要共同诉讼。《民事诉讼法》第五十五条①第一款规定："当事人一方或者双方为二人以上，其诉讼标的是共同的，或者诉讼标的是同一种类、人民法院认为可以合并审理并经当事人同意的，为共同诉讼。"根据诉讼标的的类型，共同诉讼分为必要共同诉讼和普通共同诉讼。普通共同诉讼是指诉讼标的是同一种类，法院认为可以合并审理的，当事人也同意共同审理的共同诉讼，是一种可分之诉；必要共同诉讼则是指诉讼标的是共同的，法院必须作为一个案件合并审理的共同诉讼，是不可分之诉，不可分的原因在于共同诉讼人对诉讼标的或有共同的权利，或有共同的义务，这种权利义务的共同性和不可分性，要求共同诉讼人必须一同参加诉讼，相关当事人未参加诉讼的，法院必须依职权或依申请追加。在必要共同诉讼中，如因不能归责于本人或者其诉讼代理人的事由而导致共同诉讼人未参加诉讼，则属于遗漏了必须参加诉讼的当事人。

2. 对"不能归责于本人或者其诉讼代理人原因未参加诉讼"的理解

当事人以本项事由申请再审，必须是因为不能归责于本人或者其诉讼代理人的原因未参加诉讼，判断标准主要在于当事人或者其诉讼代理人对于未参加诉讼是否存在过错。司法实践中比较常见的情形，如法院对于必须共同进行诉讼的当事人没有参加诉讼的，有义务通知其参加诉讼但未履

---

① 《民事诉讼法》（2021年修正）

第五十五条 当事人一方或者双方为二人以上，其诉讼标的是共同的，或者诉讼标的是同一种类、人民法院认为可以合并审理并经当事人同意的，为共同诉讼。

共同诉讼的一方当事人对诉讼标的有共同权利义务的，其中一人的诉讼行为经其他共同诉讼人承认，对其他共同诉讼人发生效力；对诉讼标的没有共同权利义务的，其中一人的诉讼行为对其他共同诉讼人不发生效力。

行通知义务，又如当事人向法院提出追加必要共同诉讼人参加诉讼，但法院错误裁定驳回申请，被遗漏的必要共同诉讼人可以依据本项事由申请再审。反之，如果应当参加诉讼的当事人向法院明确表示放弃自己的实体权利，或者由于当事人本人或其诉讼代理人的过错导致未能参加诉讼的，则不构成本项规定的再审事由。

3. 案件已进入执行程序的，被遗漏的必要共同诉讼人申请再审的处理

本项再审事由所规定的被遗漏的必要共同诉讼人，系应当参加原审诉讼但因不能归责于本人或者其诉讼代理人的原因未参加诉讼，而成为申请再审的"案外人"。根据案件是否已经进入执行程序，被遗漏的必要共同诉讼人对原判决、裁定不服的，应当依据不同的程序主张权利。

如案件尚未进入执行程序，根据《民事诉讼法司法解释》第四百二十条[①]第一款的规定，被遗漏的必要共同诉讼人可以依据本项事由申请再审。

如案件已经进入执行程序，《最高人民法院新民事诉讼法司法解释理解与适用》指出，"实践中发现案件已经进入执行程序的，应当告知再审申请人依据案外人申请再审的有关规定行使权利"。[②] 被遗漏的必要共同诉讼人应当依据《民事诉讼法》第二百三十四条[③]的规定对执行标的提出

---

① 《民事诉讼法司法解释》（2022 年修正）

第四百二十条 必须共同进行诉讼的当事人因不能归责于本人或者其诉讼代理人的事由未参加诉讼的，可以根据民事诉讼法第二百零七条第八项规定，自知道或者应当知道之日起六个月内申请再审，但符合本解释第四百二十一条规定情形的除外。

人民法院因前款规定的当事人申请而裁定再审，按照第一审程序再审的，应当追加其为当事人，作出新的判决、裁定；按照第二审程序再审，经调解不能达成协议的，应当撤销原判决、裁定，发回重审，重审时应追加其为当事人。

② 最高人民法院民法典贯彻实施工作领导小组办公室编著：《最高人民法院新民事诉讼法司法解释理解与适用》，人民法院出版社 2022 年版，第 939 页。

③ 《民事诉讼法》（2021 年修正）

第二百三十四条 执行过程中，案外人对执行标的提出书面异议的，人民法院应当自收到书面异议之日起十五日内审查，理由成立的，裁定中止对该标的的执行；理由不成立的，裁定驳回。案外人、当事人对裁定不服，认为原判决、裁定错误的，依照审判监督程序办理；与原判决、裁定无关的，可以自裁定送达之日起十五日内向人民法院提起诉讼。

书面异议，如果法院裁定驳回其异议，则可以依据《民事诉讼法司法解释》第四百二十一条①的规定，向作出原判决、裁定的法院申请再审。法院裁定再审后，对于案外人属于必要共同诉讼当事人的，按照《民事诉讼法司法解释》第四百二十条第二款的规定处理，即"人民法院因前款规定的当事人申请而裁定再审，按照第一审程序再审的，应当追加其为当事人，作出新的判决、裁定；按照第二审程序再审，经调解不能达成协议的，应当撤销原判决、裁定，发回重审，重审时应追加其为当事人"。对于案外人不是必要共同诉讼当事人的，按照《民事诉讼法司法解释》第四百二十二条②第二款的规定处理，即"案外人不是必要的共同诉讼当事人的，人民法院仅审理原判决、裁定、调解书对其民事权益造成损害的内容。经审理，再审请求成立的，撤销或者改变原判决、裁定、调解书；再审请求不成立的，维持原判决、裁定、调解书"。

我国经过多次立法、修法，目前已经初步建立了较为完备的案外人权益救济法律体系，包括执行异议、执行异议之诉、案外人申请再审以及第三人撤销之诉制度。关于案外人权益救济法律体系，将在后文具体分析阐述。

六、"违反法律规定，剥夺当事人辩论权利的"再审事由分析

当事人的辩论权利是重要的诉讼权利，剥夺当事人的辩论权利最直接的不利后果是使法院的裁判缺失正当性基础，使当事人无法对相应裁判产生信赖。同时，剥夺当事人的辩论权利也可能导致法院不能清晰还原事实

---

① 《民事诉讼法司法解释》（2022 年修正）

第四百二十一条 根据民事诉讼法第二百三十四条规定，案外人对驳回其执行异议的裁定不服，认为原判决、裁定、调解书内容错误损害其民事权益的，可以自执行异议裁定送达之日起六个月内，向作出原判决、裁定、调解书的人民法院申请再审。

② 《民事诉讼法司法解释》（2022 年修正）

第四百二十二条 根据民事诉讼法第二百三十四条规定，人民法院裁定再审后，案外人属于必要的共同诉讼当事人的，依照本解释第四百二十条第二款规定处理。

案外人不是必要的共同诉讼当事人的，人民法院仅审理原判决、裁定、调解书对其民事权益造成损害的内容。经审理，再审请求成立的，撤销或者改变原判决、裁定、调解书；再审请求不成立的，维持原判决、裁定、调解书。

真相，导致实体上形成错误判决。《民事诉讼法》第二百零七条第九项规定了"违反法律规定，剥夺当事人辩论权利的"情形，法院应当再审。下面我们将对本项再审申请事由进行分析。

（一）剥夺当事人辩论权利的法定情形

《民事诉讼法》第十二条①赋予了当事人在民事诉讼程序中进行辩论的权利，任何主体均无权剥夺。而对本项再审事由的适用难点在于，如何理解剥夺当事人辩论权利的情形，对此，《民事诉讼法司法解释》第三百八十九条②予以了细化说明，下文将逐一进行分析。

1. 不允许当事人发表辩论意见的

当事人辩论权利的直接体现是围绕案件争议焦点，针对案件事实及相关法律问题充分地陈述己方的主张和辩驳，发表己方的辩论意见。因此，剥夺当事人辩论权利最为直接的方式即不允许当事人发表辩论意见。但如何认定"不允许"系主要问题所在，也即当事人辩论权利与法官诉讼指挥权之间冲突的衡量问题。

诉讼指挥权是指法官在法定的范围内，为保障诉讼活动的顺利开展而享有的引导、约束当事人的权力。一般而言，遭遇纠纷的各方主体通常是在通过其他方式无法解决纠纷时才会进入诉讼活动，一旦进入诉讼便会全力投入其中。此时处于纠纷对立立场的各方当事人，难免出现以各自立场非理性地发表辩论意见，纠结于案件的所有细节，以期能够取得对自己有利的结果。为了保障诉讼活动的正常运行并防止诉讼延迟，在当事人及其诉讼代理人发表与案件无关的陈述或重复陈述时，审判法官可以行使诉讼

---

① 《民事诉讼法》（2021 年修正）

第十二条　人民法院审理民事案件时，当事人有权进行辩论。

② 《民事诉讼法司法解释》（2022 年修正）

第三百八十九条　原审开庭过程中有下列情形之一的，应当认定为民事诉讼法第二百零七条第九项规定的剥夺当事人辩论权利：

（一）不允许当事人发表辩论意见的；

（二）应当开庭审理而未开庭审理的；

（三）违反法律规定送达起诉状副本或者上诉状副本，致使当事人无法行使辩论权利的；

（四）违法剥夺当事人辩论权利的其他情形。

指挥权加以制止。① 一般认为，此种限制当事人陈述、辩论的情形并不足以达到"不允许"或者说"剥夺"的程度。

实践中，关于"不允许当事人发表辩论意见"的情形，申请再审的当事人多以法庭阻止其陈述、只准回答问话而不允许提问为由申请再审。但数据显示，2018 年至 2022 年再审法院以违法剥夺当事人辩论权利为事由裁定进入再审的案件中，没有一例是采纳了当事人"不允许当事人发表辩论意见"的主张。② 更多的是，当事人仅以此为由申请再审而被再审法院裁定驳回的情形。③ 当然，在实际的诉讼过程中完全不允许当事人或诉讼代理人发表意见（言词意见及书面意见）的情形本就几乎没有。只要原审庭审笔录中有相应记录，或当事人递交过书面意见，再审法院在查阅原案卷后一般不会认为原审存在不允许当事人发表辩论意见的情形。因此，若在诉讼过程中认为审判法官过度行使庭审指挥权，导致己方不能正常发表辩论意见，致使己方辩论权利遭受侵犯时，应当及时提出，并积极行使己方正当诉讼权利，尽量避免期望通过再审程序进行救济。

2. 应当开庭审理而未开庭审理的

开庭审理是民事诉讼的核心，是直接、言词、公开、集中原则实现的最直接体现，当然也是当事人能够充分发表辩论意见的主要途径之一。按照《民事诉讼法》第一百三十六条④的规定，在一审程序中除了"可以转入督促程序"或"开庭前可以调解"的情形，都应当开庭审理。依照

---

① 参见最高人民法院民法典贯彻实施工作领导小组办公室编著：《最高人民法院新民事诉讼法司法解释理解与适用》，人民法院出版社 2022 年版，第 866 页。

② 数据来源：中国裁判文书网，最后访问时间：2023 年 3 月 22 日。

③ 参见（2022）京 0108 民申 105 号民事裁定书、（2019）辽民申 1632 号民事裁定书、（2018）沪民申 1886 号民事裁定书。

④ 《民事诉讼法》（2021 年修正）

第一百三十六条　人民法院对受理的案件，分别情形，予以处理：

（一）当事人没有争议，符合督促程序规定条件的，可以转入督促程序；

（二）开庭前可以调解的，采取调解方式及时解决纠纷；

（三）根据案件情况，确定适用简易程序或者普通程序；

（四）需要开庭审理的，通过要求当事人交换证据等方式，明确争议焦点。

《民事诉讼法》第一百七十六条①的规定，二审程序同样应当开庭审理，仅在没有提出新的事实、证据或理由且法院认为不需要开庭审理的情形下可以不开庭审理，同时《民事诉讼法司法解释》第三百三十一条②对二审可以不开庭审理的情形予以了细化规定。本质上，规定二审可以不开庭审理系基于若当事人没有提出新的事实、证据或理由，则二审法院认定案件事实仍然依据当事人在一审中所提交的证据及陈述，而这些内容在案卷材料中均有体现，为了兼顾公正与效率，所以给予二审法院可以不开庭审理的权力。因此，若原审在没有上述规定的情形时未开庭审理的，则属于剥夺当事人辩论权利的情形。

具体而言，因为没有赋予一审程序可以书面审理的情形，故在一审程序中应开庭而未开庭审理的情形较为少见。而第二审程序中因为存在将"没有提出新的事实、证据或者理由"与"法院认为不需要开庭审理的"的关系错误理解为或然关系或并列关系的情形（法院认为不需要开庭审理的，即使有新的事实、证据或者理由也可以不开庭审理），故存在本应开庭而未开庭的情况。例如，在（2019）京 01 民终 2869 号、（2021）甘 29 民终 1328 号、（2021）兵 10 民终 260 号等案件中，当事人在二审程序中均提交了新的事实理由及证据，然而二审法院均并未开庭审理，而是采取谈话、询问的方式进行，最终被再审法院裁定进入再审程序。

---

① 《民事诉讼法》（2021 年修正）

第一百七十六条　第二审人民法院对上诉案件应当开庭审理。经过阅卷、调查和询问当事人，对没有提出新的事实、证据或者理由，人民法院认为不需要开庭审理的，可以不开庭审理。

第二审人民法院审理上诉案件，可以在本院进行，也可以到案件发生地或者原审人民法院所在地进行。

② 《民事诉讼法司法解释》（2022 年修正）

第三百三十一条　第二审人民法院对下列上诉案件，依照民事诉讼法第一百七十六条规定可以不开庭审理：

（一）不服不予受理、管辖权异议和驳回起诉裁定的；

（二）当事人提出的上诉请求明显不能成立的；

（三）原判决、裁定认定事实清楚，但适用法律错误的；

（四）原判决严重违反法定程序，需要发回重审的。

3. 违反法律规定送达起诉状副本或者上诉状副本，致使当事人无法行使辩论权利的

当事人在民事诉讼中的诉讼权利义务是平等的，故原告或上诉人有提起诉讼的权利，被告或被上诉人则有应诉答辩的权利。当然，这需要法院必须依法向对方当事人送达相应的起诉状、上诉状副本，否则对方当事人无法知晓诉讼的存在，无法作出应诉的准备，更无法行使辩论权利，这就从根本上剥夺了当事人的辩论权利。

当然，该项情形有"致使当事人无法行使辩论权利的"这一实质认定条件，因为送达的目的即在于使当事人能够知晓相应诉讼情况，能够及时行使诉讼权利，维护自己的利益，故即使法院送达相关文书的程序存在瑕疵的，若有证据证明当事人知晓诉讼甚至直接或间接参与诉讼的，当事人也无权以本项事由申请再审。

4. 违法剥夺当事人辩论权利的其他情形

《民事诉讼法司法解释》第三百八十九条第四项属于兜底条款，该项所述"其他情形"应当与其他三项情形具有相当性，即实质上应达到剥夺当事人辩论权利的程度。下文将列举司法实践中常见的其他剥夺当事人辩论权利的情形。

（1）法院未释明而径行裁判的

若当事人主张的法律关系性质或者民事行为效力与法院根据案件事实作出的认定不一致的，法院应当进行释明。需要注意的是，在《民事诉讼证据规定》修正后，法院释明的方式从"告知当事人可以变更诉讼请求"①

---

① 《民事诉讼证据规定》（2008年调整）

第三十五条　诉讼过程中，当事人主张的法律关系的性质或者民事行为的效力与人民法院根据案件事实作出的认定不一致的，不受本规定第三十四条规定的限制，人民法院应当告知当事人可以变更诉讼请求。

当事人变更诉讼请求的，人民法院应当重新指定举证期限。

变更为"应当将法律关系性质或者民事行为效力作为焦点问题进行审理"①，但本质上均应当向当事人释明法院的相关认定并围绕后续当事人的主张以及辩论作出最终认定，而不得跳过该步骤径行作出裁判。例如，在（2018）粤民申 11374 号案件中，在原告起诉合同有效并请求继续履行、被告反诉请求认定合同无效，且一审法院认定合同无效的基础上，二审法院认为合同有效的，径直以一审被告未表示不履行合同亦未主张解除合同为由，认定双方同意继续履行合同，二审认定合同有效但未向当事人释明的，使当事人丧失了对合同有效情形下能否继续履行进行抗辩的权利，亦丧失了变更诉讼请求为解除合同的权利，再审法院认为二审法院实质上剥夺了当事人的辩论权利。

（2）因法院原因导致当事人未获得辩论机会的

客观上而言，当事人可能因为各种原因导致其从根本上就未获得辩论的机会，若系因法院的原因造成的，一般认为也属于本项再审事由所规定的违法剥夺当事人辩论权利的情形。例如，在（2022）豫 1525 民申 5 号案件中，当事人在上诉期内在法院诉讼服务网在线提交了上诉材料，并显示提交成功，但原审未说明具体理由而审查不通过的；在（2022）闽 0430 民申 1 号案件中，当事人虽在庭审开始后进入法庭，但其迟到时间较短，且庭审仅进行至告知当事人诉讼权利义务阶段，原审案件未让其以被告身份参与庭审的；在（2017）黑民申 1704 号案件中，在上诉人未收到调查程序传票的情况下，二审法院仅对被上诉人单方进行调查后决定书面审理的，再审法院认为系对当事人辩论权利的剥夺，而依据关于本项再审事由的规定裁定进入再审审理程序。当然，其他再审事由如遗漏必要的共同诉讼参与人、违法缺席判决等，客观上讲也属于造成当事人未获得辩论

---

① 《民事诉讼证据规定》（2019 年修正）

第五十三条 诉讼过程中，当事人主张的法律关系性质或者民事行为效力与人民法院根据案件事实作出的认定不一致的，人民法院应当将法律关系性质或者民事行为效力作为焦点问题进行审理。但法律关系性质对裁判理由及结果没有影响，或者有关问题已经当事人充分辩论的除外。

存在前款情形，当事人根据法庭审理情况变更诉讼请求的，人民法院应当准许并可以根据案件的具体情况重新指定举证期限。

机会的情形，对此类情形，下文将结合其他再审事由进行分析。

需要提醒注意的是，法院在进行再审审查时本就保持谨慎的态度，不会轻易作出进入再审审理的裁定。因此，若存在《民事诉讼法司法解释》第三百八十九条前三项以外的其他情形的，需要更加充分地论证该其他情形属于原审法院的重大程序错误，与前三项情形具有相当性，均达到了剥夺当事人辩论权利的程度。

（二）本项再审事由与其他再审事由的关联与处理

现行《民事诉讼法》第二百零七条规定的十三项再审事由，从文义上理解，似乎均为各自独立的再审事由，但经深入研究即可发现，在特定情形下，这十三项再审事由存在一定关联。

1. 与"原判决、裁定认定事实的主要证据未经质证"的关联

"原判决、裁定认定事实的主要证据未经质证的"系《民事诉讼法》第二百零七条第四项规定的再审申请事由。首先，关于辩论与质证的关系，前文对何谓质证已经作出说明，即当事人针对其他当事人所出示证据，围绕证据的三性两力，通过己方的质疑、辩驳及相应的解释、说明，以准确披露案件真实而完整的信息；而关于何谓辩论，综观整个民事诉讼法律体系，只有《民事诉讼法》第十二条简单地规定了"人民法院审理民事案件时，当事人有权进行辩论"，但对何谓辩论、何谓辩论权利的界定并不明晰。其次，虽然有观点认为，辩论权与质证权应当是相互区分、相互独立的权利，[1] 但司法实践中往往并未将二者作严格区分。例如，当事人在原审期间对于鉴定意见均提出异议，但原审法院未通知鉴定人出庭作证的，系未充分保障当事人质证及辩论的权利，但法院仅以剥夺当事人辩论权利为由裁定再审；[2] 再如，原审法院未就当事人在二审期间举示的新证据组织双方进行质证[3]或原审法院在第一次开庭审理休庭后，既没有

---

① 参见戴兆奕、黎章辉：《略论民事诉讼质证权》，载《政治与法律》1995 年第 6 期。郑金玉：《民事程序性再审事由及其规范化功能解析》，载《河北法学》2010 年第 8 期。

② 参见（2019）最高法民申 1225 号民事裁定书、（2021）甘民申 3329 号民事裁定书、（2022）新民申 1648 号民事裁定书、（2022）新民申 426 号民事裁定书。

③ 参见（2019）黑民申 4628 号民事裁定书。

质证又没有听取当事人辩论意见的[①]，再审法院裁定进入再审的理由中也没有"认定事实的主要证据未经质证"。最后，法院在驳回当事人以"剥夺当事人辩论权利"为由的再审申请中，往往也会纳入当事人在原审已经质证的理由。[②]

2. 与"无诉讼行为能力人未经法定代理人代为诉讼或者应当参加诉讼的当事人，因不能归责于本人或者其诉讼代理人的事由，未参加诉讼的"关联

"无诉讼行为能力人未经法定代理人代为诉讼或者应当参加诉讼的当事人，因不能归责于本人或者其诉讼代理人的事由，未参加诉讼的"系《民事诉讼法》第二百零七条第八项规定的再审申请事由。根据该项规定，当事人可以分为两类：一是无诉讼行为能力人；二是必要共同诉讼人，以下作分别讨论。

（1）无诉讼行为能力人的辩论权利

无诉讼行为能力人因没有独立实施民事诉讼行为的能力，《民事诉讼法》第六十条[③]特别规定无诉讼行为能力人由他的监护人作为法定代理人代为诉讼，这当然也就包括代为行使辩论权利。若实际发生无诉讼行为能力人未经法定代理人代位诉讼的情形，因其无法对诉讼行为有正确、明晰的认知，对法律关系缺乏认知能力和必要的陈述能力，也就更谈不上有效行使自身所享有的辩论权利，则当然属于剥夺当事人辩论权利的情形。虽然有观点认为，无诉讼行为能力人的辩论行为是否有效应作具体分析[④]，但我们更倾向于认为，诉讼行为能力属于诉讼行为有效的基础要件[⑤]，无诉讼行为能力人因缺乏相应的诉讼行为能力将导致其所实施的诉讼行为无

---

① 参见（2021）辽民申 4978 号民事裁定书。

② 参见最高法民申 107 号民事裁定书、（2021）最高法民申 5955 号民事裁定书、（2021）最高法民申 5752 号民事裁定书。

③ 《民事诉讼法》（2021 年修正）

第六十条　无诉讼行为能力人由他的监护人作为法定代理人代为诉讼。法定代理人之间互相推诿代理责任的，由人民法院指定其中一人代为诉讼。

④ 参见王福华：《辩论权利救济论》，载《法学》2020 年第 10 期。

⑤ 参见江必新主编：《新民事诉讼法条文理解与适用》，人民法院出版社 2022 年版，第 249 页。

效，当然也就包括其辩论权利的无效行使。法院依据无效的诉讼行为作出的判决，当然也就属于剥夺当事人辩论权利的情形。

（2）必要共同诉讼人的辩论权利

必要共同诉讼为不可分之诉，原审法院遗漏必要共同诉讼人，使其无法参与诉讼的，是对其诉讼权利的严重侵害。当然，也即属于上文所述的"当事人未获得辩论机会"的情形，其辩论权利显然被剥夺。虽然《民事诉讼法》第二百零七条第八项所述的"不能归责于本人或者其诉讼代理人的事由"可以分为法院因素与非法院因素两类，但我们认为，即使是非法院因素造成必要共同诉讼人无法参与庭审的，法院也应当中止审理而非径行作出判决，否则实质上也剥夺了必要共同诉讼人的辩论权利。

3. 与"未经传票传唤，缺席判决"的关联

"未经传票传唤，缺席判决的"系《民事诉讼法》第二百零七条第十项规定的再审申请事由。上文已经提到，《民事诉讼法司法解释》第三百八十九条第三项将"违反法律规定送达起诉状副本或者上诉状副本"的情形作为致使当事人无法行使辩论权利的情形予以规定。但实践中法院应向当事人送达的诉讼文书除起诉状、上诉状副本外，还包括开庭传票等，法院也几乎不会出现只送达其中一项或几项而不送达其他文书的情形。更为常见的是，法院未按照法定的送达方式进行送达，进而剥夺了当事人相应的诉讼权利，也即法院违反法律规定送达的文书通常包括传票等。实质上，法院"未经传票传唤，缺席判决的"，与遗漏必要共同诉讼当事人的情形类似，均系享有诉讼权利的当事人实际未获得行使包括辩论权利在内的诉讼权利的机会。

当然，具体的法院违反法律规定送达文书的情形，后文将结合"未经传票传唤，缺席判决的"再审事由进行详细论述。

4. 与"原判决、裁定遗漏或者超出诉讼请求"的关联

"原判决、裁定遗漏或者超出诉讼请求的"系《民事诉讼法》第二百零七条第十一项规定的再审申请事由。在民事诉讼中，当事人有权支配自己的实体权利及诉讼权利，也即法院的审理范围应当围绕当事人的"诉讼

请求"与"诉讼主张"进行,这是民事诉讼处分原则的基本含义。① 理论上而言,于实体权利,法院最终所作出的判决、裁定对应的是当事人的"诉讼请求";于以辩论权利为核心的诉讼权利,法院为保证诉讼有序、高效地开展而归纳的争议焦点则是与"诉讼主张"相对应。也即《民事诉讼法》第二百零七条第十一项所规定的"遗漏或超出诉讼请求"与第九项所规定的"剥夺当事人辩论权利"这两者的边界见于"诉讼请求"和"诉讼主张"之别。例如,在(2018)最高法民申 3642 号案件中,最高人民法院认为,当事人的诉讼请求是对方当事人对其承担还款责任,即要求对方当事人承担合同责任,而赔偿责任亦是承担合同责任的形式之一,故原判决判令对方当事人承担补充赔偿责任不当然属于超出诉讼请求范围。但如果原审法院对此未予释明,即本应将是否应承担补充赔偿责任纳入争议焦点范围进行辩论的,属于剥夺了当事人的辩论权利。

但是除了前述案件类型以外,司法实践中更多的是法院同时存在这两项再审事由所规定的情形。因为法院在归纳争议焦点时,虽然直接依据的是双方当事人的诉辩主张,但其根本基础仍然是围绕当事人的诉讼请求进行。故法院未准确归纳争议焦点的,往往意味着法院遗漏或超出了当事人的诉讼请求。比如,在(2016)最高法民申 692 号案件中,原审法院虽判决《租赁合同》有效应继续履行,但当事人在提起诉讼时,并未主张2014 年和 2015 年的租金,而原审法院在径行将 2014 年、2015 年租金直接按照年租金 352045 元的标准认定,最高人民法院认为,原审法院如此处理,既超出了当事人诉讼请求的范围,亦剥夺了当事人的辩论权利。又如,在(2017)最高法民申 128 号案件中,当事人在起诉时明确提出了返还其已代付款项的诉讼请求,但对此原审法院未进行审理并作出裁判,最高人民法院认为,此种情形遗漏了当事人的诉讼请求,剥夺了其相应的辩论权利。

当然,具体的原判决、裁定遗漏或者超出诉讼请求的情形,在后文中

---

① 参见江必新主编:《新民事诉讼法条文理解与适用》,人民法院出版社 2022 年版,第 991 页。

也会进行详细阐述。

从上文的分析可以看出，《民事诉讼法》第二百零七条规定的程序性再审事由之间往往存在关联。因此，若原审法院在诉讼过程中存在程序性的错误，其往往能与多项程序性再审事由产生对应关系。而在司法实务中，法院对此并没有作严格区分，在审查当事人的再审申请时认为只要符合法律规定的十三项事由中的某一项即可裁定进入再审。在这种背景下，我们在申请再审时不必过于纠结原审法院的程序性错误究竟应对应哪一项具体的再审申请事由，只要能够进行充分说理，达到再审事由成立，足以启动再审程序即可。

七、"未经传票传唤，缺席判决的"再审事由分析

由于当事人经传票传唤，无正当理由拒不到庭的情形属于法院依法应当缺席判决的情形，故本项再审事由成立的核心系"未经传票传唤"。下面我们将着重围绕"未经传票传唤"对本项再审申请事由进行分析。

1. 必须"经传票传唤"的主体范围

传票是法院依照法定程序签发的，要求被传唤人按指定时间、指定地点，出庭参加诉讼活动或者进行其他诉讼行为的书面文书。所谓传票传唤，是指法院以发送传票的方式，通知当事人参加诉讼，是法院传唤当事人方式中最正规、最严肃的方式。① 而根据《民事诉讼法司法解释》第二百二十七条②的规定来看，并非所有参与诉讼的人员均应当以传票传唤的形式通知其参加诉讼。

首先，必须用传票传唤的对象仅限当事人，也即只有原告、被告、上诉人、被上诉人以及由法院依法审查决定应当参与诉讼的第三人才适用传票传唤的形式。对于其他诉讼参与人，法院应采用通知书的形式通知其参

---

① 参见江必新主编：《新民事诉讼法条文理解与适用》，人民法院出版社 2022 年版，第 990 页。

② 《民事诉讼法司法解释》（2022 年修正）

第二百二十七条　人民法院适用普通程序审理案件，应当在开庭三日前用传票传唤当事人。对诉讼代理人、证人、鉴定人、勘验人、翻译人员应当用通知书通知其到庭。当事人或者其他诉讼参与人在外地的，应当留有必要的在途时间。

与诉讼。若原审法院未通知其他应参与诉讼的人员参与诉讼，而当事人以本项再审事由申请再审的，则难以得到支持。当然，若在诉讼过程中当事人死亡的，其继承人承继了相应诉讼地位而成为案件的当事人，需要等待继承人表明是否参加诉讼的，法院应当及时通知继承人，①否则可能构成"未经传票传唤，缺席判决"的情形。

2. 传票未经法定送达程序送达当事人

（1）送达的方式

《民事诉讼法》中的送达，是指法院依照法定的方式和程序，将诉讼文书送交给当事人和其他诉讼参与人的行为。具体而言，《民事诉讼法》规定了以下送达方式。

第一，直接送达与代收送达。《民事诉讼法》第八十八条规定："送达诉讼文书，应当直接送交受送达人。受送达人是公民的，本人不在交他的同住成年家属签收；受送达人是法人或者其他组织的，应当由法人的法定代表人、其他组织的主要负责人或者该法人、组织负责收件的人签收；受送达人有诉讼代理人的，可以送交其代理人签收；受送达人已向人民法院指定代收人的，送交代收人签收。受送达人的同住成年家属，法人或者其他组织的负责收件的人，诉讼代理人或者代收人在送达回证上签收的日期为送达日期。"

第二，留置送达。《民事诉讼法》第八十九条规定："受送达人或者他的同住成年家属拒绝接收诉讼文书的，送达人可以邀请有关基层组织或者所在单位的代表到场，说明情况，在送达回证上记明拒收事由和日期，由送达人、见证人签名或者盖章，把诉讼文书留在受送达人的住所；也可以把诉讼文书留在受送达人的住所，并采用拍照、录像等方式记录送达过程，即视为送达。"

---

① 《民事诉讼法司法解释》（2022年修正）
第五十五条　在诉讼中，一方当事人死亡，需要等待继承人表明是否参加诉讼的，裁定中止诉讼。人民法院应当及时通知继承人作为当事人承担诉讼，被继承人已经进行的诉讼行为对承担诉讼的继承人有效。

第三，电子送达。《民事诉讼法》第九十条规定："经受送达人同意，人民法院可以采用能够确认其收悉的电子方式送达诉讼文书。通过电子方式送达的判决书、裁定书、调解书，受送达人提出需要纸质文书的，人民法院应当提供。采用前款方式送达的，以送达信息到达受送达人特定系统的日期为送达日期。"

第四，委托送达与邮寄送达。《民事诉讼法》第九十一条规定："直接送达诉讼文书有困难的，可以委托其他人民法院代为送达，或者邮寄送达。邮寄送达的，以回执上注明的收件日期为送达日期。"

第五，转交送达。《民事诉讼法》第九十二条规定："受送达人是军人的，通过其所在部队团以上单位的政治机关转交。"第九十三条规定："受送达人被监禁的，通过其所在监所转交。受送达人被采取强制性教育措施的，通过其所在强制性教育机构转交。"

第六，公告送达。《民事诉讼法》第九十五条规定："受送达人下落不明，或者用本节规定的其他方式无法送达的，公告送达。自发出公告之日起，经过三十日，即视为送达。公告送达，应当在案卷中记明原因和经过。"

（2）未经法定程序送达的认定

本项再审事由本质上是指法院违反法定程序，在未采取任何一种方式送达或未采取法定的方式送达传票传唤当事人出庭应诉，当事人不可能获知本案诉讼发生的情况下导致缺席判决。例如，法院未向当事人送达传票或其他诉讼材料；或者法院向未获得法人或非法人组织授权的自然人送达传票或诉讼材料，但并无证据证明法人或非法人组织收到了传票或诉讼材料。[①]

但如前文所列举的，《民事诉讼法》关于送达程序的规定已较为完善，司法实践中认定法院送达程序存在错误的，更多的是存在法院违法采用公告送达的情形。依据《民事诉讼法》第九十五条的规定，公告送达

---

① 参见（2018）鄂民再 143 号民事裁定书。

是法院穷尽所有的送达方式之后仍不能联系当事人方可采取的补充手段，若法院未穷尽送达方式，则该传唤当事人的方式存在程序违法，则可能构成未经传票传唤的情形。因此，若以本项事由作为申请再审的理由，建议着重考虑的不仅是形式上的送达瑕疵，而且应当进一步证明法院是否穷尽所有的送达方式。

（3）当事人逃避送达的处理

除了法院有向当事人送达开庭传票的义务，当事人亦有配合诉讼程序的义务，但在司法实践中，当事人恶意逃避送达的情形并不少见。为切实解决送达难的问题，《民事诉讼法》规定了前述多种送达方式。若当事人恶意逃避送达，法院依据法定的送达方式完成送达的，其送达程序合法，当事人再以本项再审事由申请再审将不会得到支持。

此外，即使当事人并不具有主观恶意，但未提供准确的地址，或未及时告知变更后的地址，致使诉讼文书无法送达或未及时送达，也应自行承担由此产生的法律后果。

（4）送达的实质认定

送达的根本目的是保证具有诉讼利益的受送达人知晓本次诉讼，使权利人有积极主张自己诉讼利益的可能。如果在法院有证据证明当事人确实"知晓"本案诉讼的情况下，即使送达程序存在瑕疵，当事人以本项事由申请再审通常也不会得到支持。

比如，在（2020）最高法民申 4736 号案件中，最高人民法院认为，即使原审法院的送达程序有一定瑕疵，但是与再审申请人关系密切的其他当事人知晓本案诉讼情况及具体进展，即使再审申请人未收到庭前文书，法院已经依法公告送达，通常认为不存在缺席审判的情况。又如，在（2021）最高法民申 2244 号案件中，最高人民法院认为，虽然一审第一次开庭传票未实际送达再审申请人，但庭后再审申请人到一审法院接受了询问、对案件事实发表了意见，且法院依法制作了询问笔录，之后开庭时，法院向双方当事人出示了再审申请人的询问笔录，其他当事人可以针对缺席人意见发表辩论意见，实际上并未对缺席人的实体和诉讼权利造成实质影响。

3. 当事人申请再审的，需具有再审利益

虽然我国《民事诉讼法》及其相关司法解释中并无直接关于再审利益的相关规定，但其不仅是众多学者民事诉讼理论研究的对象，也是司法实践中法院广泛使用的观点。一般认为，再审利益即当事人有通过再审程序去除原生效裁判对其设立的不利后果，予以进一步救济的必要性。也就是说，当事人具有再审利益是再审法院审查和裁判的基础，没有再审利益，再审法院无须对其再审请求进行审查。

具体到本项再审事由而言，参照《民事诉讼法》第五十九条第二款所规定的"法院判决承担民事责任的第三人，有当事人的诉讼权利义务"，言外之意即未承担民事责任的第三人不具有当事人的诉讼权利义务，无权对已经发生法律效力的裁判提出再审申请。比如，在（2020）最高法民申 1322 号案件中，最高人民法院认为，原审未判决第三人承担责任或为其设定义务，第三人是否到庭并不损害其民事权益，故第三人以未经传票传唤缺席判决为由申请再审的，不予支持。①

八、"原判决、裁定遗漏或者超出诉讼请求的"再审事由分析

诉讼只能因当事人行使诉权开始，诉讼请求的范围由当事人自行决定，法院围绕当事人的诉讼请求进行审理是《民事诉讼法》处分原则的基本体现。若原审法院遗漏或超出当事人的诉讼请求作出裁判的，按照《民事诉讼法》第二百零七条第十一项所规定的当事人的申请符合"原判决、裁定遗漏或者超出诉讼请求的"情形，法院应当再审。下面我们将对本项再审申请事由进行分析。

（一）本项再审事由所称的"诉讼请求"范围

根据《民事诉讼法司法解释》第三百九十条②的规定，本项再审申请

---

① 参见（2020）最高法民申 1322 号民事裁定书。
② 《民事诉讼法司法解释》（2022 年修正）
第三百九十条　民事诉讼法第二百零七条第十一项规定的诉讼请求，包括一审诉讼请求、二审上诉请求，但当事人未对一审判决、裁定遗漏或者超出诉讼请求提起上诉的除外。

事由所称的"诉讼请求"包括一审诉讼请求、二审上诉请求，但当事人未对一审判决、裁定遗漏或者超出诉讼请求提起上诉的除外。据此，一审遗漏或者超出诉讼请求的情形以及二审遗漏或者超出上诉请求的情形，均能以本项事由申请再审。需要注意的是，一审诉讼请求包括原告的本诉请求、被告的反诉请求以及有独立请求权的第三人的诉讼请求。若当事人依法增加、变更诉讼请求的，则以变更后的诉讼请求为基准，确定是否存在遗漏或者超出诉讼请求的情形。

（二）原判决、裁定"遗漏"诉讼请求的分析

法院对于当事人提出的请求事项没有作出裁判，属于"遗漏"诉讼请求，根据前述《民事诉讼法司法解释》第三百九十条的规定，可以将遗漏诉讼请求的具体情形概括如下。

1. 遗漏一审诉讼请求

一审诉讼请求的遗漏通常出现在有多项诉讼请求的案件或有第三人参加诉讼的案件。在前类案件中，如法院未全部支持当事人的诉讼请求，判项的表述方式通常为"驳回××的其他诉讼请求"，需要对照当事人的全部诉讼请求确定判项内容是否存在遗漏；在后类案件中，则需要明确第三人的诉讼地位以及是否明确提出诉讼请求。需要说明的是，由于法院作出"驳回××的其他诉讼请求"的判项时，不会对当事人的诉讼请求进行一一回应，故还需要结合庭审笔录以及裁判文书中"本院认为"部分综合比对是否存在遗漏审理诉讼请求的情形。

2. 遗漏变更、增加的诉讼请求

根据《民事诉讼法》第一百四十三条①，《民事诉讼法司法解释》第

---

① 《民事诉讼法》（2021 年修正）

第一百四十三条 原告增加诉讼请求，被告提出反诉，第三人提出与本案有关的诉讼请求，可以合并审理。

二百五十一条①、第二百五十二条②的规定，一审、二审裁定发回重审、再审裁定发回重审的案件，当事人均可以申请变更、增加诉讼请求。遗漏当事人变更、增加的诉讼请求也属于本项再审事由所规定的"遗漏"诉讼请求的情形。需要注意的是，根据《民事诉讼法司法解释》第二百三十二条③的规定，当事人申请变更、增加诉讼请求的，应当在法庭辩论结束之前，在当事人超过法律规定的时间期限提出变更、增加诉讼请求，法院未予审理的，不构成遗漏诉讼请求的情形。

3. 遗漏二审上诉请求

根据《民事诉讼法司法解释》第三百二十一条④的规定，二审法院应当围绕当事人的上诉请求进行审理。当事人没有提出请求的，不予审理，但一审判决违反法律禁止性规定、损害国家利益、社会公共利益或者他人合法权益的除外。当事人的上诉请求不得超过一审诉讼请求的范围，对于当事人在二审程序中新增加的上诉请求，并非在一审程序中提出的诉讼请求，二审法院不予审理，属于遗漏上诉请求的情形。此外，与遗漏一审诉讼请求的情形类似，即使二审法院认为当事人的上诉请求不成立的，也应当在判决书中对上诉请求予以回应，并据此作出对原审裁判予以维持的裁

---

① 《民事诉讼法司法解释》（2022 年修正）

第二百五十一条 二审裁定撤销一审判决发回重审的案件，当事人申请变更、增加诉讼请求或者提出反诉，第三人提出与本案有关的诉讼请求的，依照民事诉讼法第一百四十三条规定处理。

② 《民事诉讼法司法解释》（2022 年修正）

第二百五十二条 再审裁定撤销原判决、裁定发回重审的案件，当事人申请变更、增加诉讼请求或者提出反诉，符合下列情形之一的，人民法院应当准许：

（一）原审未合法传唤缺席判决，影响当事人行使诉讼权利的；

（二）追加新的诉讼当事人的；

（三）诉讼标的物灭失或者发生变化致使原诉讼请求无法实现的；

（四）当事人申请变更、增加的诉讼请求或者提出的反诉，无法通过另诉解决的。

③ 《民事诉讼法司法解释》（2022 年修正）

第二百三十二条 在案件受理后，法庭辩论结束前，原告增加诉讼请求，被告提出反诉，第三人提出与本案有关的诉讼请求，可以合并审理的，人民法院应当合并审理。

④ 《民事诉讼法司法解释》（2022 年修正）

第三百二十一条 第二审人民法院应当围绕当事人的上诉请求进行审理。

当事人没有提出请求的，不予审理，但一审判决违反法律禁止性规定，或者损害国家利益、社会公共利益、他人合法权益的除外。

判结果，否则属于二审遗漏上诉请求的情形，当事人可以依据本项再审事由申请再审。

需要注意的是，《民事诉讼法司法解释》第三百九十条①还规定了当事人未对一审判决、裁定遗漏或者超出诉讼请求提起上诉的，不属于遗漏或者超出诉讼请求的情形，当事人不得以此为由申请再审。比如，在（2016）最高法民终222号案件中，最高人民法院认为，当事人未就一审法院遗漏其诉讼请求的问题提出任何主张或异议，应当视其认可一审判决，对于一审判决的该项明显不当在二审程序中不予审理，当事人未针对一审遗漏诉讼请求提起上诉，亦不得以此为由对二审生效裁判申请再审。

（三）原判决、裁定"超出"诉讼请求的分析

法院对于当事人没有提出的请求事项作出裁判，属于"超出诉讼请求"。通常情形下，将当事人提出的诉讼请求（包括一审诉讼请求、二审上诉请求）和判项进行比对，即能发现是否存在超出诉讼请求的情形。比如，当事人在诉讼中撤回某项诉讼请求或上诉请求，但法院仍然对该项诉讼请求或上诉请求作出判决。又如，当事人仅就双方经济往来的部分款项提出诉讼请求，但法院却将双方经济往来的全部款项纳入审理范围并作出判决。

但司法实践中，更多的是当事人对于法院在案件审理过程中作出的超出己方主张的审理行为，难以确定是否属于超出诉讼请求范围的情形，而法院的这些审理行为通常系依职权作出，并非属于超出诉讼请求的审理、裁判，常见情形如下。

---

① 《民事诉讼法司法解释》（2022年修正）
第三百九十条　民事诉讼法第二百零七条第十一项规定的诉讼请求，包括一审诉讼请求、二审上诉请求，但当事人未对一审判决、裁定遗漏或者超出诉讼请求提起上诉的除外。

1. 法院依职权调查收集证据

根据《民事诉讼法》第六十七条①、《民事诉讼法司法解释》第九十六条②的规定，法院调查收集证据，应当依照当事人的申请进行，但法院认为审理案件需要的证据，具体包括：（一）涉及可能损害国家利益、社会公共利益的；（二）涉及身份关系的；（三）涉及民事诉讼法第五十八条③规定诉讼的；（四）当事人有恶意串通损害他人合法权益可能的；（五）涉及依职权追加当事人、中止诉讼、终结诉讼、回避等程序性事项的，法院可以依职权调查收集。

2. 法院依职权审理法律关系性质与民事行为效力

对于诉讼过程中当事人主张的法律关系性质或者民事行为效力与法院根据案件事实作出的认定不一致的情形，修正后的《民事诉讼证据规定》第五十三条④明确规定法院应当将法律关系性质或者民事行为效力作为焦

---

① 《民事诉讼法》（2021 年修正）

第六十七条 当事人对自己提出的主张，有责任提供证据。

当事人及其诉讼代理人因客观原因不能自行收集的证据，或者人民法院认为审理案件需要的证据，人民法院应当调查收集。

人民法院应当按照法定程序，全面地、客观地审查核实证据。

② 《民事诉讼法司法解释》（2022 年修正）

第九十六条 民事诉讼法第六十七条第二款规定的人民法院认为审理案件需要的证据包括：

（一）涉及可能损害国家利益、社会公共利益的；

（二）涉及身份关系的；

（三）涉及民事诉讼法第五十八条规定诉讼的；

（四）当事人有恶意串通损害他人合法权益可能的；

（五）涉及依职权追加当事人、中止诉讼、终结诉讼、回避等程序性事项的。

除前款规定外，人民法院调查收集证据，应当依照当事人的申请进行。

③ 《民事诉讼法》（2021 年修正）

第五十八条 对污染环境、侵害众多消费者合法权益等损害社会公共利益的行为，法律规定的机关和有关组织可以向人民法院提起诉讼。

人民检察院在履行职责中发现破坏生态环境和资源保护、食品药品安全领域侵害众多消费者合法权益等损害社会公共利益的行为，在没有前款规定的机关和组织或者前款规定的机关和组织不提起诉讼的情况下，可以向人民法院提起诉讼。前款规定的机关或者组织提起诉讼的，人民检察院可以支持起诉。

④ 《民事诉讼证据规定》（2019 年修正）

第五十三条 诉讼过程中，当事人主张的法律关系性质或者民事行为效力与人民法院根据案件事实作出的认定不一致的，人民法院应当将法律关系性质或者民事行为效力作为焦点问题进行审理。但法律关系性质对裁判理由及结果没有影响，或者有关问题已经当事人充分辩论的除外。

存在前款情形，当事人根据法庭审理情况变更诉讼请求的，人民法院应当准许并可以根据案件的具体情况重新指定举证期限。

点问题进行审理，但法律关系性质对裁判理由及结果没有影响，或者有关问题已经当事人充分辩论的除外；该条同时明确了在该种情形下，法院应当准许当事人根据法庭审理情况变更诉讼请求。

3. 法院超出起诉理由作出裁判

例如，在（2017）最高法民申 5185 号案件中，原告以被告存在欺诈行为为由，依据《合同法》第五十四条第二款请求撤销相关通知书和确认表；一审法院未经释明，主动变更原告的请求权法律基础规范，直接依据《合同法》第五十四条第一款第一项关于重大误解的规定作出判决，支持了原告的诉讼请求。二审法院认为，一审判决理据虽有不当，但结果正确，维持一审判决。最高人民法院认为，原审判决并未超出原告主张的诉讼请求，原审判决超出起诉理由，亦非法院依当事人申请启动再审程序的法定事由。

九、"据以作出原判决、裁定的法律文书被撤销或者变更的"再审事由分析

在民事诉讼活动中，另案生效的法律文书被撤销或者变更后，本案依据该生效法律文书对基本事实和案件性质的认定便丧失了事实基础。对此种情况，《民事诉讼法》第二百零七条第十二项规定了当事人的申请符合"据以作出原判决、裁定的法律文书被撤销或者变更的"情形，法院应当再审。下文我们将对本项再审事由进行分析。

（一）本项再审事由规定的"法律文书"范围

根据《民事诉讼法司法解释》第三百九十一条①的规定，本项再审事由所规定的"法律文书"包括：发生法律效力的判决书、裁定书、调解书；发生法律效力的仲裁裁决书；具有强制执行效力的公证债权文书。在

---

① 《民事诉讼法司法解释》（2022 年修正）
第三百九十一条 民事诉讼法第二百零七条第十二项规定的法律文书包括：
（一）发生法律效力的判决书、裁定书、调解书；
（二）发生法律效力的仲裁裁决书；
（三）具有强制执行效力的公证债权文书。

理解本项再审事由规定的"法律文书"时，需要注意以下问题。

1. 必须为"发生法律效力"的法律文书

本项再审事由规定的"法律文书"必须是"发生法律效力"的法律文书。根据《民事诉讼法》第一百五十八条的规定，最高人民法院的判决、裁定，以及依法不准上诉或者超过上诉期没有上诉的判决、裁定，是发生法律效力的判决、裁定；根据《民事诉讼法》第一百条第三款的规定，调解书经双方当事人签收后，即具有法律效力；根据《仲裁法》第五十七条①的规定，仲裁裁决书自作出之日起发生法律效力；根据《公证法》第三十二条②第一款的规定，具有强制执行效力的公证债权文书自出具之日起生效。

2. 诉讼中达成的调解协议不属于本项再审事由规定的"法律文书"

司法实践中，当事人之间的纠纷可以经人民调解委员会或者其他依法设立的调解组织调解达成协议，也可以在诉讼中由法院调解达成协议。除可以不制作调解书的案件外，诉讼中在法院组织下调解达成协议的，法院应当制作调解书。虽然调解书系依据调解协议制作，反映调解协议的内容，但调解协议仅是双方当事人协商达成的协议，而调解书是法院作出的具有司法效力的法律文书。调解协议不属于本项再审事由规定的"法律文书"，当事人不能以该项事由申请再审。

3. 其他类型的公证书不属于本项再审事由规定的"法律文书"

依据《公证法》第三十七条③的规定，具有强制执行效力的公证债权

---

① 《仲裁法》（2017 年修正）

第五十七条 裁决书自作出之日起发生法律效力。

② 《公证法》（2017 年修正）

第三十二条 公证书应当按照国务院司法行政部门规定的格式制作，由公证员签名或者加盖签名章并加盖公证机构印章。公证书自出具之日起生效。

公证书应当使用全国通用的文字；在民族自治地方，根据当事人的要求，可以制作当地通用的民族文字文本。

③ 《公证法》（2017 年修正）

第三十七条 对经公证的以给付为内容并载明债务人愿意接受强制执行承诺的债权文书，债务人不履行或者履行不适当的，债权人可以依法向有管辖权的人民法院申请执行。

前款规定的债权文书确有错误的，人民法院裁定不予执行，并将裁定书送达双方当事人和公证机构。

文书指的是经过公证的以给付为内容并载明债务人愿意接受强制执行承诺的债权文书。除此之外的其他由公证机构制发的公证书，不属于本项再审事由所规定的"法律文书"范围，当事人不能以该项事由申请再审。

（二）法律文书被撤销或变更的情形

1. 法院作出的判决书、裁定书、调解书被撤销或变更

法院作出的生效法律文书通常情形下只能够通过审判监督程序或第三人撤销之诉予以撤销或者变更。但需要注意的是，审判监督程序分为再审审查与再审审理两个阶段。在再审审查阶段，法院只审查当事人申请再审的事由是否符合法律规定并作出案件是否应当再审的裁定，法院裁定再审不构成生效法律文书被撤销或变更的情形。法院对案件进行再审审理后，改判、撤销或者变更原判决、裁定（包括裁定撤销原判决、发回重审），属于本项再审事由规定的"法律文书被撤销或者变更"的情形。

2. 仲裁委员会作出的仲裁裁决书被撤销

仲裁实行一裁终局制度，当事人能够提出证据证明仲裁裁决具有《仲裁法》第五十八条①第一款规定情形的，可以向仲裁委员会所在地的中级人民法院申请撤销裁决，法院审查核实裁决有该款规定情形之一的，或认定该裁决违背社会公共利益的，应当裁定撤销。

需要注意区分的是，撤销仲裁裁决和不予执行仲裁裁决，两者虽然都是通过事后的司法监督方式纠正仲裁裁决，但申请撤销仲裁裁决指的是仲裁庭作出的裁决符合法定撤销情形，当事人有权向法院申请撤销该仲裁裁

---

① 《仲裁法》（2017 年修正）

第五十八条 当事人提出证据证明裁决有下列情形之一的，可以向仲裁委员会所在地的中级人民法院申请撤销裁决：

（一）没有仲裁协议的；

（二）裁决的事项不属于仲裁协议的范围或者仲裁委员会无权仲裁的；

（三）仲裁庭的组成或者仲裁的程序违反法定程序的；

（四）裁决所根据的证据是伪造的；

（五）对方当事人隐瞒了足以影响公正裁决的证据的；

（六）仲裁员在仲裁该案时有索贿受贿，徇私舞弊，枉法裁决行为的。

人民法院经组成合议庭审查核实裁决有前款规定情形之一的，应当裁定撤销。

人民法院认定该裁决违背社会公共利益的，应当裁定撤销。

决；申请不予执行仲裁裁决指的是在仲裁裁决的执行中，被申请人依据法定事由向法院申请不予执行生效的仲裁裁决。除了法定事由和程序的不同，二者在申请主体、申请期限、管辖法院、审查结果等方面也存在区别。因此，法院裁定不予执行仲裁裁决不属于本项再审事由所规定的法律文书被撤销或者变更的情形。

3. 公证机构作出的具有强制执行效力的公证债权文书被撤销或变更

根据《公证法》第三十九条的规定，当事人、公证事项的利害关系人认为公证书有错误的，可以向出具该公证书的公证机构提出复查。公证书的内容违法或者与事实不符的，公证机构应当撤销该公证书并予以公告，该公证书自始无效；公证书有其他错误的，公证机构应当予以更正。需要注意的是，根据《最高人民法院关于审理涉及公证活动相关民事案件的若干规定》第三条①的规定，当事人、公证事项的利害关系人不能对具有强制执行效力的公证债权文书的民事权利义务争议直接向法院提起诉讼，但公证债权文书被人民法院裁定不予执行的除外。

（三）法律文书被撤销或变更的实质要件分析

根据《审判监督程序司法解释》第十条②的规定，"据以作出原判决、裁定的法律文书被撤销或者变更"的情形是指"原判决、裁定对基本事实和案件性质的认定系根据其他法律文书作出，而上述其他法律文书被撤销或变更"。原判决、裁定所依据的生效法律文书，本质上依据的是生效

---

① 《最高人民法院关于审理涉及公证活动相关民事案件的若干规定》（2020 年修正）
第三条 当事人、公证事项的利害关系人对公证书所公证的民事权利义务有争议的，可以依照公证法第四十条规定就该争议向人民法院提起民事诉讼。
当事人、公证事项的利害关系人对具有强制执行效力的公证债权文书的民事权利义务有争议直接向人民法院提起民事诉讼的，人民法院依法不予受理。但是，公证债权文书被人民法院裁定不予执行的除外。
② 《审判监督程序司法解释》（2020 年修正）
第十条 原判决、裁定对基本事实和案件性质的认定系根据其他法律文书作出，而上述其他法律文书被撤销或变更的，人民法院可以认定为民事诉讼法第二百条（现第二百零七条）第（十二）项规定的情形。

法律文书所认定的案件基本事实。根据《民事诉讼证据规定》第十条①的规定，已为仲裁机构生效裁决所确认的事实、已为法院发生法律效力的裁判所确认的基本事实、已为有效公证文书所证明的事实，当事人无须举证证明。生效法律文书所确认的事实之所以能够成为当事人的免证事实，是因为该事实属于法院、仲裁机构、公证机关经法定程序所查明的事实，具有法律约束力，对后续纠纷中同一待定事实的认定具有既定效力。

若前案的法律文书被撤销或变更，则意味着相关事实回归到未经证明且无法律约束力的状态，原判决、裁定的作出实际上已经失去事实基础，依据撤销或变更后的法律文书重新作出的判决、裁定，将可能与原判决、裁定作出的结论不一致。因此，当事人以该项事由申请再审的，法院审查确认被撤销或变更的法律文书关系到原判决、裁定对基本事实和案件性质的认定，则应当裁定再审。比如，在（2021）最高法民申1661号案件中，最高人民法院认为，一审、二审判决所依据的刑事裁判被撤销，对于案涉承诺书及担保书的证据能力与证明效力，应重新通过庭审质证确认，通过全面审查当事人签订承诺书及担保书时意思表示的真实性、合法性和关联性，确定相关证据能否作为定案的依据，进而依据相关法律规定对承诺书及担保书的效力作出评判，结合案件的其他证据和事实依法作出判决。

---

① 《民事诉讼证据规定》（2019年修正）

第十条　下列事实，当事人无须举证证明：

（一）自然规律以及定理、定律；

（二）众所周知的事实；

（三）根据法律规定推定的事实；

（四）根据已知的事实和日常生活经验法则推定出的另一事实；

（五）已为仲裁机构的生效裁决所确认的事实；

（六）已为人民法院发生法律效力的裁判所确认的基本事实；

（七）已为有效公证文书所证明的事实。

前款第二项至第五项事实，当事人有相反证据足以反驳的除外；第六项、第七项事实，当事人有相反证据足以推翻的除外。

（四）依据本项再审事由申请再审的期限

根据《民事诉讼法》第二百一十二条①的规定，当事人对生效判决、裁定申请再审，原则上应当在判决、裁定发生法律效力后六个月内提出，但当事人依据本项再审事由申请再审的，应当自知道或者应当知道之日起六个月内提出，且应当提供相关法律文书已被撤销或者变更的证据。

十、"审判人员审理该案件时有贪污受贿，徇私舞弊，枉法裁判行为"再审事由分析

司法腐败严重损害司法的公正性和公信力，也严重损害当事人的合法权益。《民事诉讼法》第二百零七条第十三项规定，当事人的申请符合"审判人员审理该案件时有贪污受贿，徇私舞弊，枉法裁判行为的"情形，法院应当再审。下面我们将对本项再审事由进行阐述。

（一）依据本项事由申请再审仅限于贪污受贿、徇私舞弊、枉法裁判的行为

贪污受贿是指审判人员利用职务上的便利，索取或收受当事人的财物，为其谋取利益的行为；徇私舞弊是指审判人员徇私枉法、徇情枉法，滥用审判权的行为；枉法裁判是指审判人员在审判活动中故意违背事实和法律，作枉法裁判的行为。本项再审事由对审判人员的不当行为限定于前述三种行为，审判人员因其他违法、违规行为受到处分的，不属于本项再审事由规定的情形。比如，在（2019）最高法民申 1157 号案件中，再审申请人主张一审法院审理故意拖延本案审理，存在违法违纪问题，经再审申请人向有关组织反映本案审理严重超期的问题，审理本案的人员受到了警告处分，本案应当进入再审。最高人民法院认为，受到处分的人员并非判决书所记载的合议庭组成人员，也即并非审理本案的审判人员，即便其为本案一审审判人员，仅当审理案件时存在有贪污受贿、徇私舞弊、枉法

---

① 《民事诉讼法》（2021 年修正）

第二百一十二条　当事人申请再审，应当在判决、裁定发生法律效力后六个月内提出；有本法第二百零七条第一项、第三项、第十二项、第十三项规定情形的，自知道或者应当知道之日起六个月内提出。

裁判的行为，本案才可进入再审。

（二）贪污受贿、徇私舞弊、枉法裁判行为系在该案审理中发生

本项再审事由所规定的贪污受贿、徇私舞弊、枉法裁判行为应当是审判人员在审理该案中发生的行为，审判人员在其他案件的审理中发生的贪污受贿、徇私舞弊、枉法裁判行为，不能引发本案的再审事由。

（三）贪污受贿、徇私舞弊、枉法裁判行为已经由生效刑事法律文书或者纪律处分决定所确认

根据《民事诉讼法司法解释》第三百九十二条①的规定，本项再审事由所规定的审判人员审理该案件时有贪污受贿、徇私舞弊、枉法裁判行为，是指已经由生效刑事法律文书或者纪律处分决定所确认的行为。

1. 刑事法律文书

《刑法》第三百八十二条②、第三百八十五条③、第三百九十七条④、

---

① 《民事诉讼法司法解释》（2022 年修正）

第三百九十二条　民事诉讼法第二百零七条第十三项规定的审判人员审理该案件时有贪污受贿、徇私舞弊、枉法裁判行为，是指已经由生效刑事法律文书或者纪律处分决定所确认的行为。

② 《刑法》（2020 年修正）

第三百八十二条　国家工作人员利用职务上的便利，侵吞、窃取、骗取或者以其他手段非法占有公共财物的，是贪污罪。

受国家机关、国有公司、企业、事业单位、人民团体委托管理、经营国有财产的人员，利用职务上的便利，侵吞、窃取、骗取或者以其他手段非法占有国有财物的，以贪污论。

与前两款所列人员勾结，伙同贪污的，以共犯论处。

③ 《刑法》（2020 年修正）

第三百八十五条　国家工作人员利用职务上的便利，索取他人财物的，或者非法收受他人财物，为他人谋取利益的，是受贿罪。

国家工作人员在经济往来中，违反国家规定，收受各种名义的回扣、手续费，归个人所有的，以受贿论处。

④ 《刑法》（2020 年修正）

第三百九十七条　国家机关工作人员滥用职权或者玩忽职守，致使公共财产、国家和人民利益遭受重大损失的，处三年以下有期徒刑或者拘役；情节特别严重的，处三年以上七年以下有期徒刑。本法另有规定的，依照规定。

国家机关工作人员徇私舞弊，犯前款罪的，处五年以下有期徒刑或者拘役；情节特别严重的，处五年以上十年以下有期徒刑。本法另有规定的，依照规定。

第三百九十九条①分别规定了贪污罪、受贿罪、滥用职权罪、玩忽职守罪、民事、行政枉法裁判罪等罪名，法院作出的生效刑事法律文书对审判人员在审理该案中贪污受贿、徇私舞弊、枉法裁判的违法犯罪事实进行了认定，当事人可以根据本项事由申请再审。

2. 纪律处分决定

司法实践中，可以作为认定审判人员存在贪污受贿、徇私舞弊、枉法裁判行为依据的纪律处分决定，包括以下几种。

（1）监察委员会作出的处分决定

各级监察委员会是行使国家监察职能的专责机关，依照《监察法》对所有行使公权力的公职人员进行监察，调查职务违法和职务犯罪，开展廉政建设和反腐败工作，维护宪法和法律的尊严。根据《监察法》第十一条②的规定，监察委员会依照本法和有关法律规定履行监督、调查、处置职责的范围，包括"对涉嫌贪污贿赂、滥用职权、玩忽职守、权力寻租、利益输送、徇私舞弊以及浪费国家资财等职务违法和职务犯罪进行调

---

① 《刑法》（2020年修正）

第三百九十九条 司法工作人员徇私枉法、徇情枉法，对明知是无罪的人而使他受追诉、对明知是有罪的人而故意包庇不使他受追诉，或者在刑事审判活动中故意违背事实和法律作枉法裁判的，处五年以下有期徒刑或者拘役；情节严重的，处五年以上十年以下有期徒刑；情节特别严重的，处十年以上有期徒刑。

在民事、行政审判活动中故意违背事实和法律作枉法裁判，情节严重的，处五年以下有期徒刑或者拘役；情节特别严重的，处五年以上十年以下有期徒刑。

在执行判决、裁定活动中，严重不负责任或者滥用职权，不依法采取诉讼保全措施、不履行法定执行职责，或者违法采取诉讼保全措施、强制执行措施，致使当事人或者其他人的利益遭受重大损失的，处五年以下有期徒刑或者拘役；致使当事人或者其他人的利益遭受特别重大损失的，处五年以上十年以下有期徒刑。

司法工作人员收受贿赂，有前三款行为的，同时又构成本法第三百八十五条规定之罪的，依照处罚较重的规定定罪处罚。

② 《监察法》

第十一条 监察委员会依照本法和有关法律规定履行监督、调查、处置职责：

（一）对公职人员开展廉政教育，对其依法履职、秉公用权、廉洁从政从业以及道德操守情况进行监督检查；

（二）对涉嫌贪污贿赂、滥用职权、玩忽职守、权力寻租、利益输送、徇私舞弊以及浪费国家资财等职务违法和职务犯罪进行调查；

（三）对违法的公职人员依法作出政务处分决定；对履行职责不力、失职失责的领导人员进行问责；对涉嫌职务犯罪的，将调查结果移送人民检察院依法审查、提起公诉；向监察对象所在单位提出监察建议。

查"。根据《监察法》第四十五条①的规定，监察机关根据监督、调查结果，作出处置的情形包括"对违法的公职人员依照法定程序作出警告、记过、记大过、降级、撤职、开除等政务处分决定"。

（2）纪律检查委员会作出的处分决定

党的各级纪律检查委员会是党内监督专责机关，是党推进全面从严治党、开展党风廉政建设和反腐败斗争的专门力量。根据《中国共产党纪律处分条例》第二十七条的规定："党组织在纪律审查中发现党员有贪污贿赂、滥用职权、玩忽职守、权力寻租、利益输送、徇私舞弊、浪费国家资财等违反法律涉嫌犯罪行为的，应当给予撤销党内职务、留党察看或者开除党籍处分。"

（3）法院作出的处分决定

根据《人民法院工作人员处分条例》第四十三条②、第四十四条③的规定，审判人员故意违背事实和法律枉法裁判的，给予降级或者撤职处分；情节严重的，给予开除处分。审判人员因徇私而违反规定迫使当事人违背真实意愿撤诉、接受调解、达成执行和解协议并损害其利益的，给予警告、记过或者记大过处分；情节较重的，给予降级或者撤职处分；情节

---

① 《监察法》

第四十五条　监察机关根据监督、调查结果，依法作出如下处置：

（一）对有职务违法行为但情节较轻的公职人员，按照管理权限，直接或者委托有关机关、人员，进行谈话提醒、批评教育、责令检查，或者予以诫勉；

（二）对违法的公职人员依照法定程序作出警告、记过、记大过、降级、撤职、开除等政务处分决定；

（三）对不履行或者不正确履行职责负有责任的领导人员，按照管理权限对其直接作出问责决定，或者向有权作出问责决定的机关提出问责建议；

（四）对涉嫌职务犯罪的，监察机关经调查认为犯罪事实清楚，证据确实、充分的，制作起诉意见书，连同案卷材料、证据一并移送人民检察院依法审查、提起公诉；

（五）对监察对象所在单位廉政建设和履行职责存在的问题等提出监察建议。

监察机关经调查，对没有证据证明被调查人存在违法犯罪行为的，应当撤销案件，并通知被调查人所在单位。

② 《人民法院工作人员处分条例》

第四十三条　故意违背事实和法律枉法裁判的，给予降级或者撤职处分；情节严重的，给予开除处分。

③ 《人民法院工作人员处分条例》

第四十四条　因徇私而违反规定迫使当事人违背真实意愿撤诉、接受调解、达成执行和解协议并损害其利益的，给予警告、记过或者记大过处分；情节较重的，给予降级或者撤职处分；情节严重的，给予开除处分。

严重的，给予开除处分。

（四）依据本项再审事由申请再审的期限

根据《民事诉讼法》第二百一十二条①的规定，当事人对生效判决、裁定申请再审，原则上应当在判决、裁定发生法律效力后六个月内提出，但当事人依据本项再审事由申请再审的，应当自知道或者应当知道之日起六个月内提出，且应当提供审判人员审理该案件时存在贪污受贿、徇私舞弊、枉法裁判行为的证据。

第三节 "对调解书申请再审" 的分析

民事调解可贯穿民事诉讼的全过程，其相较民事审判最大限度地节省了司法资源、定分止争。调解书应当在事实清楚、自愿、合法的基础上作出，经双方当事人签收后即具有法律效力。当事人对调解书不服的可以申请再审，但对调解书申请再审的事由有别于裁判文书。《民事诉讼法》第二百零八条对当事人认为存在调解违反自愿原则或内容违反法律的法定事由的，给予了申请再审的救济途径。② 下文我们将对当事人针对调解书申请再审的规定进行分析。

一、可以申请再审的调解书类型

调解协议的达成可以参考民事主体之间合约的形成原则，既需要合法，即涉及对法律的直接或间接适用过程；也需要自愿，即涉及民事诉讼

---

① 《民事诉讼法》（2021年修正）

第二百一十二条 当事人申请再审，应当在判决、裁定发生法律效力后六个月内提出；有本法第二百零七条第一项、第三项、第十二项、第十三项规定情形的，自知道或者应当知道之日起六个月内提出。

② 《民事诉讼法》（2021年修正）

第二百零八条 当事人对已经发生法律效力的调解书，提出证据证明调解违反自愿原则或者调解协议的内容违反法律的，可以申请再审。经人民法院审查属实的，应当再审。

主体对自己实体权利进行处分的过程。调解协议的基础是权利内容的可处分性，在诉讼调解中，权利主体对属于自己的程序权利和实体权利，只要不损害公共利益或他人利益，法律允许当事人进行必要的妥协和退让。而法院作出调解书的本质是基于当事人之间的调解协议，为了维护契约的稳定性和诚实信用原则，当事人即便事后认为调解书有错，但对调解书申请再审的规定也应严格于对裁判文书申请再审的规定，这种严格首先体现在不是所有的调解书都可以申请再审，仅在调解书符合《民事诉讼法》第二百零八条所规定的两类情形时，当事人才可以申请再审。

此外，《民事诉讼法》第二百零九条规定："当事人对已经发生法律效力的解除婚姻关系的判决、调解书，不得申请再审。"需要注意的是，该条款虽然将"解除婚姻关系"的判决、调解书都作出了禁止再审的规定，但此处的"解除婚姻关系"的判决是根据《民事诉讼法司法解释》第三百八十条[1]的规定，应只限定于对解除婚姻关系判项不能申请再审，而对于财产分割的问题是可以申请再审的。对于解除婚姻关系的调解书涉及夫妻共同财产分割的部分是否可以申请再审，虽然《民事诉讼法》以及司法解释都没有作出相应的规定，但我们认为，如涉及民事调解再审事由的相关情形是可以申请再审的。

二、对调解书申请再审的法定事由

《最高人民法院关于人民法院民事调解工作若干问题的规定》第十条[2]规定了法院对侵害国家利益、社会公共利益的；侵害案外人利益的；

---

[1]　《民事诉讼法司法解释》（2022年修正）
第三百八十条　当事人就离婚案件中的财产分割问题申请再审，如涉及判决中已分割的财产，人民法院应当依照民事诉讼法第二百零七条的规定进行审查，符合再审条件的，应当裁定再审；如涉及判决中未作处理的夫妻共同财产，应当告知当事人另行起诉。
[2]　《最高人民法院关于人民法院民事调解工作若干问题的规定》（2020年修正）
第十条　调解协议具有下列情形之一的，人民法院不予确认：
（一）侵害国家利益、社会公共利益的；
（二）侵害案外人利益的；
（三）违背当事人真实意思的；
（四）违反法律、行政法规禁止性规定的。

违背当事人真实意思的；违反法律、行政法规禁止性规定的调解协议不予确认。可以说，此条规定概括了对调解书申请再审、撤销、检察监督的情形。但与当事人对生效的裁判申请再审的事由不同，当事人对已经发生法律效力的调解书申请再审的法定事由，仅限于调解违反自愿原则或违反法律规定。

（一）关于调解违反自愿原则的认定

《民事诉讼法》第九条规定："人民法院审理民事案件，应当根据自愿和合法的原则进行调解；调解不成的，应当及时判决。"第九十六条规定："人民法院审理民事案件，根据当事人自愿的原则，在事实清楚的基础上，分清是非，进行调解。"第九十九条规定："调解达成协议，必须双方自愿，不得强迫。调解协议的内容不得违反法律规定。"以上规定均明确规定，法院组织当事人调解不得违反自愿原则。

自愿原则不仅要求调解程序的启动应依据当事人的自愿选择，更要求协议的内容是出自当事人的真实意思表示。司法实践中，调解书违反自愿原则较为典型的情形为，因代理权限、委托手续问题导致调解书违背当事人意愿而引发再审。比如，代理人未经当事人特别授权，也未得到当事人追认，在当事人不知情的情况下超越代理权限与对方签订的调解协议；[1]未经当事人授权，故意伪造委托手续，签收法律文书并参与调解的；[2]利用公司变更前的名称及手续委托律师参加诉讼，并代表公司进行调解的，且事后当事人未追认的。[3]由此需要提醒注意的是，律师作为代理人参与调解，必须事先取得当事人的特别授权，且所调解事项应得到当事人的书面同意及认可，否则极有可能因损害当事人利益而引发执业风险。此外，司法实践中常见的调解书违反自愿原则的情形还包括：调解过程中对当事人采取施压、哄骗等手段，强迫当事人签订调解协议的；对方当事人或第三人采取欺诈手段让当事人接受调解的；法院在一方当事人缺席的情况下

① 参见（2016）最高法民申 2332 号民事裁定书。
② 参见（2018）最高法民申 3829 号民事裁定书。
③ 参见（2019）最高法民申 3828 号民事裁定书。

调解结案的。当然，当事人以此为由对调解书申请再审的，应当对于调解过程中存在的违反自愿原则的事实提供相应的证据，再审法院结合当事人签收调解书的送达回证、回执、调解协议和调解笔录等材料，结合当事人各自的身份地位、纠纷中的各方权利义务、案件有关的事实背景等进行综合判断。

（二）关于调解协议违法的认定

民事调解协议是对当事人争议的实体权利义务关系作出的确认或处分行为。调解书与判决书、裁定书一样，都是针对民事法律行为争议的一种实体裁决。只有严格遵守法律法规的强制性规定，才能保证案件的正确处理，维护当事人的合法权益。因此，法院对据以作出原生效调解书的调解协议，有义务依职权进行严格审查，对违反法律、法规，损害国家、集体或第三人利益的调解协议进行确认的，则属于应再审对象。

需要注意的是，本项所指"法律法规"仅指全国人民代表大会及其常务委员会制定的规范性法律文件以及国务院制定的行政法规。法律和行政法规可分为强制性规范和任意性规范，① 调解书仅在违反法律法规强制性规范的情况下，才符合申请再审的法定事由，而此处的强制性规范应既包括管理性强制规定，也包括效力性强制规定②。若调解协议部分内容约定有失准确但尚不构成违反强制性法律法规之情形的，不属于法定再审事由。

针对调解内容是否存在违反法律强制性规定在司法实践中的适用情形，再审法院通常注重审查调解事项是否属于法律规定不得调解的情形、是否损害了国家利益或社会公共利益、是否属于法律法规所禁止的情形。比如，在未取得国家有关部门依法颁发的不动产所有权证书和土地使用权证书之前，各方当事人通过调解书将不动产违法出让给当地集体经济组织

---

① 最高人民法院民法典贯彻实施工作领导小组编著：《中华人民共和国民法典总则编理解与适用》，人民法院出版社 2020 年版，第 771 页。

② 参见最高人民法院民法典贯彻实施工作领导小组办公室编著：《最高人民法院新民事诉讼法司法解释理解与适用》，人民法院出版社 2022 年版，第 908 页。

之外其他人员的①；双方当事人串通，以虚假的证据、虚构的事实为基础达成虚假调解，侵害其他社会成员合法权益及国家利益的②。

三、对调解书申请再审的期限

根据《民事诉讼法》第二百一十二条③的规定，原则上对裁判文书申请再审应在六个月内提出，但涉及第二百零七条第一项、第三项、第十二项、第十三项再审情形的，自知道或者应当知道之日起六个月内提出。而对于调解书申请再审的期限，《民事诉讼法》并未将其一并囊括进对裁判文书申请再审的期限条款中，也未作出另条规定，仅《民事诉讼法司法解释》第三百八十二条④规定当事人对生效的调解书申请再审，应当在调解书发生法律效力后六个月内提出，没有除外条款。对调解书申请再审的期限是由对调解书申请再审的法定情形决定的，不管是调解违反自愿原则还是调解协议违法，均属于在调解行为发生时就"知道或者应当知道"的事项。

近年来，法院在"调判结合，调解优先"审判原则的指引下，加大了对民商事案件的调解力度，调撤案件大幅上升，提高了办案效率，缓解了法院"案多人少"的压力，在一定程度上实现了案结事了，促进了社会的和谐稳定，但也增加了人民法院对调解书的合法性进行审查的压力。司法实践中，虽然对调解书申请再审的案件数量并不多，但还存在调解书生效后第三人提起执行异议或撤销之诉的案件，因此法院还应加大调解书是否案件事实清楚、是否涉及虚假诉讼、是否涉及损害第三人利益等情形的审查力度。

---

① 参见（2018）苏01民再176号民事判决书。

② 参见（2019）黑0407民再2号民事判决书。

③ 《民事诉讼法》（2021年修正）

第二百一十二条　当事人申请再审，应当在判决、裁定发生法律效力后六个月内提出；有本法第二百零七条第一项、第三项、第十二项、第十三项规定情形的，自知道或者应当知道之日起六个月内提出。

④ 《民事诉讼法司法解释》（2022年修正）

第三百八十二条　当事人对已经发生法律效力的调解书申请再审，应当在调解书发生法律效力后六个月内提出。

第四节　"院长发现"纠错程序的分析

我们了解到审判监督程序通常包括：申请法院再审—法院再审—申请检察院监督—向上一级检察院申请复查。而且，按照相关法律及司法解释的具体规定，上述程序每一步都有启动的时间限制。所以，无论是主动"启动"进入还是被动"卷入"上述程序的当事人都会反复询问律师同一个问题：是不是经历了最后的"检察院系列程序"之后就宣告整个诉讼程序"彻底结束"？对此问题若要准确回答，我们只能说："严格意义上来说也并非如此。"因为民事审判监督程序中还有一道非常特别的程序为法院依职权纠错程序，实践中通常称之为"院长发现"纠错程序。由于此程序在法院民事审判监督程序中所占的比重极低，不管是当事人还是律师对此程序的了解极少，因此本文将从十个角度入手对该程序涉及的相关法律问题进行阐述和探析。

一、"院长发现"纠错程序的法律依据

综观整个民事诉讼法律体系，"院长发现"纠错程序仅规定于少数条文之中，具体如下。

（一）《民事诉讼法》关于"院长发现"纠错程序的规定

对"院长发现"纠错程序作出直接规定的为《民事诉讼法》第二百零五条的规定："各级人民法院院长对本院已经发生法律效力的判决、裁定、调解书，发现确有错误，认为需要再审的，应当提交审判委员会讨论决定。最高人民法院对地方各级人民法院已经发生法律效力的判决、裁定、调解书，上级人民法院对下级人民法院已经发生法律效力的判决、裁定、调解书，发现确有错误的，有权提审或者指令下级人民法院再审。"

（二）司法解释对"院长发现"纠错程序有关的具体规定

司法解释涉及"院长发现"纠错程序的规定有两处。

一是《审判监督程序司法解释》第二十一条规定："当事人未申请再审、人民检察院未抗诉的案件，人民法院发现原判决、裁定、调解协议有损害国家利益、社会公共利益等确有错误情形的，应当依照民事诉讼法第一百九十八条①的规定提起再审。"

二是《民事诉讼法司法解释》第四百一十七条规定："人民法院收到再审检察建议后，应当组成合议庭，在三个月内进行审查，发现原判决、裁定、调解书确有错误，需要再审的，依照民事诉讼法第二百零五条规定裁定再审，并通知当事人；经审查，决定不予再审的，应当书面回复人民检察院。"

从上述规定可以发现，全国任何一级法院都可以通过"院长发现"纠错程序就本院的裁判文书进行纠错；且涉及国家利益和公共利益的案件，"院长发现"纠错程序不以当事人是否已经申请过再审、检察院是否抗诉为前提；而对于检察院提出检察建议的案件，法院经审查认为需要启动再审的，应通过"院长发现"纠错程序裁定再审。

二、启动"院长发现"纠错程序无时间限制

从现行有效的法律和司法解释看，对法院依职权提起再审的情形并无时间限制。对此，最高人民法院在司法判例中亦明确表达了此观点。

案例一：最高人民法院在（2020）最高法民申 4247 号案件中指出："根据《中华人民共和国民事诉讼法》第一百九十八条②的规定，各级法院院长发现已经发生法律效力的判决书确有错误，认为需要再审的，应当提交审判委员会讨论决定。如前所述，本案原一审判决确有错误，且法律并未限制法院提起再审的期限，本案再审符合法律规定。"

---

① 现第二百零五条。
② 现第二百零五条。

案例二：最高人民法院在（2017）最高法民终 934 号案件中认为："当事人主张一审法院启动再审超过了当事人申请再审的六个月期限，因本案再审的启动存在法院依职权提起再审的因素，当事人的该主张并无依据。"

由此可以推论，司法实务中，对于"院长发现"纠错程序是没有具体的时间限制的，至少从理论上讲，法院可以在任何时候启动"院长发现"纠错程序将已经发生法律效力的裁判"推翻"。

三、"院长发现"纠错程序的启动主体

虽然在司法实践中，通常采用"院长发现"这一表述，但毫无疑问，《民事诉讼法》第二百零五条第一款中所规定的纠错程序应当只是法院依职权纠错程序中本院纠错的程序规定，即"院长"并非一定是第一审查人员，但须为整个本院纠错程序必不可少的环节。

众所周知，各级法院的审判业务等各项工作均异常繁重，院长不可能有充足的时间、精力和能力，事实上也没有必要"亲自"对本院数千个甚至上万个民事案件逐个予以审查。因此，在实践中，除院长在工作中自己发现本院生效文书中"确有错误"的极个别情形外，绝大多数本院纠错程序都是由院长以外的主体（员额法官、信访窗口等）启动，故署名为"民监"字号的再审裁定书中合议庭组成人员中"审判长"也鲜有由"院长"担任的情形，所以"院长发现"纠错程序更多的是基于程序上的严谨性和严格性而规定应当由院长来提交审判委员会进行讨论。

正因如此，最高人民法院审判监督庭二级高级法官江显和也称："司法实践中人民法院依职权再审大多数由当事人申诉引发。"① 故依据《民事诉讼法》第二百零五条第一款所规定的纠错程序并非一定由院长发现，但须由院长提交审判委员会讨论。

---

① 江显和：《民事再审程序适用的疑难问题探究》，载《中国应用法学》2022 年第 6 期。

四、"院长发现"纠错程序的具体程序

据我们实证研究得知，"院长发现"纠错程序的直接来源主要包括：第一，当事人的申诉、信访案件。第二，同级检察院再审检察建议。第三，司法监督机关的司法建议，如人大、政协等。

但不管来自上述何种路径，法院均需组成合议庭进行内部审查后，认为确有再审必要的方才提交院长，再由院长提交审判委员会，审判委员会讨论确定具有再审必要后，方才出具再审裁定书，此内部审查程序统一表述为"民监"字号。

所以，我们有充分的理由认为，若上述任何环节，如内部审查合议庭认为案件没有再审必要的，也通常不再进入院长提交审判委员会程序，且只有认为有再审必要的，法院才会出具再审裁定书。因此，在"民监"程序中，我们通常只能在裁判文书网上查询到经审判委员会讨论而确定再审的裁定书，而没有经审判委员会讨论而驳回的裁定书。若对驳回申诉确有必要出具书面法律文书的，通常使用"决定书"①。

五、"院长发现"纠错程序裁定再审的事由

从上文所罗列的关于"院长发现"纠错程序的规定来看，相关法律及司法解释对"院长发现"纠错程序裁定再审的事由并无明确规定，仅有"确有错误"这一模糊表述。

但我们认为，为了维护生效裁判的稳定性，也鉴于民事案件中涉及当事人对自身权利的处置问题，公权力的介入应有必要的限度，且这种限度应严格于当事人申请再审的情形。正因如此，《民事诉讼法》第二百零五条才对院长发现纠错程序给予了"院长发现""提交审判委员会讨论决定"等在程序规定上更为严格的规定。可见，从立法精神层面来看，立法

---

① 参见（2015）民监字第 71 号民事决定书、（2021）青民监 1 号民事决定书、（2020）鲁民监 157 号民事决定书。

对启动特殊再审程序持审慎的态度。如此而言，在启动再审的事由方面也理应有更严格的限制。

此外，因《民事诉讼法》第二百零七条①、第二百零八条②对当事人申请再审作出明确的规定，第二百一十五条③针对检察院提起抗诉或检察建议的情形也限定在当事人申请再审之事由的范围以内。基于法律的体系性及科学性，我们认为，对《民事诉讼法》第二百零五条法院依职权启动再审中"确有错误"的理解也应当以当事人申请再审的再审事由为限。

至于《审判监督程序司法解释》第二十一条所称的"损害国家利益、社会公共利益"的情形，实属国家法律所不容，故对于原审法院作出的支

---

① 《民事诉讼法》（2021 年修正）

第二百零七条　当事人的申请符合下列情形之一的，人民法院应当再审：

（一）有新的证据，足以推翻原判决、裁定的；

（二）原判决、裁定认定的基本事实缺乏证据证明的；

（三）原判决、裁定认定事实的主要证据是伪造的；

（四）原判决、裁定认定事实的主要证据未经质证的；

（五）对审理案件需要的主要证据，当事人因客观原因不能自行收集，书面申请人民法院调查收集，人民法院未调查收集的；

（六）原判决、裁定适用法律确有错误的；

（七）审判组织的组成不合法或者依法应当回避的审判人员没有回避的；

（八）无诉讼行为能力人未经法定代理人代为诉讼或者应当参加诉讼的当事人，因不能归责于本人或者其诉讼代理人的事由，未参加诉讼的；

（九）违反法律规定，剥夺当事人辩论权利的；

（十）未经传票传唤，缺席判决的；

（十一）原判决、裁定遗漏或者超出诉讼请求的；

（十二）据以作出原判决、裁定的法律文书被撤销或者变更的；

（十三）审判人员审理该案件时有贪污受贿，徇私舞弊，枉法裁判行为的。

② 《民事诉讼法》（2021 年修正）

第二百零八条　当事人对已经发生法律效力的调解书，提出证据证明调解违反自愿原则或者调解协议的内容违反法律的，可以申请再审。经人民法院审查属实的，应当再审。

③ 《民事诉讼法》（2021 年修正）

第二百一十五条　最高人民检察院对各级人民法院已经发生法律效力的判决、裁定，上级人民检察院对下级人民法院已经发生法律效力的判决、裁定，发现有本法第二百零七条规定情形之一的，或者发现调解书损害国家利益、社会公共利益的，应当提出抗诉。

地方各级人民检察院对同级人民法院已经发生法律效力的判决、裁定，发现有本法第二百零七条规定情形之一的，或者发现调解书损害国家利益、社会公共利益的，可以向同级人民法院提出检察建议，并报上级人民检察院备案；也可以提请上级人民检察院向同级人民法院提出抗诉。

各级人民检察院对审判监督程序以外的其他审判程序中审判人员的违法行为，有权向同级人民法院提出检察建议。

持这种不法行为的裁判而引发的再审事由，毫无疑问应当纳入"法律适用错误"的范畴。

六、"院长发现"纠错程序进入再审的案件并不必然改判

目前，学界观点和司法实务较为普遍的认识是，既然《民事诉讼法》明确规定"院长发现"纠错程序须经审判委员会讨论决定确有错误后方才再审。但不论是院长还是审判委员会在"民监"字号程序中均是内部审查，再审裁定本身并不能改变原生效裁判文书的判决结果，只有经再审后的裁判方能作出判决结论，因此不排除进入再审程序后合议庭审理产生与审判委员会不同理解认为原生效判决正确的可能性。

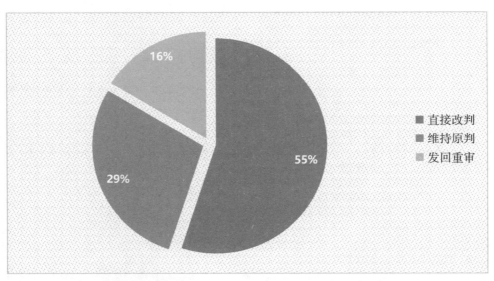

图 3-12　四川高院近十年"民监"字号再审案件结果

从实践来看，以四川高院为例，检索因"民监"字号而进入再审的案件，从 2013 年到 2022 年 12 月 31 日，共发布裁判文书 49 份，其中直接撤销原判而改判的 27 份，维持的 14 份，发回重审的 8 份，改判率 55.1%。①

---

① 数据来源：中国裁判文书网，最后访问时间：2023 年 1 月 15 日。

由此可见，不管从法学理论上讲还是从司法实践中的实证结果来看，因"院长发现"而纠错的案件并不必然被改判。但在近五年（2018年至2022年12月31日）裁判文书网发布的29份因"院长发现"而再审的裁判文书中，只有1份作出了维持原判的判决结论，且该案为检察院抗诉案件。这是否会让人怀疑近年来因"院长发现"而再审的案件，改判率已经达到了100%？当然，裁判文书因上传有限，也许并不能代表法院的真实数据，也不能贸然得出此结论。

七、对"院长发现"纠错程序而再审的案件能否继续申请再审

首先需要强调的是，"院长发现"只是审判监督程序的一种情形，在审判委员会讨论并裁定再审后，案件进入再审程序，法院需重新以"民再"字号立案，且进入再审程序后形式上和当事人申请再审而进入的再审并无区别。也就是说，经"院长发现"纠错程序而再审的案件所作出的生效判决与经普通再审程序作出的生效判决并无实质性区别。而当事人是否能继续申请再审，对此应当作出区分。

根据《民事诉讼法司法解释》第三百八十一条第一款第二项①的规定，当事人对再审判决、裁定提出申请的，法院应当告知当事人可以向人民检察院申请再审检察建议或者抗诉，但因人民检察院提出再审检察建议或者抗诉而再审作出的判决、裁定除外。据此，《民事诉讼法司法解释》明确排除了当事人对再审裁判申请再审的可能。但是，对于再审发回重审又作出的裁判是否能继续申请再审，略存争议。对此，最高人民法院曾作出的裁定也并无统一意见，其甚至在（2019）最高法民申3209号民事裁

---

① 《民事诉讼法司法解释》（2022年修正）
第三百八十一条　当事人申请再审，有下列情形之一的，人民法院不予受理：
（一）再审申请被驳回后再次提出申请的；
（二）对再审判决、裁定提出申请的；
（三）在人民检察院对当事人的申请作出不予提出再审检察建议或者抗诉决定后又提出申请的。
前款第一项、第二项规定情形，人民法院应当告知当事人可以向人民检察院申请再审检察建议或者抗诉，但因人民检察院提出再审检察建议或者抗诉而再审作出的判决、裁定除外。

定书中明确指出："对于上级法院提起再审发回重审后形成的重审生效判决是否为再审判决，以及重审是否属于审判监督程序，存在争议和不同做法。"而根据最高人民法院后续 2020 年 5 月 6 日作出的（2018）最高法民再 440 号民事裁定书，以及 2022 年 6 月 24 日，最高人民法院民一庭通过"最高人民法院民一庭"公众号发布的一篇题为《最高人民法院民一庭：再审后将案件发回重审作出的生效裁判可以申请再审》的短文，能够看出最高人民法院民一庭最新的倾向性观点为，对于撤销原判发回重审后作出的生效裁判，当事人可以申请再审。

当然，需要指出的是，我国并非判例法国家，且前述最高人民法院民一庭发布的文章仅为最高人民法院民一庭法官会议纪要，严格来说并不具有普适性。后文将对该问题进行深入讨论。

八、对"院长发现"纠错程序而再审的案件可以再次被"院长发现"

理论而言，对"院长发现"纠错程序而由本院再审的案件仍可能被"院长发现"。首先，我国相关法律规定并未限制院长对本院"确有错误"的案件进行纠错的次数，且早在 1957 年最高人民法院对广西高院的批复中同样认为：依照审判监督程序提交审判委员会处理后，如果发现仍有错误，可以再提交审判委员会处理问题；[①] 其次，虽然《民事诉讼法》第二百零五条第一款规定，"院长发现"纠错程序若需启动再审，应当提交审委会讨论决定，但就实际情况而言，"院长发现"纠错程序本就是特殊的审判监督程序，启动该程序应当保持谨慎的态度。为避免该特殊程序启动

---

① 《最高人民法院关于各级法院院长对本院生效的同一判决裁定可否再次提交审判委员会处理问题的批复》

你院本年 7 月 31 日法研字第 287 号请示收悉。关于各级人民法院院长对本法院已经发生法律效力的判决或裁定，依照审判监督程序提交审判委员会处理后，如果发现仍有错误，可否再提交审判委员会处理问题，我们认为，再由院长提交审判委员会处理，是可以的。如果对案件的处理感到没有把握时，还不如送请上级法院按照人民法院组织法第十二条第二款（《民事诉讼法》现第二百零五条第二款）规定，依审判监督程序进行处理。

的任意性，即使是真的存在本院再审判决存在重大错误，也可以选择提请上一级法院审查决定。此外，从近三年的最高人民法院及各地高级法院能在中国裁判文书网上查询到的案例来看，未查询到同一法院院长就本院同一案件依据《民事诉讼法》第二百零五条纠错两次的情形出现。但存在《民事诉讼法》第二百零五条第一款与第二款在同一纠纷审理过程中先后出现的情形。

例如，在陈某与何某确认合同有效纠纷案中，第一次纠错（院长发现）：西宁中院院长提交审判委员会讨论认为，本院（2019）青01民终70号民事判决确有错误，应予再审，遂作出（2020）青01民监28号裁定，由西宁中院再审，经审理，西宁中院作出（2021）青01民再5号民事判决维持原判；第二次纠错（上级法院发现）：经青海高院院长提交审判委员会讨论决定，（2021）青01民再5号民事判决确有错误，遂作出（2022）青民监1号裁定，由青海高院提审。

九、涉诉信访案件也可能启动"院长发现"纠错程序

根据前文所述，"院长发现"纠错程序中的院长发现只是本院纠错程序中的一个中转环节。而要引起法院依职权对生效文书进行审查，存在多种途径，其中便包括涉诉信访这一路径。信访制度作为一项具有中国特色的社会制度，在一定程度上其确实具有权利救济功能与对公权力进行监督的功能，即信访制度赋予信访的功能包括了请求法院依职权启动再审的权利。

从实践来看，每个法院都开通了信访通道，让当事人的信访有径可寻，虽然大部分涉诉信访案件均被法院驳回，但据中国裁判文书网显示仍有少数案件能够引发"院长发现"的审判监督程序。

十、对"院长发现"纠错程序立法现状的看法与建议

"院长发现"纠错程序的有关立法情况在第一大点中已经予以列举，但结合本文分析，该立法现状存在以下几个方面的问题。

（一）程序启动无时间限制

我国民事法律体系、民事诉讼法律体系针对正常诉讼程序中起诉、上诉、再审申请、检察监督申请的时效和期限均有明确的规定。其目的除敦促权利人及时行使权利外，也避免了当事人之间社会关系的事实和法律状态长期处于一种不确定的境地，否则对当事人以及经济社会的运行均会造成影响。然而，我国现行法律对非常规诉讼程序，如"院长发现"纠错程序却并未限制其时间，这将会实质上导致所有的既定裁判永远存在一种潜在的不确定性。但诉讼，尤其是民事诉讼，其最根本目的乃定分止争，公平正义亦脱离不了高效的基础，若脱离了时间的限定，"定"和"止"则无从谈起。

（二）影响法律的权威性

从上文的分析中我们能够得出，现行有效的立法对当事人和法院启动再审的限制并不一样。首先，在有无时间限制上存在差异，此处不再赘述。其次，在启动事由上，对当事人申请再审有明确、固定的事由规定，而法院依职权启动再审却只有"确有错误"这一宽泛、模糊的标准。体现在具体的案件中，是否会存在一种可能，即当事人因不符合十三项事由而被驳回再审申请后，通过引起院长或上级法院的重视进而依职权以并不明确的具体再审事由，即以"确有错误"为由启动再审。如此，对当事人申请再审的十三项事由的限制意义何在？当事人究竟是应当依据《民事诉讼法》第二百零七条申请再审还是应想尽办法提请法院引起重视？最后，当事人申请再审明确限制为一次，而并未对法院依职权启动再审的次数作出规定，因此生效判决理论上存在随时因不明事由而被推翻的可能。

（三）程序上不够公开透明，且存在"先判后审"的嫌疑

依据《民事诉讼法》第二百零五条第一款的规定，"院长发现"纠错程序不仅需要院长认为"确有错误，需要再审"，还须经过审判委员会讨论决定，这意味着案件在还未开庭审理，仅在法院的内部审查程序中、在当事人（特别是被申请一方的当事人）未参与的情况下，法院就已经经过审判委员会讨论作出了案件"确有错误"的认定。而作为再审程序中

的合议庭是否能真的排除审判委员会的意见作出不同的认定？如上文提及的以四川高院为例，通过中国裁判文书网 2018 年至 2022 年的 29 份因"院长发现"而再审的裁判文书中，只有 1 份作出了维持原判的判决结论，且该案为检察院抗诉案件。显然，因"院长纠错"而引发的再审程序难免让人有"先判后审"的担忧。

　　综上所述，"院长发现"这个十分严肃、十分严谨的纠错程序，在法院的内部审查阶段，有必要举行听证、要求第三方独立专家评审或参与审判委员会的讨论。如果"院长发现"纠错程序确需长期存在，还应从立法层面上作出具体规范，而非仅做概括性描述，从而让这一高规格启动程序且名义上是由公权力主动介入的民事案件的程序应用于具有社会指导意义或涉及社会公众利益的案件。

第四章

民事再审申请书的写作技巧

第一节　撰写民事再审申请书的基本要素

我国民事再审程序分为再审审查和再审审理两个阶段，再审申请人想要进入民事再审审查程序的第一步是向有权力再审的法院递交民事再审申请书，在受理阶段法院再审立案窗口收到再审材料时主要着重审查再审申请人提交的再审申请书及其他材料是否符合形式要求。再审申请材料作为进入再审程序的敲门砖，是否符合法定的形式要求是其能否被法院受理的关键。

一、基本结构

民事再审申请书由标题、正文和落款三个部分组成。标题可以书写为"民事再审申请书"[①]，也可以简写为"再审申请书"[②]。正文包括首部、再审请求、事实和理由以及尾部这四个部分。首部包括再审申请人、被申请人、案件的由来和审理经过等；再审请求包括再审申请人的具体再审请求；事实和理由包括再审申请人认为生效裁判文书错误的事实以及对应当支持再审请求的论述；尾部包括申请再审的人民法院名称。落款包括再审申请人署名及申请再审的日期。

二、正文

（一）当事人的基本情况

1. 当事人诉讼地位

再审申请书正文应当首先按照再审申请人、被申请人、其他当事人的

[①]　甘肃法院网："民事再审申请书文书格式"，http：//www.chinagscourt.gov.cn/Show/8025，最后访问时间：2023 年 4 月 24 日。

[②]　中华人民共和国最高人民法院："民事再审申请书（申请再审用）文书样式"，https：//www.court.gov.cn/susongyangshi-xiangqing-613.html，最后访问时间：2023 年 4 月 24 日。

顺序列明当事人在再审中的诉讼地位，有多个被申请人、其他当事人的，按照生效判决书的顺序列明。

再审申请人、被申请人应用括号注明其一审、二审诉讼地位，如"再审申请人（一审原告，二审被上诉人）"，如果再审申请人是案外人亦应当注明。其他当事人则直接按照原审诉讼地位表述。例如，一审终审的，列为"原审原告""原审被告""原审第三人"；二审终审的，还应列为"二审上诉人""二审被上诉人"等。当事人权利义务继受人参与再审程序的，诉讼地位从其承继的诉讼地位。

2. 当事人的基本信息

当事人是自然人的，应当写明以居民身份证、户籍证明为准的姓名、性别、出生年月日、民族、住所等基本信息。若为个体工商户，应写明经营者的基本信息；若起有字号，则以登记的字号为当事人并写明该字号经营者（登记经营者与实际经营者）的基本信息。若为农村承包经营户，则以"户"为主体，农户成员为多人的，由其代表人进行诉讼。若为外国人，应当写明其与护照等身份证明文件记载内容一致的姓名、性别、出生年月日、国籍、住所等身份信息，其中姓名与住所应使用经过翻译的中文姓名和住所，并用括号注明其外文姓名和住所；国籍应当用全称，无国籍人也应当注明无国籍。若为我国港澳台地区的居民，在姓名后应写明"香港特别行政区居民""澳门特别行政区居民"或"台湾地区居民"；其住所应当冠以"香港特别行政区""澳门特别行政区"或"台湾地区"。

当事人有法定代理人或指定代理人的，应当在当事人之后另起一行写明代理人身份信息，并在姓名后用括号注明其与当事人的关系。代理人为单位的，写明其名称及参与诉讼人员的基本信息。

当事人是法人或其他非法人组织的，写明与注册登记文件记载内容一致的名称（全称）和住所，并另起一行写明法定代表人或负责人的姓名和职务。

此外，若当事人姓名或名称发生变更，且曾用名与本案有关联的，在现用名之后应用括号注明曾用名。其他信息发生变更的，以提交的再审申请书时的信息为准。

3. 委托诉讼代理人的基本情况

当事人有委托诉讼代理人的，是否需要在再审申请书中列明该代理人并无强制性规定，司法实践中也鲜有在再审申请书中写明委托诉讼代理人的，但无论是否列名都必须提交代理人的委托手续。

如果要列明该代理人，则应当注意：委托诉讼代理人是当事人近亲属的，应当写明姓名与住所，并在代理人姓名后用括号注明其与当事人的关系。若为本单位人员，应写明姓名、性别及其工作人员身份，如 "××公司（机构、委员会、厂等）工作人员"。当事人委托律师、基层法律服务工作者担任委托诉讼代理人的，应写明代理人姓名，所在律师事务所、法律服务所的名称及执业身份，如 "××律师事务所律师" "××法律服务所法律工作者"，属于提供法律援助的，还应当写明法律援助情况。代理人是当事人所在社区、单位以及有关社会团体推荐的公民的，在写明代理人姓名、性别、住所之后，还应注明具体由何社区、单位、社会团体推荐。若有两个委托诉讼代理人的，分行分别按照近亲属或者本单位工作人员在前，外单位人员或者律师等在后的顺序列明。

（二）案件由来和审理经过

第一，案件由来部分简要写明案件名称。案件名称是当事人与案由的概括，表述为 "再审申请人××××与被申请人××××、其他当事人××××……（写明案由）一案"。再审申请书中当事人或其他单位、组织的名称过长的，可以在案件由来部分第一次出现时用括号注明其简称，表述为 "（以下简称××××）"，对当事人的简称可以使用原判决、裁定中所使用的简称，若在原判决、裁定中无简称，则应当规范简化并能够准确反映其名称的特点。

第二，为便于再审法院在受理再审案件时审查，再审申请书描述本案原审法院的名称和原审裁判文书的案号，应写明案件来源，如 "不服××××人民法院（写明相应人民法院的全称）作出的（××××）……号民事判决/

民事裁定/民事调解书，现提出再审申请"。

第三，应写明依据《民事诉讼法》第二百零七条或第二百零八条法定再审事由的具体规定申请再审，表述为"依据《民事诉讼法》第×条第×项的规定，向××××人民法院申请再审"。

（三）再审请求

当事人申请再审应当列明具体的再审请求，如以经历两审的民事案件为例，即可能存在如一审、二审判决结果一致，当事人申请再审的情形，此时的再审请求可以表述为："撤销××××中级人民法院作出的××××号判决书、××××人民法院作出的××××号判决书，改判××××；一审、二审的案件诉讼费、保全费等费用全部由被申请人××××承担。"若一审、二审判决结果不一致，当事人认可一审判决结果，不服二审改判结果，则可以表述为："撤销××××中级人民法院作出的××××号判决书，改判维持××××人民法院作出的××××号判决书；二审的案件诉讼费、保全费等费用全部由被申请人××××承担。"当然也可能仅对某一判项不服，根据不同情况可提出撤销或变更的再审请求，如"撤销××××人民法院××××号民事判决第×项"，"变更××××人民法院××××号民事判决第××项为××××"；相应地，对于服从的判项，则应同时表述为"维持××××人民法院××××号民事判决第××项"。但每个案件的再审请求都可能具有一定的特殊性，可根据单个案件的具体情况罗列再审请求，在此不一一列举。此外，还需要注意的是，再审请求不应超出原审诉讼请求范围①，否则人民法院对超出的部分不予审理。

（四）事实和理由

再审申请书的事实和理由是一份再审申请书最核心的部分，是能否说

① 《民事诉讼法司法解释》（2022年修正）

第四百零三条 人民法院审理再审案件应当围绕再审请求进行。当事人的再审请求超出原审诉讼请求的，不予审理；符合另案诉讼条件的，告知当事人可以另行起诉。

被申请人及原审其他当事人在庭审辩论结束前提出的再审请求，符合民事诉讼法第二百一十二条规定的，人民法院应当一并审理。

人民法院经再审，发现已经发生法律效力的判决、裁定损害国家利益、社会公共利益、他人合法权益的，应当一并审理。

服法官对原审生效法律文书的正确性产生怀疑的决定因素之一。因此，再审申请书的陈述应当重点围绕法定再审事由展开论述，层次清楚，重点突出，繁简得当，同时注意避免遗漏与争议有关的事项。本章第二节将对此展开详细论述。

（五）尾部

尾部应当对再审请求、事实和理由部分简要总结，再次重申生效裁判错误的要点和所依据的《民事诉讼法》的具体规定。最后应列明"此致×××× 人民法院"，并注明再审申请书副本数量。

三、落款

为保证再审申请书系再审申请人真实的意思表示，申请书末尾应由再审申请人署名，再审申请人系自然人的应签字并捺印，再审申请人系法人或其他组织的应盖章。日期为签署再审申请书的时间，但申请再审的时间不以申请书签署的时间为准，而以向再审法院递交再审材料的时间为准。

附：最高人民法院再审申请书文书样式①

再审申请书

再审申请人（一、二审诉讼地位）：××××，男/女，××××年××月××日出生，×族，……（写明工作单位和职务或者职业），住……。联系方式：……。

法定代理人/指定代理人：××××，……。

委托诉讼代理人：××××，……。

被申请人（一、二审诉讼地位）：××××，……。

……

原审原告/被告/第三人（一审诉讼地位）：××××，……。

---

① 中华人民共和国最高人民法院："民事再审申请书（申请再审用）文书样式"，https：//www. court. gov. cn/susongyangshi-xiangqing-613. html，最后访问时间：2023 年 4 月 24 日。

……

（以上写明当事人和其他诉讼参加人的姓名或者名称等基本信息。）

再审申请人××××因与××××……（写明案由）一案，不服××××人民法院（写明原审人民法院的名称）××××年××月××日作出的（××××）……号民事判决/民事裁定/民事调解书，现提出再审申请。

再审请求：

……

事实和理由：

……（写明申请再审的法定情形及事实和理由）

此致

××××人民法院

附：本民事再审申请书副本×份

再审申请人（签名或者盖章）

××××年××月××日

第二节　民事再审申请书的核心写作技巧

前文已述，法院在再审审查程序中主要适用书面审查方式，一份生效裁判通常经历了一审、二审两级法院审理，在诉讼过程中必然形成了较多的诉讼材料，如双方的证据材料、原审庭审笔录、双方递交法院的诉讼文书等。法院在再审审查程序中，通常不会适用全面审查的方式，审查人员主要研读和查阅的材料为当事人的再审申请书和原审判决、裁定或调解书；且鉴于应维护生效法律文书稳定性的基本司法原则，审查人员也通常不会具有轻易怀疑原审生效法律文书有错的思维模式。因此，再审申请书的写作技巧尤为重要。前文虽然我们已经介绍了一份再审申请书的基本要素，但这只是完成一份合格的民事再审申请书的基本技能，而一份优秀的再审申请书应当能引发法官对原审生效法律文书是否正确的深度思考或怀疑。

一、再审申请书在结构安排上应做到再审理由优势突出

《民事诉讼法》第二百零七条、第二百零八条规定了当事人申请再审的具体情形，法院是否裁定再审也会根据当事人申请的再审事由是否成立进行认定，但形式上能够最先引起法官注意的并非再审事由，而是诸如原一审、二审判决是否具有颠覆性认识、是否具有影响案件基础事实的新证据、是否涉及类案同判需要统一裁判尺度等问题。

（一）两审判决结果完全相反时的再审申请书呈现方式

若一个民事诉讼案件两审判决结果完全相反，说明案件的法律事实在认定上大概率存在极大争议，为了让审查人员从海量的再审申请案件中第一时间关注到此类案件的争议，建议在再审申请书的前端对两审判决结果进行说明。例如，可以在"再审请求"之后"事实和理由"之前做一段专门的"本案诉讼情况"，以介绍一审、二审诉讼不同结果的方式让审查人员在开篇就了解到本案可能存在的巨大争议。

在申请书的正文部分，若二审判决结果的逆转并非由于新的证据引发，而是与一审在同样案件证据下作出的不同认识，则再审申请书的再审理由应当着重就二审判决的这一不同认识是否构成再审情形进行论证。简要地说，就是确认两审判决审理查明事实一致——找出二审判决颠覆认定的关键——这一关键是否正确及是否构成再审事由。这一方法看起来虽容易，但个案中却未必能够准确表达，原因可能有以下几个方面。

第一，二审补充查明了事实，但是补充查明的事实实质上并未对案件的基本事实产生实质影响，但是形式上会让人产生二审系因法院查明的事实发生变化而导致认定变化的错误认识。对此，需要结合案件"基本事实"的构成要件进行辨析。

第二，不乏二审判决的本院认为部分并不会就颠覆认定的关键进行清

晰表述，而是以当事人的举证未达到证明标准进行笼统概述。例如，在某一案件中，原告主张和被告之间就案涉房屋是代持关系，而被告则认为是买卖关系，一审在两种法律关系里评判最后认定代持关系成立，二审则既不确定是代持关系也不确定是买卖关系，认为可能是赠予关系或其他关系，进而驳回原告的主张。对于此类案件，我们发现二审颠覆认识的关键并不明显，而当事人之间的法律关系通过诉讼必然需要予以确认，如上述案例中，二审判决实质上肯定了赠予关系，因为此案当事人之间已经不可能再存在其他第四种关系。但此种关键事实的总结和归纳对许多律师来说是一种专业能力方面的考验。

第三，许多律师在代理案件过程中极易进入对案件进行全面论述的状态，但再审审查的主要审查对象，也即再审申请书的主要论证对象是"二审判决是否有错"而不是"当事人的主张是否成立"，这两者之间虽然存在内在联系，但在表述方式上却有着本质区别。

（二）针对不同再审事由申请再审时的呈现方式

1. 因原审判决存在程序错误的再审事由应当重点表述

《民事诉讼法》第二百零七条的十三项再审事由中有七项涉及原审程序上存在的问题，如主要证据未经质证、审判组织不合法、未经传票传唤缺席判决等。若原审判决确实存在法定再审事由中的程序错误，则不论判决结果对错必然应当再审，如一方当事人在庭后提交了证据，法院将该证据作为认定案件事实的主要依据，而该证据并未组织双方质证。

需要注意的是，实践中，法院一般不会发生程序性错误，且再审审查中对程序错误的认定标准非常严苛，此种严苛程度跟二审程序认定一审程序是否存在问题有天壤之别，我们在前文对每一种再审事由的构成要件已经进行了详细阐述，许多情况下当事人主张的程序性错误并未达到法院认定构成再审事由的标准。因此，虽然程序错误极易引发再审，但由于认定达到"错误"的标准十分严苛，再审申请人在适用此类再审事由作为再审依据时，需要做好充分的证据准备。若此类事由只是当事人的一种感知并未有确凿证据证明，建议不必重点提及，甚至无须提及，以免影响整份再审申请书的严谨性。

2. 以"新证据"作为再审事由之一的，应当将此事由进行重点阐述

司法实践中，我们发现当事人会以为新证据是引发再审程序的主要理由，而实际并非如此，我们在再审"新证据"构成要件一文中对能够达到法院认定标准的新证据进行了详细阐述。虽然当事人理解的新证据并非法院裁定再审的主要理由，但"新证据"在再审事由中的"优越性"在于其是引发再审审查询问程序的条件之一。在许多高级法院对再审审查案件都进行了繁简分流的现状下，是否有"新证据"极有可能是进入"繁"程序的分类标准之一，而询问是以书面审查为主要审查方式的再审审查程序中唯一能够与审查人员进行类庭审式交流的机会，此种机会让审查人员对申请人的再审事由包括"新证据"之外的再审事由都将会有更全面、更深刻的了解。因此，以"新证据"作为再审事由的，即便该事由并不必然引发再审程序，依然应进行重点阐述。

3. 有多项再审事由的应有主次之分

有时候，我们发现一些当事人的再审申请书里，要么在开篇的时候对所有再审事由笼统一谈，如在开篇概括性阐述"原审判决认定事实错误、适用法律错误，申请人根据《民事诉讼法》第二百零七条第二项、第六项申请再审"，但在具体的事实和理由里对于每一项再审事由分别是什么以及怎么构成的却未进行阐述，仅寥寥二三页；或者列举了多项再审事由，且对每一项再审事由都进行了长篇阐述，笔者曾经接触到一份再审申请书，申请人列举了五项再审事由，且每一项都进行了长篇论述，正文一共写了37页，比判决书还要长出许多，认为原审判决从程序到实体从头错到尾。实际上，一份判决书经历了一审、二审之后还错得非常离谱，甚至需要好几项再审事由加上几十页文字才能描述完毕，这样的可能性非常小。这样的再审事由及再审申请会给法官以夸大事实且没有主次之分之感。

民事案件在经历了一审、二审之后，通常情况下案件事实已经查清，案件的核心争议已经比较固定，再审的核心事由通常会集中到一两个争议焦点方面，至于这样的焦点属于基本事实的认定问题还是法律适用问题，需要由申请人自行进行总结和归纳，我们在本书中也阐述了事实问题和法律问题的确定方法。当事人的再审申请人应当将再审事由集中在最突出的问题方面进行详细的阐述，若原审判决还存在其他再审事由，应当在最主要的再审事由之后进行辅助论证或简要阐述。如此，一份再审申请书方能做到主次分明、重点突出。

（三）类案突出，并将"类案同判"的情形转换为再审事由

统一法律适用、统一裁判尺度是提升民事判决司法公信力的重要途径。2017 年出台的《司法责任制实施意见（试行）》中第三十九条、第四十条规定承办法官在审理案件时，均应依托办案平台、档案系统、中国裁判文书网、法信、智审等，对本院已审结或正在审理的类案和关联案件进行全面检索，制作类案与关联案件检索报告。并根据本院的类案作为新的裁判尺度参考，将形成新的裁判尺度的提交专业法官会议或审判委员会。[①] 这是近年来最高人民法院首次将"类案同判"规则写入规范性文件。2020 年最高人民法院出台《加强类案检索意见（试行）》，这是最高

---

① 《司法责任制实施意见（试行）》

39. 承办法官在审理案件时，均应依托办案平台、档案系统、中国裁判文书网、法信、智审等，对本院已审结或正在审理的类案和关联案件进行全面检索，制作类案与关联案件检索报告。检索类案与关联案件有困难的，可交由审判管理办公室协同有关审判业务庭室、研究室及信息中心共同研究提出建议。

40. 经检索类案与关联案件，有下列情形的，承办法官应当按照以下规定办理：

（1）拟作出的裁判结果与本院同类生效案件裁判尺度一致的，在合议庭评议中作出说明后即可制作、签署裁判文书；

（2）在办理新类型案件中，拟作出的裁判结果将形成新的裁判尺度的，应当提交专业法言会议讨论，出院庭长决定或建议提交审判委员会讨论；

（3）拟作出的裁判结果将改变本院同类生效案件裁判尺度的，应当报请庭长召集专业法官会议研究，就相关法律适用问题进行梳理后，呈报院长提交审判委员会讨论；

（4）发现本院同类生效案件裁判尺度存在重大差异的，报请庭长研究后通报审判管理办公室，由审判管理办公室配合相关审判业务室对法律适用问题进行梳理后，呈报院长提交审判委员会讨论。

人民法院首次就"类案同判"规则制定专门的规范性文件，该意见第四条①规定的类案的范围，将类案范围由《司法责任实施意见（试行）》中规定的本院案例扩大至本院以及上级法院的案例，亦当然包括最高人民法院发布的指导案例和典型案例。同时，该意见第九条规定："检索到的类案为指导性案例的，人民法院应当参照作出裁判，但与新的法律、行政法规、司法解释相冲突或者为新的指导性案例所取代的除外。检索到其他类案的，人民法院可以作为作出裁判的参考。"2021 年 11 月，最高人民法院印发《完善"四类案件"监督管理工作机制意见》，该意见将"与本院或者上级人民法院的类案裁判可能发生冲突的"案件列为"四类案件"之一。② 最高人民法院连续三个规范性文件的出台将"类案同判"提升到了前所未有的阶段。再结合最高人民法院 2021 年出台的《四级法院审级职能改革办法》，最高人民法院对再审改革的举措里明确将"同案不同判"纳入再审情形。而在最高人民法院相继出台或强调"类案同判"规则相关规范性文件的背景下，高级法院作为民事再审职能的主要管辖法院，也出台了相应的实施细则，如四川高院于 2021 年出台《四川省高级人民法院关于建立全省法院法律适用分歧解决机制的实施细则（试行）》。因此，"类案同判"规则的适用在当前司法环境下已成为法官评判案件是否应当被裁定再审的主要因素。只是我们在将类案同判规则作为

---

① 《加强类案检索意见（试行）》

第四条 类案检索范围一般包括：

（一）最高人民法院发布的指导性案例；

（二）最高人民法院发布的典型案例及裁判生效的案件；

（三）本省（自治区、直辖市）高级人民法院发布的参考性案例及裁判生效的案件；

（四）上一级人民法院及本院裁判生效的案件。

除指导性案例以外，优先检索近三年的案例或者案件；已经在前一顺位中检索到类案的，可以不再进行检索。

② 《完善"四类案件"监督管理工作机制意见》

第二条 本意见所称"四类案件"，是指符合下列情形之一的案件：

（一）重大、疑难、复杂、敏感的；

（二）涉及群体性纠纷或者引发社会广泛关注，可能影响社会稳定的；

（三）与本院或者上级人民法院的类案裁判可能发生冲突的；

（四）有关单位或者个人反映法官有违法审判行为的。

再审理由时，应当结合《民事诉讼法》第二百零七条的规定将其转化为法定再审事由，如存在法律适用错误等情形，同时应制作类案比对表等文书，将本案和拟参考案件是否确实构成类案进行说明。

（四）从原审裁判文书中总结其他应当突出的事项

前文已述，我们发现在许多再审申请书里面，说理方式都是围绕本案应当如何进行裁判，而非围绕原审判决的错误展开，甚至不乏当事人在拿到一份裁判文书时只注重看结果，对裁判文书的内容却未仔细阅读，甚至没有阅读。我们在本书中一直反复强调的一个观点是：民事再审的再审对象是生效裁判文书，而非当事人的原审诉讼主张。因此，读懂判决书，从判决书中去归纳再审事由才是拟写一份再审申请书的正确方式。

1. 对当事人主张的主要理由未进行回应的

最高人民法院一直在强调裁判文书的释法说理功能。一份优秀的裁判文书应当对当事人的主张进行全面回应，若一份裁判文书对一方当事人主张的主要的事实或理由未进行回应的，其判决结果的正确性必然会受到质疑。法院对当事人的主张未进行全面回应的情形司法实践中通常包括如下几类：对一方当事人的某项关键证据未进行回应的；对一方当事人所主张的主要观点未进行回应的；判决书中对法庭归纳的争议焦点未进行一一回应的。生效裁判有上述情形的应作为再审的重点说理事项进行说明。

2. 未释明情况下改变当事人主张的

民事诉讼案件法官作为居中裁判者其裁判理由适用的范围应限定于当事人的诉讼主张，这里的诉讼主张不仅包括当事人的诉讼请求，还包括当事人的请求权基础。例如，原告一方基于合同成立提出了有关合同应继续履行的诉讼请求，而被告方认为合同的签约代表因不具有代理权限而与原告之间合同关系不成立。此种情形下，若主张合同成立一方未自己提出"表见代理"的主张而法院主动询问其是否主张表见代理，甚至主动将表见代理的相关法律依据或法理作为认定合同成立的依据的，则违反了民事诉讼平等原则。但这需要对裁判文书甚至结合案件材料进行仔细阅读、认真推敲，如此才能够发现生效裁判文书无论是在说理、认定，抑或是裁判结论方面的错误之处，进而对具体的再审事由构成进行充分的阐述。

二、向最高人民法院申请再审的申请书写作要点

（一）可以向最高人民法院申请再审的案件范围

根据《民事诉讼法》第二百零六条①的规定，当事人对生效裁判文书认为有错误的，除个别特殊案件外，向上一级法院申请再审是再审管辖的一般规则，但最高人民法院出台的《四级法院审级职能改革办法》改变了这一规则。根据改革办法，最高人民法院受理申请再审的案件只有三种情形：第一种，最高人民法院自己作出的生效裁判。第二种，高级法院经审判委员会讨论作出的生效裁判。第三种，对高级法院的生效裁判申请再审的事由只涉及法律适用错误的这一项再审事由的。如此一来，高级法院作出的生效裁判大部分都只能向本院申请再审，这便大大缩减了最高人民法院再审案件的受理数量。

（二）申请再审的事由只能对应最高人民法院受案范围的再审事由，并阐述再审案件法律适用存在的指导性意义

前文已述，对于高级法院的生效裁判只有法律适用错误的才属于最高人民法院再审案件的受案范围（经审判委员会讨论决定的此处不做讨论），那么是否再审申请书中只要写明且仅写明了原审判决法律适用错误的再审事由，最高人民法院就可以受理了呢？如果仅仅是想满足最高人民法院收取再审申请的材料，确实如此，但实际上很大概率无法收到最高人民法院的再审审查受理通知书。因为一般意义上的法律适用错误不等于最高人民法院认为的法律适用错误，最高人民法院可以在收取再审申请材料后依然决定由高级法院审查。所以，向最高人民法院申请再审的申请书中，除了明确法律适用错误的再审事由，还应就以下几个问题进行阐述：第一，根据改革方案对原

---

① 《民事诉讼法》（2021 年修正）

第二百零六条　当事人对已经发生法律效力的判决、裁定，认为有错误的，可以向上一级人民法院申请再审；当事人一方人数众多或者当事人双方为公民的案件，也可以向原审人民法院申请再审。当事人申请再审的，不停止判决、裁定的执行。

审判决认定的事实、证据、审理程序等法律适用错误以外的任何事由无异议。建议在申请书中可有一专门板块对原审确认的基本事实进行归纳，并确认无遗漏、无异议。第二，明确原审中具体法律适用是什么，并论证申请书中认为法律适用错误的具体指向，同时强调该案的法律适用可能存在的普遍指导意义。第三，申请再审的案件和最高人民法院或其他高级法院的同类案件是否存在重大的法律适用分歧。在完成上述再审理由论证后，我们也只能说这样的再审申请更加接近最高人民法院再审受理的标准，但论述的理由是否成立以及申请人对无异议事项的自认是否成立均须由最高人民法院审查决定。

三、写作再审申请书应避免的几个常见问题

（一）认定民事责任违背当事人合同约定的属于"适用法律错误"，而非"认定基本事实缺乏证据证明"

《民事诉讼法》第二百零七条规定的十三项再审事由中的每一项构成，我们都在前文进行了详细阐述。"法律适用错误"和"基本事实缺乏证据证明"这两项再审事由的运用最为常见，其中法律适用错误通常的理解是法律如何适用以及对法律的理解问题，但《民事诉讼法司法解释》第三百八十八条列举的"适用法律确有错误"的六种情形包含了"确定民事责任明显违背当事人约定或者法律规定的"。① 即法院的认定或判决涉及违反合同约定的，也属于法律适用错误的范畴。但实践中，我们发现许多再审申请书将原审裁判文书违反合同约定阐述为事实认定错误。

---

① 《民事诉讼法司法解释》（2022 年修正）
第三百八十八条　有下列情形之一，导致判决、裁定结果错误的，应当认定为民事诉讼法第二百零七条第六项规定的原判决、裁定适用法律确有错误：
（一）适用的法律与案件性质明显不符的；
（二）确定民事责任明显违背当事人约定或者法律规定的；
（三）适用已经失效或者尚未施行的法律的；
（四）违反法律溯及力规定的；
（五）违反法律适用规则的；
（六）明显违背立法原意的。

（二）再审申请理由的表达过于情绪化

一个民事诉讼案件的裁判结果虽然不涉及对人身自由或生命权的剥夺问题，但通常关系到一个人的人生或一个企业的生死存亡。因此，许多当事人在收到败诉裁判后情绪非常激动，但是我们在写再审申请书的时候一定不能情绪化。我们发现许多再审申请书对原审法院、法官以及对方当事人甚至代理人都会进行人身攻击，或者讲了许多的世俗道理却始终无法触及法律，这样的再审理由只能满足当事人情绪宣泄的效果而无法打动法官。若当事人聘请了律师代理，这类表述会让法官对律师的专业性作出负面评价，亦会间接导致对再审理由的否定性评价。我们认为，一份再审申请书能够适当地展现申请人或代理人的某种法律情怀并无不妥，但应注意使用克制、理性和不卑不亢的语调。

（三）切忌对申请人一方不利的事实只字不提或刻意回避

民事诉讼案件再审申请人作为败诉一方，除了法院可能在认定事实上存在问题，但不能否定的是也存在相当多的确实对当事人不利的客观事实。对于此类客观事实，我们的建议是不要一味否定，也无须刻意回避。我们应该正视它，既要分析或合理解释此客观事实存在的原因，又要论证此客观事实是否和法院认定的法律事实产生必然的因果联系，即在正视问题的基础上解决问题。

总之，每一个再审案件都有它的特殊性和唯一性，我们实在无法用寥寥几页文字阐述出每一份再审申请书的写作奥妙，我们只能根据自身多年以来代理再审案件的经验，总结出一些再审申请书的写作技巧，供读者参考，也希望您能够给我们反馈宝贵的意见。

第三节　申请再审相关材料的准备

案件受理阶段是民事再审程序的第一步，根据《民事诉讼法》第二百一十条①、《民事诉讼法司法解释》第三百七十五条②、《审判监督程序司法解释》第四条③的规定，在该阶段再审申请人向再审法院递交再审材料除了再审申请书之外还包括：再审申请人身份证明；授权委托书和代理人身份证明（委托他人代理的）；原审判决书、裁定书、调解书；反映案件基本事实的主要证据及其他材料。对于这些材料我们将在本节中作出详细说明，并在本节末附参考模板。

一、案件材料的提交方式

案件材料的提交方式包括现场提交、邮寄提交和互联网提交。当事人及其代理律师在准备再审材料之前，首先应当决定以何种方式向有管辖权的再审法院提交。邮寄提交存在一定的不确定性，如邮件丢失；以互联网

---

① 《民事诉讼法》（2021 年修正）

第二百一十条　当事人申请再审的，应当提交再审申请书等材料。人民法院应当自收到再审申请书之日起五日内将再审申请书副本发送对方当事人。对方当事人应当自收到再审申请书副本之日起十五日内提交书面意见；不提交书面意见的，不影响人民法院审查。人民法院可以要求申请人和对方当事人补充有关材料，询问有关事项。

② 《民事诉讼法司法解释》（2022 年修正）

第三百七十五条　当事人申请再审，应当提交下列材料：

（一）再审申请书，并按照被申请人和原审其他当事人的人数提交副本；

（二）再审申请人是自然人的，应当提交身份证明；再审申请人是法人或者其他组织的，应当提交营业执照、组织机构代码证书、法定代表人或者主要负责人身份证明书。委托他人代为申请的，应当提交授权委托书和代理人身份证明；

（三）原审判决书、裁定书、调解书；

（四）反映案件基本事实的主要证据及其他材料。

前款第二项、第三项、第四项规定的材料可以是与原件核对无异的复印件。

③ 《审判监督程序司法解释》（2020 年修正）

第四条　当事人申请再审，应当向人民法院提交已经发生法律效力的判决书、裁定书、调解书，身份证明及相关证据材料。

提交方式接收再审材料，并不是所有法院都能做到。因此，司法实践中建议尽量采用现场提交的方式。如果现场提交确有困难，如路途遥远、当事人行动不便等因素可以将全套材料清晰扫描（原件用彩色扫描），并规范整理文件名称、编号之后通过邮寄提交或互联网提交，但应提前向再审法院核实。

二、具体案件材料的准备

（一）再审申请书的准备

提交再审申请书的份数为"N+1"份，即在被申请人及原审其他当事人人数之和的基础上再加一份，之后向再审法院提交。为保证再审申请书系申请人的真实意思表示，再审申请人应在再审申请书上签字、捺印、盖章。申请人为自然人的，再审申请书尾页须由申请人本人亲笔签名、捺印；申请人为法人或其他组织的，须加盖公章并由法定代表人或主要负责人签名。

关于再审申请书的提交形式，再审申请人提交再审申请书等材料均应使用 A4 型纸，建议尽量提交打印件（如提供打印件确有困难，也可以用黑色钢笔或签字笔书写，应用正楷书写，字迹清晰、干净整洁)[1]。

（二）再审申请人与被申请人主体信息

参照《申请再审指南》[2] 第十二条第一款的规定，再审申请人、被申请人、原审其他当事人是自然人的，应提交申请人、被申请人、原审其他

---

[1] 北京市丰台区人民法院："申请再审提交材料清单"，https：//ftqfy. bjcourt. gov. cn/article/detail/2019/02/id/4467064. shtml，最后访问时间：2023 年 4 月 25 日。

[2] 《申请再审指南》是民事再审申请人向最高人民法院申请再审时的规定，当事人在向地方各级人民法院申请再审时，可以参照该指南。但由于可能存在地方差异，具体的规则还需要向地方各级人民法院予以核实。

当事人的身份证明复印件。① 再审申请人是法人或其他组织的，应提交加盖公章的组织机构代码证复印件、营业执照复印件；法定代表人或主要负责人《身份证明书》用以说明此人在该组织或机构的任职情况或关联关系；加盖公章的法定代表人或主要负责人身份证明复印件与《身份证明书》相印证。被申请人、原审其他当事人身份信息可以以查阅卷宗的方式从原审卷宗中获取。

（三）委托代理人证明材料

参照《申请再审指南》第十二条第二项的规定，再审申请人委托他人代为申请再审，除需提交再审申请人签字盖章的授权委托书外，委托代理人是律师的，应提交律师事务所函原件和律师执业证复印件（须携带原件以供核对）；委托代理人是基层法律服务工作者的，应提交基层法律服务所函和法律服务工作者执业证复印件（须携带原件以供核对），以及当事人一方位于本辖区内的证明材料。委托代理人是当事人的近亲属的，应提交代理人身份证明复印件以及与当事人有近亲属关系的证明材料；委托代理人是当事人的工作人员的，应提交代理人身份证明复印件和与当事人有合法劳动人事关系的证明材料，实践中部分地区还可能要求提供缴纳社保证明；委托代理人是当事人所在社区、单位以及有关社会团体推荐的公民的，应提交代理人身份证明复印件、推荐材料和当事人隶属于该社区、

---

① 《申请再审指南》

第十二条　再审申请人除应提交符合规定的再审申请书外，还应当提交以下材料：

（一）再审申请人是自然人的，应提交身份证明复印件；再审申请人是法人或其他组织的，应提交加盖公章的组织机构代码证复印件、营业执照复印件、法定代表人或主要负责人身份证明书；

（二）委托他人代为申请，除提交授权委托书外，委托代理人是律师的，应提交律师事务所函和律师执业证复印件；委托代理人是基层法律服务工作者的，应提交基层法律服务所函和法律服务工作者执业证，以及当事人一方位于本辖区内的证明材料。委托代理人是当事人的近亲属的，应提交代理人身份证明复印件以及与当事人有近亲属关系的证明材料；委托代理人是当事人的工作人员的，应提交代理人身份证明复印件和与当事人有合法劳动人事关系的证明材料；委托代理人是当事人所在社区、单位以及有关社会团体推荐的公民的，应提交代理人身份证明复印件、推荐材料和当事人隶属于该社区、单位的证明材料；

（三）申请再审的判决、裁定、调解书原件，或者经核对无误的复印件；判决、裁定、调解书系二审裁判的，应同时提交一审裁判文书原件，或者经核对无误的复印件；

（四）在原审诉讼过程中提交的主要证据复印件；

（五）支持申请再审所依据的法定情形和再审请求的证据材料；

（六）再审申请人有新证据的，应按照被申请人及原审其他当事人人数提交相应份数的新证据副本。

单位的证明材料。

（四）原裁判文书复印件一套

关于原裁判文书，《申请再审指南》第十二条第三项规定，可以提交申请再审的判决、裁定、调解书原件或核对无误的复印件，提供原件并非强制性要求。鉴于原件的重要性且可能部分案件当事人只持有一份原件，建议向再审法院提交一套清晰、整洁、无修改图画的复印件。如原审经历过一审、二审、发回重审、二审的，应提交原一审判决书、二审裁定书、重审一审判决书、二审判决书，共四份复印件为一套。如存在与申请再审案件相关联的其他案件，也建议递交再审申请材料时携带，如有需要一并向再审法院提交，如最高人民法院第三巡回法庭则明确要求提交关联案件裁判文书①。当然，实践中递交再审申请材料时是否需要携带原审生效裁判文书原件各地做法不一。如果再审法院所在地区已经实现电子卷宗联网，递交再审材料时，如四川高院则不强制要求当事人提供生效裁判文书原件以核对，民事再审立案窗口可以通过法院系统调出电子卷宗用以核对。但由于各地区法院要求不同②，建议携带一套原裁判文书原件以供再审法院立案窗口进行核对。

根据《民事诉讼法》第二百一十二条的规定，当事人申请再审，原则上应当在判决、裁定发生法律效力后六个月内提出。一般情况下，再审法院审查是否在再审期限六个月内首先依据生效裁判文书载明的时间。但实践中，裁判文书作出之后，加上法院内部校对核验流程和送达时间，当事人收到裁判文书的时间常常晚于文书载明的时间。如果当事人以送达回证时间为起算点在六个月内提出再审申请的，则应向再审法院提供送达回

---

① 参见最高人民法院第三巡回法庭："最高人民法院第三巡回法庭民事案件申请再审指南"，ht-tps：//www. court. gov. cn/xunhui3/xiangqing-148712. html，最后访问时间：2023 年 4 月 25 日。

② 参见南京市高淳区人民法院："【申诉、申请再审】—— 不服法院生效裁判怎么办？"，https：//splcgk. court. gov. cn/gzfwww/sszn/details？id=ff8080817e2ee86d017e66a8b2fd01e4，最后访问时间：2023 年 4 月 25 日。

证以供核对。如案外人或者具有《民事诉讼法》第二百零七条①第一项、第三项、第十二项、第十三项规定情形的当事人，则应当提供获取新证据的时间证据、"自知道或者应当知道"权利遭受损害的时间证据。

（五）申请再审的证据材料

参照《申请再审指南》第十二条第四项、第五项和第六项的规定，当事人申请再审时应提交在原审诉讼过程中提交的主要证据复印件和支持申请再审所依据的法定情形和再审请求的证据材料，如果再审申请人有新证据的，除了向再审法院提交以外，应按照被申请人及原审其他当事人人数提交相应份数的新证据副本。具体就四川高院而言，再审申请人可以在申请再审时只提交支持再审事由的有关证据，建议当事人或代理律师在提交再审材料之前先向再审法院核实接受再审材料形式的具体要求。

（六）是否提交类案检索报告

本章上一节已经阐明目前司法实践中不断强调"类案同判"的大趋势，虽然没有任何法律法规规定申请人在递交再审申请材料时必须提交类案检索报告，但如果代理律师或者再审申请人确实有与案件非常相似且支持申请人再审理由的案例，就可以选择在申请再审时提交，也可以选择在

----

① 《民事诉讼法》（2021年修正）

第二百零七条　当事人的申请符合下列情形之一的，人民法院应当再审：

（一）有新的证据，足以推翻原判决、裁定的；

（二）原判决、裁定认定的基本事实缺乏证据证明的；

（三）原判决、裁定认定事实的主要证据是伪造的；

（四）原判决、裁定认定事实的主要证据未经质证的；

（五）对审理案件需要的主要证据，当事人因客观原因不能自行收集，书面申请人民法院调查收集，人民法院未调查收集的；

（六）原判决、裁定适用法律确有错误的；

（七）审判组织的组成不合法或者依法应当回避的审判人员没有回避的；

（八）无诉讼行为能力人未经法定代理人代为诉讼或者应当参加诉讼的当事人，因不能归责于本人或者其诉讼代理人的事由，未参加诉讼的；

（九）违反法律规定，剥夺当事人辩论权利的；

（十）未经传票传唤，缺席判决的；

（十一）原判决、裁定遗漏或者超出诉讼请求的；

（十二）据以作出原判决、裁定的法律文书被撤销或者变更的；

（十三）审判人员审理该案件时有贪污受贿，徇私舞弊，枉法裁判行为的。

再审审查立案之后向负责审查再审的法官提交。值得注意的是，应当审慎选择"类案"的判决法院层级、地域、判决时间，研读提交的"类案"是否构成真的类案，否则可能达到反效果。具体可以参考《加强类案检索意见（试行）》第四条①的规定。

三、申请再审证据材料

（一）申请再审证据材料的结构安排应突出再审理由

再审审查通常不适用全面审查，再审申请书应围绕当事人申请再审所依据的法定再审事由展开论述。申请再审证据材料的框架首先应围绕再审申请书的核心诉求组织，力图用证据展现生效裁判文书"是否有错"，切忌将全案所有证据简单地罗列堆叠提交给审查法官。申请再审证据材料应重点突出，大多数的再审申请人在申请再审时可能会列举多项再审事由，论述这些再审事由时应有主次之分，在组织申请再审证据的时候亦应结合再审申请书的内容体现主次，证明目的也应围绕纠错重点描述。

（二）如有新证据，应当予以明确标注

如前文关于再审事由之新证据的详细论述，再审申请时提交的新证据应达到"足以推翻原判决、裁定"的标准，足见新证据在申请再审证据材料中的重要性。即便在司法实践中当事人准备提交的新证据达不到足以推翻原判决、裁定的标准，目的是辅助证据以说明原审基本事实认定错误，也应将新证据在证据目录中重点标注。

---

① 《加强类案检索意见（试行）》

第四条 类案检索范围一般包括：

（一）最高人民法院发布的指导性案例；

（二）最高人民法院发布的典型案例及裁判生效的案件；

（三）本省（自治区、直辖市）高级人民法院发布的参考性案例及裁判生效的案件；

（四）上一级人民法院及本院裁判生效的案件。

除指导性案例以外，优先检索近三年的案例或者案件；已经在前一顺位中检索到类案的，可以不再进行检索。

四、向最高人民法院提交申请再审案件的材料

（一）向最高人民法院提交申请再审材料的特殊性

第一，必须提交原诉讼过程中提交的主要证据，建议在向最高人民法院提供原审证据材料时也应系统整理而非简单堆砌。另外，应单独提交一套支持申请再审事由的有关证据。

第二，必须准备电子文档及刻录光盘。再审申请人向最高人民法院提交申请再审案件材料除须准备前述材料外，在提交形式上，无论是现场提交、邮寄提交还是互联网提交，均应附与书面材料内容一致的可编辑的一审、二审裁判文书和再审申请书的电子文本（WORD 文本），并提供所有纸质文件的便携式格式文本（PDF 文本）。现场提交或邮寄提交还需要将上述两种格式的电子文本刻录在同一张光盘中，与纸质材料一并提交。①

（二）向最高人民法院提交申请再审材料的地址及网址

1. 地址

截至 2023 年，最高人民法院除本部外，一共下设六个巡回法庭，具体地址如下。

最高人民法院本部：北京市东城区北花市大街 9 号最高人民法院立案庭诉讼服务中心登记四室，邮政编码：100062。如需实地查询，请到北京市朝阳区南四环肖村桥南顶路红寺村 316 号最高法院申诉信访大厅办理。

第一巡回法庭：广东省深圳市罗湖区红岭中路 1036 号最高人民法院第一巡回法庭诉讼服务中心，邮政编码：518000。

---

① 《申请再审指南》

第十三条　再审申请人提交再审申请书等材料应使用 A4 型纸，同时可以附与书面材料内容一致的可编辑的一审、二审裁判文书和再审申请书的电子文本（WORD 文本），并提供所有纸质文件的便携式格式文本（PDF 文本），将上述两种格式的电子文本刻录在同一张光盘中，与纸质材料一并提交。

第二十条　当事人在线提交申请再审案件材料应当符合以下要求：

（一）按照本指南第十条至第十四条的要求提供材料，并附材料清单、送达地址确认书及电话等有效联系方式；

（二）上传与书面材料内容一致的可编辑的一审、二审裁判文书和再审申请书的电子文本（WORD 文本），并提供所有纸质文件的便携式格式文本（PDF 文本）；

（三）填写送达方式、送达地址确认书。

第二巡回法庭：辽宁省沈阳市浑南区世纪路 3 号最高人民法院第二巡回法庭诉讼服务中心，邮政编码：110179。

第三巡回法庭：江苏省南京市江北新区浦珠北路 88 号最高人民法院第三巡回法庭诉讼服务中心，邮政编码：210031。

第四巡回法庭：河南省郑州市郑东新区博学路 33 号最高人民法院第四巡回法庭诉讼服务中心，邮政编码：430070。

第五巡回法庭：重庆市江北区盘溪路 406—9 号最高人民法院第五巡回法庭诉讼服务中心，邮政编码：400021。

第六巡回法庭：陕西省西安市国际港务区港兴二路 6116 号最高人民法院第六巡回法庭诉讼服务中心，邮政编码：710038。

2. 网址

通过互联网提交方式向最高人民法院提交民事申请再审案件材料的网址为 ssfw. court. gov. cn。①

---

① 《申请再审指南》

第二十三条　最高人民法院网站可供查询民事申请再审相关规定和诉讼文书样式，提交民事申请再审案件材料网址为 ssfw. court. gov. cn。也可拨打 12368 诉讼服务热线查询。

附表一：

民事申请再审诉讼材料清单

案件名称：×××与×××某某纠纷申请再审案

提交人：×××（再审申请人）

提交日期：××××年××月××日

序号	材料名称	份数	原件	备注
1	再审申请书	N+1	原件	/
2	一审民事判决书	1	复印件	案号
3	二审民事判决书	1	复印件	案号
4	申请人身份证明	1	复印件	×公司营业执照/组织机构代码证； 法定代表人/主要负责人身份证明书； 身份证明复印件
5	被申请人身份证明	1	复印件	×公司在国家企业信用信息网/其他官方网站的公示信息/证明主体信息的材料； 自然人身份证明复印件
6	授权委托书	1	原件	/
7	律师事务所函	1	原件	/
8	代理人身份信息	1	复印件	/
9	原审诉讼过程中提交的主要证据（如需）	1套	复印件	/
10	支持申请再审事由的有关证据（必须）	1套	复印件	详见《支持申请再审事由的有关证据清单》及证据材料

附表二：

支持申请再审事由的有关证据清单

案件名称：××（以下简称××）与×××（以下简称××）××纠纷申请再审案

提交人：×××（再审申请人）

提交日期：××××年××月××日

序号	证据名称	原审提交情况	证明目的	页码
第一组证据证明目的： ……				
1-1		再审提交 新证据		
1-2		原审××提交		
第二组证据证明目的： ……				
2-1		原审××提交		
2-2		原审××提交		
第三组证据证明目的： ……				
3-1		原审××提交		
3-2		原审××提交		

附表三：

最高人民法院
民事申请再审诉讼材料收取清单

序号	材料名称	份数	原件	备注
1	再审申请书			
2	一审裁判文书			
3	二审裁判文书			
4	再审裁判文书			
5	申请人身份证明			
6	营业执照			
7	法定代表人身份证明			
8	主要负责人身份证明			
9	授权委托书			
10	代理人身份证明			
11	律师事务所函			
12	原诉讼过程中提交的主要证据			
13	支持申请再审事由的有关证据			
14	提供光盘			
15				
16				
17				
18				
19				
20				
签收项	提交人签名：	提交日期：		
	签收人签名：	签收日期：		

　　注：本清单一式三联，第一联审判庭归档；第二联当事人留存；第三联诉讼材料签收单留存。申请人认为提交的有关证据、材料需详细载明的，请自行填写。

第五章

民事再审审查与再审审理

第一节　民事再审审查

审判监督程序包括再审审查和再审审理两个阶段，两者的程序功能和裁判标准截然不同。在再审审查阶段，法院审查的是当事人申请再审的事由是否符合法律规定，从而作出案件是否应当再审的裁定；在再审审理阶段，法院对已裁定再审的案件进行审理，从而作出对案件的再审裁判结果。

一、案件受理

根据《民事诉讼法》第二百一十条①、《民事诉讼法司法解释》第三百八十三条②、《审判监督程序司法解释》第六条③的规定，当事人向法院申请再审，法院应当在收到符合条件的再审申请书等材料之日起五日内向再审申请人发送案件受理通知书，并向被申请人及原审其他当事人发送应诉通知书及再审申请书副本。但司法实践中，一方面，由于当事人申请再审的案件数量巨大，且呈逐年上升的趋势，法院审查再审申请的司法资源有限，受理再审申请的法院客观上往往难以在前述规定的时间期限内完成申请再审案件的受理登记工作；另一方面，在具体个案中可能存在其他导

---

① 《民事诉讼法》（2021 年修正）

第二百一十条　当事人申请再审的，应当提交再审申请书等材料。人民法院应当自收到再审申请书之日起五日内将再审申请书副本发送对方当事人。对方当事人应当自收到再审申请书副本之日起十五日内提交书面意见；不提交书面意见的，不影响人民法院审查。人民法院可以要求申请人和对方当事人补充有关材料，询问有关事项。

② 《民事诉讼法司法解释》（2022 年修正）

第三百八十三条　人民法院应当自收到符合条件的再审申请书等材料之日起五日内向再审申请人发送受理通知书，并向被申请人及原审其他当事人发送应诉通知书、再审申请书副本等材料。

③ 《审判监督程序司法解释》（2020 年修正）

第六条　人民法院应当自收到符合条件的再审申请书等材料后五日内完成向申请再审人发送受理通知书等受理登记手续，并向对方当事人发送受理通知书及再审申请书副本。

致受理案件时间延长的情形出现，如若原审电子卷宗顺利调卷，仅需两周左右的时间再审法院即可以受理案件，但如果原审法院一直未归档、未移送电子卷宗等，再审申请人从递交材料到案件受理可能需经历一个月以上的时间。

同时，《民事诉讼法司法解释》第三百八十一条①规定了法院不予受理再审申请的三种情形，一是再审申请被驳回后再次提出申请的；二是对再审判决、裁定提出申请的；三是在检察院对当事人的申请作出不予提出再审检察建议或者抗诉决定后又提出申请的。对于前两种情形，当事人可以向检察院申请再审检察建议或者抗诉，但因检察院提出再审检察建议或者抗诉而再审作出的判决、裁定除外。

二、审查方式

根据《审判监督程序司法解释》第七条②的规定，法院受理再审申请后，应当组成合议庭予以审查。司法实践中，对申请再审案件的审查工作往往由承办法官具体办理并作出审查结论，疑难、复杂案件由合议庭讨论决定。根据《民事诉讼法》第二百一十条，《民事诉讼法司法解释》第三百九十五条③，《审判监督程序司法解释》第十二条④、第十三条⑤，《受理

---

① 《民事诉讼法司法解释》（2022 年修正）
第三百八十一条　当事人申请再审，有下列情形之一的，人民法院不予受理：
（一）再审申请被驳回后再次提出申请的；
（二）对再审判决、裁定提出申请的；
（三）在人民检察院对当事人的申请作出不予提出再审检察建议或者抗诉决定后又提出申请的。
前款第一项、第二项规定情形，人民法院应当告知当事人可以向人民检察院申请再审检察建议或者抗诉，但因人民检察院提出再审检察建议或者抗诉而再审作出的判决、裁定除外。
② 《审判监督程序司法解释》（2020 年修正）
第七条　人民法院受理再审申请后，应当组成合议庭予以审查。
③ 《民事诉讼法司法解释》（2022 年修正）
第三百九十五条　人民法院根据审查案件的需要决定是否询问当事人。新的证据可能推翻原判决、裁定的，人民法院应当询问当事人。
④ 《审判监督程序司法解释》（2020 年修正）
第十二条　人民法院认为仅审查再审申请书等材料难以作出裁定的，应当调阅原审卷宗予以审查。
⑤ 《审判监督程序司法解释》（2020 年修正）
第十三条　人民法院可以根据案件需要决定是否询问当事人。
以有新的证据足以推翻原判决、裁定为由申请再审的，人民法院应当询问当事人。

审查再审案件意见》第十三条①的规定，法院对申请再审案件的审查方式以书面审查为原则，可以根据审查案件的需要调阅原审卷宗、询问当事人或听证②，被申请人不提交书面意见或不到庭接受询问的，不影响法院审查案件。

需要说明的是，再审审查中的询问或听证并非必需的审查程序，而是由法院决定是否需要组织双方当事人进行询问，但如果再审申请人提交新的证据可能推翻原判决、裁定的，则法院应当询问当事人。询问程序不同于开庭审理，既不强制要求双方当事人必须到庭（实践中往往是再审申请人争取询问程序），也不强制要求合议庭出席（实践中往往由承办法官或法官助理与书记员代表合议庭听取当事人意见），但基于书面审查的方式显然难以达到再审申请人向法官当面陈述、引导和说服法官接受自身观点的效果，再审审查的案件如不进行询问，结果往往是裁定驳回再审申请。因此，作为再审申请人，应当积极向法院申请组织询问，力争提高案件的审查效果，实现启动再审程序的目的。

三、审查期限

对于当事人申请再审的案件，根据《民事诉讼法》第二百一十一条第一款③、《民事诉讼法司法解释》第一百二十九条④的规定，法院应当在

---

① 《受理审查再审案件意见》
第十三条　人民法院审查申请再审案件，采取以下方式：
（一）审查当事人提交的再审申请书、书面意见等材料；
（二）审阅原审卷宗；
（三）询问当事人；
（四）组织当事人听证。
② 理论上而言，询问和听证并非同一程序。但由于现行有效的《民事诉讼法》及相关司法解释中仅规定了"询问"，而无关于"听证"的相关表述，且司法实践中再审法院也没有对此作出严格区分，本书暂且将二者统一表述为"询问"。
③ 《民事诉讼法》（2021 年修正）
第二百一十一条第一款　人民法院应当自收到再审申请书之日起三个月内审查，符合本法规定的，裁定再审；不符合本法规定的，裁定驳回申请。有特殊情况需要延长的，由本院院长批准。
④ 《民事诉讼法司法解释》（2022 年修正）
第一百二十九条　对申请再审案件，人民法院应当自受理之日起三个月内审查完毕，但公告期间、当事人和解期间等不计入审查期限。有特殊情况需要延长的，由本院院长批准。

受理之日起三个月内审查完毕，但公告期间、当事人和解期间等不计入审查期限，有特殊情况需要延长的，由本院院长批准。司法实践中，事实清晰、法律适用正确、再审事由明显不成立的案件，一般在前述规定的三个月审查期限内法院即会作出裁定驳回再审申请的审查结论；存在较大争议的案件，则可能出现报审委会讨论、征求相关部门意见等不计入审查期限的情形，因此需要更长的审查时间。

对于检察院提出抗诉的案件，根据《民事诉讼法》第二百一十八条[①]的规定，接受抗诉的法院应当在收到抗诉书之日起三十日内作出再审的裁定。

四、审查标准

根据《民事诉讼法司法解释》第三百八十四条[②]、《审判监督程序司法解释》第八条[③]的规定，法院应当围绕当事人主张的再审事由进行审

---

① 《民事诉讼法》（2021 年修正）

第二百一十八条　人民检察院提出抗诉的案件，接受抗诉的人民法院应当自收到抗诉书之日起三十日内作出再审的裁定；有本法第二百零七条第一项至第五项规定情形之一的，可以交下一级人民法院再审，但经该下一级人民法院再审的除外。

② 《民事诉讼法司法解释》（2022 年修正）

第三百八十四条　人民法院受理申请再审案件后，应当依照民事诉讼法第二百零七条、第二百零八条、第二百一十一条等规定，对当事人主张的再审事由进行审查。

③ 《审判监督程序司法解释》（2020 年修正）

第八条　人民法院对再审申请的审查，应当围绕再审事由是否成立进行。

查。《民事诉讼法》第二百零七条①规定了对生效判决、裁定法院应当再审的十三种情形，第二百零八条②规定了关于已发生法律效力的调解书法院应当再审的两种情形，即调解违反自愿原则或者调解协议的内容违反法律。关于当事人申请再审事由的分析以及法院审查再审事由是否成立的标准，参见前文第三章的相关内容，在此不再赘述。

五、审查结果

（一）裁定驳回再审申请

《民事诉讼法司法解释》第三百九十三条③第二款以及《审判监督程

---

① 《民事诉讼法》（2021 年修正）

第二百零七条 当事人的申请符合下列情形之一的，人民法院应当再审：

（一）有新的证据，足以推翻原判决、裁定的；

（二）原判决、裁定认定的基本事实缺乏证据证明的；

（三）原判决、裁定认定事实的主要证据是伪造的；

（四）原判决、裁定认定事实的主要证据未经质证的；

（五）对审理案件需要的主要证据，当事人因客观原因不能自行收集，书面申请人民法院调查收集，人民法院未调查收集的；

（六）原判决、裁定适用法律确有错误的；

（七）审判组织的组成不合法或者依法应当回避的审判人员没有回避的；

（八）无诉讼行为能力人未经法定代理人代为诉讼或者应当参加诉讼的当事人，因不能归责于本人或者其诉讼代理人的事由，未参加诉讼的；

（九）违反法律规定，剥夺当事人辩论权利的；

（十）未经传票传唤，缺席判决的；

（十一）原判决、裁定遗漏或者超出诉讼请求的；

（十二）据以作出原判决、裁定的法律文书被撤销或者变更的；

（十三）审判人员审理该案件时有贪污受贿，徇私舞弊，枉法裁判行为的。

② 《民事诉讼法》（2021 年修正）

第二百零八条 当事人对已经发生法律效力的调解书，提出证据证明调解违反自愿原则或者调解协议的内容违反法律的，可以申请再审。经人民法院审查属实的，应当再审。

③ 《民事诉讼法司法解释》（2022 年修正）

第三百九十三条 当事人主张的再审事由成立，且符合民事诉讼法和本解释规定的申请再审条件的，人民法院应当裁定再审。

当事人主张的再审事由不成立，或者当事人申请再审超过法定申请再审期限、超出法定再审事由范围等不符合民事诉讼法和本解释规定的申请再审条件的，人民法院应当裁定驳回再审申请。

序司法解释》第十一条①第二款、第十六条②分别规定了法院进行形式审查和实体审查驳回再审申请的两类情形：当事人申请再审超过《民事诉讼法》规定的六个月期限或超出《民事诉讼法》规定的再审事由范围的，法院应当裁定驳回再审申请；当事人申请再审的事由经法院审查认为不成立的，法院应当裁定驳回再审申请。

（二）裁定再审

当事人主张的再审事由成立且符合申请再审条件的，法院应当裁定再审。一般而言，根据《审判监督程序司法解释》第十八条③的规定，法院裁定再审包括本院提审、指令再审、指定再审三种方式。本院提审是指上级法院审查再审事由成立并由上级法院对案件进行再审；指令再审是指上级法院指令原审法院对案件再审；指定再审是指上级法院将裁定再审的案件交与原审法院同级的其他法院再审。《民事诉讼法》《审判监督程序司法解释》《指令再审和发回重审规定》在明确"以提审为原则、以指令再审为补充、以指定再审为例外"的原则下，详细规定了本院提审、指令再审、指定再审的适用情形。

当然，司法实践中，当事人通常会向作出生效裁判的上一级法院申请再审。但根据《民事诉讼法》第二百零六条④的规定，若当事人一方人数众多或双方均为公民的案件也可以向原审法院申请再审；同时，按照最高

① 《审判监督程序司法解释》（2020 年修正）
第十一条 人民法院经审查再审申请书等材料，认为申请再审事由成立的，应当径行裁定再审。
当事人申请再审超过民事诉讼法第二百零五条（现第二百一十二条）规定的期限，或者超出民事诉讼法第二百条（现第二百零七条）所列明的再审事由范围的，人民法院应当裁定驳回再审申请。
② 《审判监督程序司法解释》（2020 年修正）
第十六条 人民法院经审查认为申请再审事由不成立的，应当裁定驳回再审申请。
驳回再审申请的裁定一经送达，即发生法律效力。
③ 《审判监督程序司法解释》（2020 年修正）
第十八条 上一级人民法院经审查认为申请再审事由成立的，一般由本院提审。最高人民法院、高级人民法院也可以指定与原审人民法院同级的其他人民法院审理，或者指令原审人民法院再审。
④ 《民事诉讼法》（2021 年修正）
第二百零六条 当事人对已经发生法律效力的判决、裁定，认为有错误的，可以向上一级人民法院申请再审；当事人一方人数众多或者当事人双方为公民的案件，也可以向原审人民法院申请再审。当事人申请再审的，不停止判决、裁定的执行。

人民法院出台的《四级法院审级职能改革办法》的相关规定，高级法院作出的生效裁判大部分只能向本院申请再审①。此类情形下，当事人向原作出生效裁判的法院申请再审的，若符合相关规定，多数情况下，则由收到再审申请的法院裁定由本院自行审理。但由于实践中当事人依据《民事诉讼法》第二百零六条规定向原审法院申请再审的情形极少，且四级法院审级职能改革目前尚处于试点改革阶段，对于该类情形本书暂不做另行分类。

1. 本院提审

根据《民事诉讼法》第二百一十一条第二款②的规定，最高人民法院、高级人民法院裁定再审的案件，由本院再审或者交其他法院再审，也可以交原审法院再审。③

需要注意的是，《指令再审和发回重审规定》第二条第三款④虽然规定了法院依据《民事诉讼法》第一百九十八条（现第二百零五条⑤）第二款裁定再审的，应当提审，但可以发现现行有效的《民事诉讼法》（2021修正）第二百零五条第二款规定的是"有权提审或者指令下级人民法院再审"，且司法实践中同样存在最高人民法院或上级法院认为确有错误而指令再审的情形，并非一律应当提审。

---

① 参见本书第二章第五节的相关内容。

② 《民事诉讼法》（2021 年修正）

第二百一十一条第二款 因当事人申请裁定再审的案件由中级人民法院以上的人民法院审理，但当事人依照本法第二百零六条的规定选择向基层人民法院申请再审的除外。最高人民法院、高级人民法院裁定再审的案件，由本院再审或者交其他人民法院再审，也可以交原审人民法院再审。

③ 参见（2022）最高法民监 4 号民事裁定书；（2020）川民监 7 号民事裁定书。

④ 《指令再审和发回重审规定》

第二条第三款 人民法院依据民事诉讼法第一百九十八条（现第二百零五条）第二款裁定再审的，应当提审。

⑤ 《民事诉讼法》（2021 年修正）

第二百零五条 各级人民法院院长对本院已经发生法律效力的判决、裁定、调解书，发现确有错误，认为需要再审的，应当提交审判委员会讨论决定。

最高人民法院对地方各级人民法院已经发生法律效力的判决、裁定、调解书，上级人民法院对下级人民法院已经发生法律效力的判决、裁定、调解书，发现确有错误的，有权提审或者指令下级人民法院再审。

此外，《指令再审和发回重审规定》第三条①规定了虽然符合指令再审的条件，但仍然应当提审的六种情形，包括：（一）原判决、裁定系经原审人民法院再审审理后作出的；（二）原判决、裁定系经原审人民法院审判委员会讨论作出的；（三）原审审判人员在审理该案件时有贪污受贿，徇私舞弊，枉法裁判行为的；（四）原审人民法院对该案无再审管辖权的；（五）需要统一法律适用或裁量权行使标准的；（六）其他不宜指令原审人民法院再审的情形。

2. 指令再审

《指令再审和发回重审规定》第二条②第一款规定了当事人申请再审的案件，上级法院可以指令原审法院再审的四种情形，包括：（一）依据《民事诉讼法》第二百条（现第二百零七条）第四项、第五项或者第九项裁定再审的；（二）发生法律效力的判决、裁定、调解书是由第一审法院作出的；（三）当事人一方人数众多或者当事人双方为公民的；（四）经审判委员会讨论决定的其他情形。第二款规定了检察院提出抗诉的案件，接受抗诉的法院可以指令原审法院再审的情形，即具有《民事诉讼法》第二百条（现第二百零七条）第一项至第五项规定情形之一的。

---

① 《指令再审和发回重审规定》

第三条　虽然符合本规定第二条可以指令再审的条件，但有下列情形之一的，应当提审：

（一）原判决、裁定系经原审人民法院再审审理后作出的；

（二）原判决、裁定系经原审人民法院审判委员会讨论作出的；

（三）原审审判人员在审理该案件时有贪污受贿，徇私舞弊，枉法裁判行为的；

（四）原审人民法院对该案无再审管辖权的；

（五）需要统一法律适用或裁量权行使标准的；

（六）其他不宜指令原审人民法院再审的情形。

② 《指令再审和发回重审规定》

第二条　因当事人申请裁定再审的案件一般应当由裁定再审的人民法院审理。有下列情形之一的，最高人民法院、高级人民法院可以指令原审人民法院再审：

（一）依据民事诉讼法第二百条第（四）项、第（五）项或者第（九）项裁定再审的；

（二）发生法律效力的判决、裁定、调解书是由第一审法院作出的；

（三）当事人一方人数众多或者当事人双方为公民的；

（四）经审判委员会讨论决定的其他情形。

人民检察院提出抗诉的案件，由接受抗诉的人民法院审理，具有民事诉讼法第二百条第（一）至第（五）项规定情形之一的，可以指令原审人民法院再审。

人民法院依据民事诉讼法第一百九十八条第二款裁定再审的，应当提审。

《审判监督程序司法解释》第二十条①规定了不得指令原审法院再审的四种情形，包括：（一）原审人民法院对该案无管辖权的；（二）审判人员在审理该案件时有贪污受贿，徇私舞弊，枉法裁判行为的；（三）原判决、裁定系经原审人民法院审判委员会讨论作出的；（四）其他不宜指令原审人民法院再审的。

需要注意的是，根据《指令再审和发回重审规定》第六条②的规定，上级法院裁定指令再审的，应当在裁定书中阐明指令再审的具体理由。

3. 指定再审

根据《审判监督程序司法解释》第十九条③的规定，上级法院可以根据案件的影响程度以及案件参与人等情况，考虑便利当事人行使诉讼权利以及便利法院审理等因素，决定是否指定再审。

此外，《民事诉讼法》第二百一十八条还规定，对于检察院提出抗诉的案件，符合《民事诉讼法》第二百零七条第一项至第五项规定情形之一的，可以交下级法院再审，但经该下级法院再审的除外。

---

① 《审判监督程序司法解释》（2020 年修正）

第二十条　有下列情形之一的，不得指令原审人民法院再审：

（一）原审人民法院对该案无管辖权的；

（二）审判人员在审理该案件时有贪污受贿，徇私舞弊，枉法裁判行为的；

（三）原判决、裁定系经原审人民法院审判委员会讨论作出的；

（四）其他不宜指令原审人民法院再审的。

② 《指令再审和发回重审规定》

第六条　上级人民法院裁定指令再审、发回重审的，应当在裁定书中阐明指令再审或者发回重审的具体理由。

③ 《审判监督程序司法解释》（2020 年修正）

第十九条　上一级人民法院可以根据案件的影响程度以及案件参与人等情况，决定是否指定再审。需要指定再审的，应当考虑便利当事人行使诉讼权利以及便利人民法院审理等因素。

接受指定再审的人民法院，应当按照民事诉讼法第二百零七条第一款规定的程序审理。

（三）终结审查

《民事诉讼法司法解释》第四百条①规定了再审审查无法进行或没有必要进行下去、法院裁定终结审查的六种情形，包括申请主体消亡、负有给付义务的对方当事人消亡、当事人达成和解协议、他人未经授权以当事人名义申请再审、已被原审或上级法院裁定再审、不予受理再审申请。需要注意的是，《民事诉讼法司法解释》第四百条第六项所规定的"有本解释第三百八十一条第一款规定情形的"，系指法院在立案受理后，经审查发现具有不予受理情形的，裁定终结审查。

（四）撤回再审申请

《民事诉讼法司法解释》第三百九十八条②、《审判监督程序司法解释》第十五条③规定了当事人主动撤回再审申请和法院按撤回再审申请处理的两种情形。前者是再审申请人在再审审查期间撤回再审申请，是否准许需由法院裁定（一般情形下，只要撤回再审申请不存在损害国家、社会、第三人利益，法院应当准许）；后者是在再审审查期间，再审申请人经传票传唤，无正当理由拒不接受询问，法院可以按撤回再审申请处理（司法实践中，再审申请人往往希望争取询问的机会向法官当面陈述观点，拒不接受询问的情形极少出现）。

---

① 《民事诉讼法司法解释》（2022年修正）

第四百条　再审申请审查期间，有下列情形之一的，裁定终结审查：

（一）再审申请人死亡或者终止，无权利义务承继者或者权利义务承继者声明放弃再审申请的；

（二）在给付之诉中，负有给付义务的被申请人死亡或者终止，无可供执行的财产，也没有应当承担义务的人的；

（三）当事人达成和解协议且已履行完毕的，但当事人在和解协议中声明不放弃申请再审权利的除外；

（四）他人未经授权以当事人名义申请再审的；

（五）原审或者上一级人民法院已经裁定再审的；

（六）有本解释第三百八十一条第一款规定情形的。

② 《民事诉讼法司法解释》（2022年修正）

第三百九十八条　审查再审申请期间，再审申请人撤回再审申请的，是否准许，由人民法院裁定。

再审申请人经传票传唤，无正当理由拒不接受询问的，可以按撤回再审申请处理。

③ 《审判监督程序司法解释》（2020年修正）

第十五条　申请再审人在案件审查期间申请撤回再审申请的，是否准许，由人民法院裁定。

申请再审人经传票传唤，无正当理由拒不接受询问，可以裁定按撤回再审申请处理。

需要注意的是，根据《民事诉讼法司法解释》第三百九十九条①的规定，法院准许撤回再审申请或者按撤回再审申请处理后，再审申请人再次申请再审的，法院不予受理，除非有《民事诉讼法》第二百零七条第一项、第三项、第十二项、第十三项所规定的"知道或者应当知道之日起六个月内提出再审申请"的情形。

六、再审审查阶段涉及的其他问题

（一）申请再审是否需要交纳案件受理费？

根据《诉讼费用交纳办法》第九条②和第十九条③的规定，当事人申请再审原则上无须交纳案件受理费，但两种情形下法院经审查裁定再审的案件，当事人需要按照不服原判决部分的再审请求数额交纳案件受理费：一是有新的证据足以推翻原判决、裁定而申请再审，法院经审查决定再审的案件；二是对一审判决、裁定未提出上诉，在一审判决、裁定或者调解书发生法律效力后又申请再审，法院经审查决定再审的案件。

（二）再审审查期间对方当事人也申请再审如何处理？

根据《民事诉讼法司法解释》第三百九十六条④和《审判监督程序司

---

① 《民事诉讼法司法解释》（2022 年修正）

第三百九十九条 人民法院准许撤回再审申请或者按撤回再审申请处理后，再审申请人再次申请再审的，不予受理，但有民事诉讼法第二百零七条第一项、第三项、第十二项、第十三项规定情形，自知道或者应当知道之日起六个月内提出的除外。

② 《诉讼费用交纳办法》

第九条 根据民事诉讼法和行政诉讼法规定的审判监督程序审理的案件，当事人不交纳案件受理费。但是，下列情形除外：

（一）当事人有新的证据，足以推翻原判决、裁定，向人民法院申请再审，人民法院经审查决定再审的案件；

（二）当事人对人民法院第一审判决或者裁定未提出上诉，第一审判决、裁定或者调解书发生法律效力后又申请再审，人民法院经审查决定再审的案件。

③ 《诉讼费用交纳办法》

第十九条 依照本办法第九条规定需要交纳案件受理费的再审案件，按照不服原判决部分的再审请求数额交纳案件受理费。

④ 《民事诉讼法司法解释》（2022 年修正）

第三百九十六条 审查再审申请期间，被申请人及原审其他当事人依法提出再审申请的，人民法院应当将其列为再审申请人，对其再审事由一并审查，审查期限重新计算。经审查，其中一方再审申请人主张的再审事由成立的，应当裁定再审。各方再审申请人主张的再审事由均不成立的，一并裁定驳回再审申请。

法解释》第十四条①的规定，在法院审查再审申请期间，被申请人及原审其他当事人也申请再审的，法院应当将其列为再审申请人，对其再审事由一并审查。如任何一方再审申请人主张的再审事由成立，则应当裁定再审；如各方再审申请人主张的再审事由均不成立，则一并裁定驳回再审申请。当然，如果一方当事人申请再审法院经审查裁定驳回，对方当事人再申请再审的，则应当另行立案审查，不适用前述规定。

（三）再审审查期间检察院提出抗诉如何处理？

根据《审判监督程序司法解释》第十七条②的规定，在法院审查再审申请期间，检察院提出抗诉的，法院应当裁定再审，且再审申请人提出的具体再审请求也应纳入审理范围。

（四）再审审查期间再审申请人能否申请鉴定或申请调查收集证据？

根据《民事诉讼法司法解释》第三百九十七条③的规定，在法院审查再审申请期间，再审申请人申请法院委托鉴定、勘验的，法院不予准许。申请鉴定、勘验是当事人在一审、二审程序中的诉讼权利，当事人自行放弃则应当承担不利后果。若当事人在原审中已提出鉴定申请而未获法院准许，且未予鉴定可能影响法院对案件基本事实的认定，则当事人可以将申请鉴定未获准许作为申请再审的事由；若当事人原审中并未提出鉴定申请，在法院作出生效裁判后又发现应当对认定案件基本事实的相关事项申请鉴定，则可以考虑自行委托鉴定作为申请再审的证据。需要提醒注意的是，无论是鉴定申请未获准许还是当事人自行委托鉴定，均并非能够直接申请再审的事由，仍需要将其融入并契合《民事诉讼法》第二百零七条

---

① 《审判监督程序司法解释》（2020 年修正）

第十四条　在审查再审申请过程中，对方当事人也申请再审的，人民法院应当将其列为申请再审人，对其提出的再审申请一并审查。

② 《审判监督程序司法解释》（2020 年修正）

第十七条　人民法院审查再审申请期间，人民检察院对该案提出抗诉的，人民法院应依照民事诉讼法第二百一十一条（现第二百一十八条）的规定裁定再审。申请再审人提出的具体再审请求应纳入审理范围。

③ 《民事诉讼法司法解释》（2022 年修正）

第三百九十七条　审查再审申请期间，再审申请人申请人民法院委托鉴定、勘验的，人民法院不予准许。

中的具体事由进行再审申请，其结果无论是否能够达到主张再审事由成立的证明目的，仍然需由法院审查认定。

关于在再审审查期间能否申请法院调查收集证据的问题，并没有统一的法律司法解释等予以规定，司法实践中再审法院一般均不予支持。① 但若涉及可能推翻原裁判的关键性新证据的，部分地区可以适用律师调查令制度。②

（五）再审审查期间是否能够中止原判决、裁定的执行？

根据《民事诉讼法》第二百零六条、第二百一十三条③以及《民事诉讼法司法解释》第三百九十四条④的规定，当事人申请再审，不停止判决、裁定的执行；裁定再审的案件，原则上才能同时裁定中止原判决、裁定、调解书的执行，但追索赡养费、扶养费、抚养费、抚恤金、医疗费用、劳动报酬等案件，可以不中止执行。但司法实践中，当事人申请再审并经法院立案受理后，在法院作出进入再审的裁定前，可以尝试凭借再审审查案件的受理通知书与执行法院沟通争取暂缓执行，避免因案件被再审改判而导致执行回转等具体情形。

---

① 参见（2021）最高法民申 7676 号裁定书；（2021）最高法民申 6179 号裁定书；（2020）最高法民申 461 号裁定书。

② 《江西省高级人民法院、江西省司法厅关于印发在民事诉讼中实行律师调查令的办法（试行）的通知》

三、再审审查阶段一般不适用律师调查令，但出现足以推翻原裁判的关键性新证据线索且当事人及其诉讼代理人因客观原因不能自行收集的除外。再审审理中，可以适用律师调查令。

③ 《民事诉讼法》（2021 年修正）

第二百一十三条　按照审判监督程序决定再审的案件，裁定中止原判决、调解书的执行，但追索赡养费、扶养费、抚养费、抚恤金、医疗费用、劳动报酬等案件，可以不中止执行。

④ 《民事诉讼法司法解释》（2022 年修正）

第三百九十四条　人民法院对已经发生法律效力的判决、裁定、调解书依法决定再审，依照民事诉讼法第二百一十三条规定，需要中止执行的，应当在再审裁定中同时写明中止原判决、裁定、调解书的执行；情况紧急的，可以将中止执行裁定口头通知负责执行的人民法院，并在通知后十日内发出裁定书。

第二节 民事再审审理

一、审理程序

根据《民事诉讼法》第二百一十四条^①的规定，法院审理再审案件，应当另行组成合议庭，再审审理程序准用原审程序，具体包括以下三种情形：一是发生法律效力的判决、裁定是由第一审法院作出的，按照第一审程序审理，所作的判决、裁定，当事人可以上诉。二是发生法律效力的判决、裁定是由第二审法院作出的，按照第二审程序审理，所作的判决、裁定，是发生法律效力的判决、裁定。三是上级法院提审的案件，按照第二审程序审理，所作的判决、裁定是发生法律效力的判决、裁定。

二、审理方式

根据《民事诉讼法司法解释》第四百零一条^②、《审判监督程序司法解释》第二十二条^③的规定，无论是按照第一审程序还是第二审程序审理的再审案件，原则上法院均应当开庭审理，只有按照第二审程序审理的再

---

① 《民事诉讼法》（2021 年修正）

第二百一十四条 人民法院按照审判监督程序再审的案件，发生法律效力的判决、裁定是由第一审法院作出的，按照第一审程序审理，所作的判决、裁定，当事人可以上诉；发生法律效力的判决、裁定是由第二审法院作出的，按照第二审程序审理，所作的判决、裁定，是发生法律效力的判决、裁定；上级人民法院按照审判监督程序提审的，按照第二审程序审理，所作的判决、裁定是发生法律效力的判决、裁定。

人民法院审理再审案件，应当另行组成合议庭。

② 《民事诉讼法司法解释》（2022 年修正）

第四百零一条 人民法院审理再审案件应当组成合议庭开庭审理，但按照第二审程序审理，有特殊情况或者双方当事人已经通过其他方式充分表达意见，且书面同意不开庭审理的除外。

符合缺席判决条件的，可以缺席判决。

③ 《审判监督程序司法解释》（2020 年修正）

第二十二条 人民法院应当依照民事诉讼法第二百零七条的规定，按照第一审程序或者第二审程序审理再审案件。

人民法院审理再审案件应当开庭审理。但按照第二审程序审理的，双方当事人已经其他方式充分表达意见，且书面同意不开庭审理的除外。

审案件，如有特殊情况或者双方当事人已经通过其他方式充分表达意见且书面同意不开庭审理的，才可以作为例外，不开庭审理。

需要注意的是，虽然前述《民事诉讼法司法解释》第四百零一条规定了按照第二审程序审理的再审案件，有"特殊情况"可以不开庭审理，但再审程序作为特殊的救济程序，为充分发挥其纠错的程序功能，同时也为审理查明案件事实，充分保障当事人的诉辩权利，司法实践中，法院对于"特殊情况"一般不作过宽解释，再审案件原则上一律开庭审理。

三、审理范围

《民事诉讼法司法解释》第四百零三条①、《指令再审和发回重审规定》第七条②对再审案件的审理范围作出了明确规定，法院审理再审案件应当围绕再审请求进行，当事人的再审请求超出原审诉讼请求的，不予审理；符合另案诉讼条件的，告知当事人可以另行起诉。需要注意的是，前述条款亦规定了不属于再审请求范围但法院"应当一并审理"的两种情形：一是被申请人及原审其他当事人在庭审辩论结束前提出的再审请求，符合《民事诉讼法》第二百一十二条③"知道或者应当知道之日起六个月内提出再审申请"情形规定的，法院应当一并审理。二是法院经再审发现已经发生法律效力的判决、裁定损害国家利益、社会公共利益、他人合法

---

① 《民事诉讼法司法解释》（2022年修正）

第四百零三条 人民法院审理再审案件应当围绕再审请求进行。当事人的再审请求超出原审诉讼请求的，不予审理；符合另案诉讼条件的，告知当事人可以另行起诉。

被申请人及原审其他当事人在庭审辩论结束前提出的再审请求，符合民事诉讼法第二百一十二条规定的，人民法院应当一并审理。

人民法院经再审，发现已经发生法律效力的判决、裁定损害国家利益、社会公共利益、他人合法权益的，应当一并审理。

② 《指令再审和发回重审规定》

第七条 再审案件应当围绕申请人的再审请求进行审理和裁判。对方当事人在再审庭审辩论终结前也提出再审请求的，应一并审理和裁判。当事人的再审请求超出原审诉讼请求的不予审理，构成另案诉讼的应告知当事人可以提起新的诉讼。

③ 《民事诉讼法》（2021年修正）

第二百一十二条 当事人申请再审，应当在判决、裁定发生法律效力后六个月内提出；有本法第二百零七条第一项、第三项、第十二项、第十三项规定情形的，自知道或者应当知道之日起六个月内提出。

权益的，应当一并审理。

此外，《指令再审和发回重审规定》第八条①规定了在再审发回重审案件审理中，当事人申请变更、增加诉讼请求和提出反诉的处理，由法院按照《民事诉讼法司法解释》第二百五十二条②的规定审查决定是否准许。当事人变更其在原审中的诉讼主张、质证及辩论意见的，应说明理由并提交相应的证据，理由不成立或证据不充分的，法院不予支持。

四、诉讼参与人的诉辩顺序

《民事诉讼法司法解释》第四百零二条③第一款根据启动再审的不同主体规定了诉讼参与人在再审案件审理中的发言顺序：因当事人申请再审而裁定再审的，先由再审申请人陈述再审请求及理由，后由被申请人答辩、其他原审当事人发表意见；因检察院抗诉裁定再审的，先由抗诉机关宣读抗诉书，再由申请抗诉的当事人陈述，后由被申请人答辩、其他原审

---

① 《指令再审和发回重审规定》

第八条 再审发回重审的案件，应当围绕当事人原诉讼请求进行审理。当事人申请变更、增加诉讼请求和提出反诉的，按照《最高人民法院关于适用〈中华人民共和国民事诉讼法〉的解释》第二百五十二条的规定审查决定是否准许。当事人变更其在原审中的诉讼主张、质证及辩论意见的，应说明理由并提交相应的证据，理由不成立或证据不充分的，人民法院不予支持。

② 《民事诉讼法司法解释》（2015 年修正）

第二百五十二条 再审裁定撤销原判决、裁定发回重审的案件，当事人申请变更、增加诉讼请求或者提出反诉，符合下列情形之一的，人民法院应当准许：

（一）原审未合法传唤缺席判决，影响当事人行使诉讼权利的；

（二）追加新的诉讼当事人的；

（三）诉讼标的物灭失或者发生变化致使原诉讼请求无法实现的；

（四）当事人申请变更、增加的诉讼请求或者提出的反诉，无法通过另诉解决的。

③ 《民事诉讼法司法解释》（2022 年修正）

第四百零二条 人民法院开庭审理再审案件，应当按照下列情形分别进行：

（一）因当事人申请再审的，先由再审申请人陈述再审请求及理由，后由被申请人答辩、其他原审当事人发表意见；

（二）因抗诉再审的，先由抗诉机关宣读抗诉书，再由申请抗诉的当事人陈述，后由被申请人答辩、其他原审当事人发表意见；

（三）人民法院依职权再审，有申诉人的，先由申诉人陈述再审请求及理由，后由被申诉人答辩、其他原审当事人发表意见；

（四）人民法院依职权再审，没有申诉人的，先由原审原告或者原审上诉人陈述，后由原审其他当事人发表意见。

对前款第一项至第三项规定的情形，人民法院应当要求当事人明确其再审请求。

当事人发表意见；法院依据职权启动再审的，如有申诉人，先由申诉人陈述再审请求及理由，后由被申诉人答辩、其他原审当事人发表意见，如没有申诉人，先由原审原告或者原审上诉人陈述，后由原审其他当事人发表意见。

需要注意的是，结合该条第二款的规定，有申诉人情形下法院依职权启动的再审，法院应当要求当事人明确其再审请求；无申诉人情形下完全由法院依据职权启动的再审，不存在再审申请人，应当由法院确定纠错的范围。

五、审理结果

（一）维持原判

《民事诉讼法司法解释》第四百零五条①第一款、《审判监督程序司法解释》第二十六条②规定了再审维持原判的两种情形，一种情形是法院经再审审理认为原判决、裁定认定事实清楚、适用法律正确的，应予维持；另一种情形是法院经再审审理发现原判决、裁定在认定事实、适用法律、阐述理由方面虽有瑕疵，但裁判结果正确的，应当在再审判决、裁定中纠正瑕疵后予以维持。

（二）改判、撤销或变更

《民事诉讼法》第四百零五条第二款规定，法院经再审审理发现原判决、裁定认定事实、适用法律错误，导致裁判结果错误的，应当依法改

---

① 《民事诉讼法司法解释》（2022 年修正）

第四百零五条 人民法院经再审审理认为，原判决、裁定认定事实清楚、适用法律正确的，应予维持；原判决、裁定认定事实、适用法律虽有瑕疵，但裁判结果正确的，应当在再审判决、裁定中纠正瑕疵后予以维持。

原判决、裁定认定事实、适用法律错误，导致裁判结果错误的，应当依法改判、撤销或者变更。

② 《审判监督程序司法解释》（2020 年修正）

第二十六条 人民法院经再审审理认为，原判决、裁定认定事实清楚、适用法律正确的，应予维持；原判决、裁定在认定事实、适用法律、阐述理由方面虽有瑕疵，但裁判结果正确的，人民法院应在再审判决、裁定中纠正上述瑕疵后予以维持。

判、撤销或者变更。《审判监督程序司法解释》第二十七条①规定，法院按照第二审程序审理再审案件，发现原判决认定事实错误或者认定事实不清的，原则上应当在查清事实后改判。

（三）发回重审

《指令再审和发回重审规定》第四条②和第五条③分别从实体和程序规定了法院按照第二审程序审理再审案件时，可以裁定撤销原判决，发回第一审法院重审的情形，第六条④明确了法院裁定发回重审的案件，应当在裁定书中阐明发回重审的具体理由。

根据《指令再审和发回重审规定》第四条的规定，法院按照第二审程序审理再审案件，对于原判决认定基本事实不清的，一般应当通过庭审认定事实后依法作出判决；对于原审法院未对基本事实进行过审理的，可以裁定撤销原判决，发回重审；对于原判决认定事实错误的，不得以基本事实不清为由裁定发回重审。

---

① 《审判监督程序司法解释》（2020年修正）

第二十七条　人民法院按照第二审程序审理再审案件，发现原判决认定事实错误或者认定事实不清的，应当在查清事实后改判。但原审人民法院便于查清事实，化解纠纷的，可以裁定撤销原判决，发回重审；原审程序遗漏必须参加诉讼的当事人且无法达成调解协议，以及其他违反法定程序不宜在再审程序中直接作出实体处理的，应当裁定撤销原判决，发回重审。

② 《指令再审和发回重审规定》

第四条　人民法院按照第二审程序审理再审案件，发现原判决认定基本事实不清的，一般应当通过庭审认定事实后依法作出判决。但原审人民法院未对基本事实进行过审理的，可以裁定撤销原判决，发回重审。原判决认定事实错误的，上级人民法院不得以基本事实不清为由裁定发回重审。

③ 《指令再审和发回重审规定》

第五条　人民法院按照第二审程序审理再审案件，发现第一审人民法院有下列严重违反法定程序情形之一的，可以依照民事诉讼法第一百七十条第一款第（四）项的规定，裁定撤销原判决，发回第一审人民法院重审：

（一）原判决遗漏必须参加诉讼的当事人的；

（二）无诉讼行为能力人未经法定代理人代为诉讼，或者应当参加诉讼的当事人，因不能归责于本人或者其诉讼代理人的事由，未参加诉讼的；

（三）未经合法传唤缺席判决，或者违反法律规定剥夺当事人辩论权利的；

（四）审判组织的组成不合法或者依法应当回避的审判人员没有回避的；

（五）原判决、裁定遗漏诉讼请求的。

④ 《指令再审和发回重审规定》

第六条　上级人民法院裁定指令再审、发回重审的，应当在裁定书中阐明指令再审或者发回重审的具体理由。

根据《指令再审和发回重审规定》第五条的规定，法院按照第二审程序审理再审案件，发现第一审法院存在严重违反法定程序的五种情形，可以裁定撤销原判决，发回第一审法院重审，具体包括：（一）原判决遗漏必须参加诉讼的当事人的；（二）无诉讼行为能力人未经法定代理人代为诉讼，或者应当参加诉讼的当事人，因不能归责于本人或者其诉讼代理人的事由，未参加诉讼的；（三）未经合法传唤缺席判决，或者违反法律规定剥夺当事人辩论权利的；（四）审判组织的组成不合法或者依法应当回避的审判人员没有回避的；（五）原判决、裁定遗漏诉讼请求的。

此外，《审判监督程序司法解释》第二十七条规定了法院按照第二审程序审理再审案件应当"改判"的情形的同时，也规定了"可以发回重审"和"应当发回重审"的情形：原审人民法院便于查清事实，化解纠纷的，可以裁定撤销原判决，发回重审；原审程序遗漏必须参加诉讼的当事人且无法达成调解协议，以及其他违反法定程序不宜在再审程序中直接作出实体处理的，应当裁定撤销原判决，发回重审。

（四）终结再审程序

《民事诉讼法司法解释》第四百零四条①第一款规定了再审审理期间法院可以裁定终结再审程序的四种情形：一是再审申请人撤回再审请求；二是按撤回再审审理处理；三是检察院撤回抗诉；四是具有《民事诉讼法

---

① 《民事诉讼法司法解释》（2022年修正）

第四百零四条 再审审理期间，有下列情形之一的，可以裁定终结再审程序：

（一）再审申请人在再审期间撤回再审请求，人民法院准许的；

（二）再审申请人经传票传唤，无正当理由拒不到庭的，或者未经法庭许可中途退庭的，按撤回再审请求处理的；

（三）人民检察院撤回抗诉的；

（四）有本解释第四百条第一项至第四项规定情形的。

因人民检察院提出抗诉裁定再审的案件，申请抗诉的当事人有前款规定的情形，且不损害国家利益、社会公共利益或者他人合法权益的，人民法院应当裁定终结再审程序。

再审程序终结后，人民法院裁定中止执行的原生效判决自动恢复执行。

司法解释》第四百条①第一项至第四项规定的在再审申请审查期间应当裁定终结审查的情形。需要注意的是，再审申请人撤回再审请求，需由法院审查决定是否准许，审查内容为是否存在损害国家利益、社会公共利益以及第三人利益的情形。

本条第二款规定了因检察院抗诉裁定再审的案件，申请抗诉的当事人有前述第一款规定情形的，且不损害国家利益、社会公共利益或者他人合法权益的，法院应当裁定终结再审。

（五）调解书的再审审理

《民事诉讼法司法解释》第四百零七条②第一款、《审判监督程序司法解释》第二十八条③规定了法院对调解书裁定再审后，经审理认为再审事由不成立的两种情形的处理：一是当事人提出的调解违反自愿原则的事由不成立，且调解书的内容不违反法律强制性规定的，法院应当裁定驳回再审申请。二是检察院抗诉或者再审检察建议所主张的损害国家利益、社会公共利益的理由不成立的，法院应当裁定终结再审程序。

---

① 《民事诉讼法司法解释》（2022 年修正）
第四百条 再审申请审查期间，有下列情形之一的，裁定终结审查：
（一）再审申请人死亡或者终止，无权利义务承继者或者权利义务承继者声明放弃再审申请的；
（二）在给付之诉中，负有给付义务的被申请人死亡或者终止，无可供执行的财产，也没有应当承担义务的人的；
（三）当事人达成和解协议且已履行完毕的，但当事人在和解协议中声明不放弃申请再审权利的除外；
（四）他人未经授权以当事人名义申请再审的；
（五）原审或者上一级人民法院已经裁定再审的；
（六）有本解释第三百八十一条第一款规定情形的。
② 《民事诉讼法司法解释》（2022 年修正）
第四百零七条 人民法院对调解书裁定再审后，按照下列情形分别处理：
（一）当事人提出的调解违反自愿原则的事由不成立，且调解书的内容不违反法律强制性规定的，裁定驳回再审申请；
（二）人民检察院抗诉或者再审检察建议所主张的损害国家利益、社会公共利益的理由不成立的，裁定终结再审程序。
前款规定情形，人民法院裁定中止执行的调解书需要继续执行的，自动恢复执行。
③ 《审判监督程序司法解释》（2020 年修正）
第二十八条 人民法院以调解方式审结的案件裁定再审后，经审理发现申请再审人提出的调解违反自愿原则的事由不成立，且调解协议的内容不违反法律强制性规定的，应当裁定驳回再审申请，并恢复原调解书的执行。

（六）再审审理中撤回再审申请

《审判监督程序司法解释》第二十三条①第一款规定了再审审理期间再审申请人撤回再审申请的处理和按自动撤回再审申请处理的情形。再审申请人在再审期间撤回再审申请的，是否准许由法院裁定，法院审查是否准许撤回再审申请，主要考虑是否存在损害国家利益、社会公共利益以及第三人利益的情形。再审申请人经传票传唤，无正当理由拒不到庭的，或者未经法庭许可中途退庭的，法院可以裁定按自动撤回再审申请处理。

本条第二款规定了检察院抗诉再审的案件，申请抗诉的当事人有前款规定的情形，且不损害国家利益、社会公共利益或第三人利益的，法院应当裁定终结再审程序；检察院撤回抗诉的，法院应当准予。

（七）再审审理中撤回起诉

根据《民事诉讼法司法解释》第四百零八条②、《审判监督程序司法解释》第二十四条③的规定，按照第一审程序审理的再审案件，一审原告在再审审理程序中申请撤回起诉，是否准许由法院裁定，经其他当事人同意，且不损害国家利益、社会公共利益、他人合法权益的，法院可以准许。法院裁定准许撤诉时，应当同时裁定撤销原判决、裁定、调解书。需要注意的是，一审原告在再审审理程序中撤回起诉后重复起诉的，法院不予受理。

---

① 《审判监督程序司法解释》（2020年修正）

第二十三条 申请再审人在再审期间撤回再审申请的，是否准许由人民法院裁定。裁定准许的，应终结再审程序。申请再审人经传票传唤，无正当理由拒不到庭的，或者未经法庭许可中途退庭的，可以裁定按自动撤回再审申请处理。

人民检察院抗诉再审的案件，申请抗诉的当事人有前款规定的情形，且不损害国家利益、社会公共利益或第三人利益的，人民法院应当裁定终结再审程序；人民检察院撤回抗诉的，应当准予。

终结再审程序的，恢复原判决的执行。

② 《民事诉讼法司法解释》（2022年修正）

第四百零八条 一审原告在再审审理程序中申请撤回起诉，经其他当事人同意，且不损害国家利益、社会公共利益、他人合法权益的，人民法院可以准许。裁定准许撤诉的，应当一并撤销原判决。

一审原告在再审审理程序中撤回起诉后重复起诉的，人民法院不予受理。

③ 《审判监督程序司法解释》（2020年修正）

第二十四条 按照第一审程序审理再审案件时，一审原告申请撤回起诉的，是否准许由人民法院裁定。裁定准许的，应当同时裁定撤销原判决、裁定、调解书。

（八）再审审理中调解

《审判监督程序司法解释》第二十五条[①]和《民事诉讼法司法解释》第四百一十条[②]规定了再审审理中的调解及部分调解的处理。根据《审判监督程序司法解释》第二十五条的规定，当事人在再审审理中经调解达成协议的，法院应当制作调解书，调解书经各方当事人签收后，即具有法律效力，原判决、裁定视为被撤销。根据《民事诉讼法司法解释》第四百一十条的规定，部分当事人到庭并达成调解协议，其他当事人未作出书面表示的，法院应当在判决中对该事实作出表述；调解协议内容不违反法律规定，且不损害其他当事人合法权益的，可以在判决主文中予以确认。

---

① 《审判监督程序司法解释》（2020 年修正）

第二十五条　当事人在再审审理中经调解达成协议的，人民法院应当制作调解书。调解书经各方当事人签收后，即具有法律效力，原判决、裁定视为被撤销。

② 《民事诉讼法司法解释》（2022 年修正）

第四百一十条　部分当事人到庭并达成调解协议，其他当事人未作出书面表示的，人民法院应当在判决中对该事实作出表述；调解协议内容不违反法律规定，且不损害其他当事人合法权益的，可以在判决主文中予以确认。

第六章

民事检察监督程序

第一节　民事检察监督的受理与审查

　　民事检察监督是宪法和法律赋予检察机关的重要职能，检察机关对民事诉讼实行法律监督，对于保证法院依法行使审判权、维护司法公正和司法权威、维护国家利益和社会公共利益、维护当事人的合法权益具有重要意义。2021 年 6 月 15 日，中共中央印发《中共中央关于加强新时代检察机关法律监督工作的意见》，提出"精准开展民事诉讼监督"的要求。2021 年 6 月 26 日，最高人民检察院发布了《民事诉讼监督规则》并于 8 月 1 日起正式实施，对检察院监督民事诉讼案件作出了详细规定。

　　民事监督案件的来源包括当事人向检察院申请监督，也包括当事人以外的自然人、法人和非法人组织向检察院控告，还包括检察院在履行职责中发现。本章主要根据《民事诉讼监督规则》的规定，并结合《民事诉讼法》《民事诉讼法司法解释》关于民事检察监督的相关规定，介绍检察院对于当事人申请监督的受理与审查，以及当事人向检察院申请监督的文书写作及材料提交，便于读者对当事人申请检察监督及检察院对该类民事监督案件的受理及审查有系统的了解。

一、检察监督的申请

（一）申请监督的范围

　　根据《民事诉讼监督规则》第十九条①、《民事诉讼法》第二百一十

---

　　① 《民事诉讼监督规则》

　　第十九条　有下列情形之一的，当事人可以向人民检察院申请监督：

　　（一）已经发生法律效力的民事判决、裁定、调解书符合《中华人民共和国民事诉讼法》第二百零九条（现第二百一十六条）第一款规定的；

　　（二）认为民事审判程序中审判人员存在违法行为的；

　　（三）认为民事执行活动存在违法情形的。

六条①的规定，当事人对已经发生法律效力的民事判决、裁定、调解书符合下列情形的，可以向检察院申请检察监督：（一）人民法院驳回再审申请的；（二）人民法院逾期未对再审申请作出裁定的；（三）再审判决、裁定有明显错误的。

（二）申请监督的期限

在《民事诉讼监督规则》施行以前，关于当事人向检察院申请检察监督的时间期限，法律并无明确规定。根据《民事诉讼监督规则》第二十条②的规定，当事人就已经发生法律效力的民事判决、裁定、调解书向检察院申请监督，应该在法院作出驳回再审申请裁定或者再审判决、裁定发生法律效力之日起两年内提出，且该期间为不变期间，不适用中止、中断、延长的规定。

（三）申请监督的管辖

根据《民事诉讼监督规则》第二十九条③、第三十一条④的规定，当

---

① 《民事诉讼法》（2021年修正）

第二百一十六条 有下列情形之一的，当事人可以向人民检察院申请检察建议或者抗诉：

（一）人民法院驳回再审申请的；

（二）人民法院逾期未对再审申请作出裁定的；

（三）再审判决、裁定有明显错误的。

人民检察院对当事人的申请应当在三个月内进行审查，作出提出或者不予提出检察建议或者抗诉的决定。当事人不得再次向人民检察院申请检察建议或者抗诉。

② 《民事诉讼监督规则》

第二十条 当事人依照本规则第十九条第一项规定向人民检察院申请监督，应当在人民法院作出驳回再审申请裁定或者再审判决、裁定发生法律效力之日起两年内提出。

本条规定的期间为不变期间，不适用中止、中断、延长的规定。

人民检察院依职权启动监督程序的案件，不受本条第一款规定期限的限制。

③ 《民事诉讼监督规则》

第二十九条 当事人根据《中华人民共和国民事诉讼法》第二百零九条（现第二百一十六条）第一款的规定向人民检察院申请检察建议或者抗诉，由作出生效民事判决、裁定、调解书的人民法院所在地同级人民检察院负责控告申诉检察的部门受理。

人民法院裁定驳回再审申请或者逾期未对再审申请作出裁定，当事人向人民检察院申请监督的，由作出原生效民事判决、裁定、调解书的人民法院所在地同级人民检察院受理。

④ 《民事诉讼监督规则》

第三十一条 当事人认为人民检察院不依法受理其监督申请的，可以向上一级人民检察院申请监督。上一级人民检察院认为当事人监督申请符合受理条件的，应当指令下一级人民检察院受理，必要时也可以直接受理。

事人对法院作出的生效民事判决、裁定、调解书申请监督的，由作出生效民事判决、裁定、调解书的法院所在地同级检察院负责控告申诉检察的部门受理。当事人认为检察院不依法受理其监督申请的，可以向上一级检察院申请监督。上一级检察院认为当事人监督申请符合受理条件的，应当指令下一级检察院受理，必要时也可以直接受理。

需要注意的是，对于前述《民事诉讼监督规则》第二十九条第二款的内容应当如何理解，司法实践中，较多的情形是当事人在法院驳回再审申请后向检察院申请监督，且驳回再审申请的裁定多是由上级法院作出，这类案件存在原生效裁判和驳回再审申请两个法律文书，但驳回再审申请裁定本身并不是对案件作出的实体裁判，确定当事人权利义务的仍然是原生效裁判。因此，当事人不应向作出驳回再审申请裁定的上级法院的同级检察院申请监督，而应当向作出原生效裁判的法院的同级检察院申请监督。

二、申请检察监督的受理

（一）受理审查

根据《民事诉讼监督规则》第三十二条①的规定，对于当事人的监督申请，检察院负责控告申诉检察的部门进行是否受理监督的审查，并根据审查结果作出不同处理：（一）符合受理条件的，应当依照本规则规定作出受理决定；（二）不属于本院受理案件范围的，应当告知申请人向有关人民检察院申请监督；（三）不属于人民检察院主管范围的，应当告知申请人向有关机关反映；（四）不符合受理条件，且申请人不撤回监督申请的，可以决定不予受理。

---

① 《民事诉讼监督规则》
第三十二条　人民检察院负责控告申诉检察的部门对监督申请，应当根据以下情形作出处理：
（一）符合受理条件的，应当依照本规则规定作出受理决定；
（二）不属于本院受理案件范围的，应当告知申请人向有关人民检察院申请监督；
（三）不属于人民检察院主管范围的，应当告知申请人向有关机关反映；
（四）不符合受理条件，且申请人不撤回监督申请的，可以决定不予受理。

（二）受理期限

根据《民事诉讼监督规则》第三十三条①的规定，负责控告申诉检察的部门应当在决定受理之日起三日内制作《受理通知书》发送申请人，同时将《受理通知书》和监督申请书副本发送给其他当事人，并告知各方其权利义务。需要注意的是，该条规定的起算时间，是检察院决定受理监督申请的时间，而非检察院收到当事人检察监督申请的时间。对于检察院在收到当事人检察监督申请后作出是否受理决定的时间期限，《民事诉讼监督规则》并无明确规定。

（三）不予受理的情形

《民事诉讼监督规则》第二十七条规定了检察院不予受理当事人申请监督的九种情形，包括：（一）当事人未向人民法院申请再审的；（二）当事人申请再审超过法律规定的期限的，但不可归责于其自身原因的除外；（三）人民法院在法定期限内正在对民事再审申请进行审查的；（四）人民法院已经裁定再审且尚未审结的；（五）判决、调解解除婚姻关系的，但对财产分割部分不服的除外；（六）人民检察院已经审查终结作出决定的；（七）民事判决、裁定、调解书是人民法院根据人民检察院的抗诉或者再审检察建议再审后作出的；（八）申请监督超过本规则第二十条规定的期限的；（九）其他不应受理的情形。

根据该条规定，我们需要注意的是，当事人不服法院作出的生效裁判，应当先向法院申请再审，只有在前述法院驳回再审申请、逾期未对再审申请作出裁定或再审裁判明显错误这三种情形下，当事人才能向检察院申请监督，当事人未向法院申请再审而直接向检察院申请监督的，检察院不予受理。

---

① 《民事诉讼监督规则》

第三十三条　负责控告申诉检察的部门应当在决定受理之日起三日内制作《受理通知书》，发送申请人，并告知其权利义务；同时将《受理通知书》和监督申请书副本发送其他当事人，并告知其权利义务。其他当事人可以在收到监督申请书副本之日起十五日内提出书面意见，不提出意见的不影响人民检察院对案件的审查。

（四）受理后的管辖变更

根据《民事诉讼监督规则》第四十一条①、第四十二条②的规定，上级检察院认为确有必要的，可以办理下级检察院受理的民事诉讼监督案件；下级检察院对受理的民事诉讼监督案件，认为需要由上级检察院办理的，可以报请上级检察院办理；上级检察院可以将受理的民事诉讼监督案件交由下级检察院办理，并限定办理期限。

三、审查主体

（一）审查部门

根据《民事诉讼监督规则》第四十条③的规定，受理后的民事诉讼监督案件由检察院负责民事检察的部门进行审查。

（二）审查人员

根据《民事诉讼监督规则》第七条④的规定，检察院办理民事诉讼监督案件，根据案件情况可以由一名检察官独任办理，也可以由两名以上检察官组成办案组办理，并由检察长指定一名检察官担任主办检察官。检察官办理案件可以根据需要配备检察官助理、书记员、司法警察、检察技术

---

① 《民事诉讼监督规则》
第四十一条　上级人民检察院认为确有必要的，可以办理下级人民检察院受理的民事诉讼监督案件。
下级人民检察院对受理的民事诉讼监督案件，认为需要由上级人民检察院办理的，可以报请上级人民检察院办理。
② 《民事诉讼监督规则》
第四十二条　上级人民检察院可以将受理的民事诉讼监督案件交由下级人民检察院办理，并限定办理期限。交办的案件应当制作《交办通知书》，并将有关材料移送下级人民检察院。下级人民检察院应当依法办理，不得将案件再行交办。除本规则第一百零七条规定外，下级人民检察院应当在规定期限内提出处理意见并报送上级人民检察院，上级人民检察院应当在法定期限内作出决定。
交办案件需要通知当事人的，应当制作《通知书》，并发送当事人。
③ 《民事诉讼监督规则》
第四十条　受理后的民事诉讼监督案件由负责民事检察的部门进行审查。
④ 《民事诉讼监督规则》
第七条　人民检察院办理民事诉讼监督案件，根据案件情况，可以由一名检察官独任办理，也可以由两名以上检察官组成办案组办理。由检察官办案组办理的，检察长应当指定一名检察官担任主办检察官，组织、指挥办案组办理案件。
检察官办理案件，可以根据需要配备检察官助理、书记员、司法警察、检察技术人员等检察辅助人员。检察辅助人员依照有关规定承担相应的检察辅助事务。

人员等检察辅助人员。

四、审查内容与审查标准

(一)审查内容

根据《民事诉讼监督规则》第四十三条①的规定,检察院审查民事诉讼监督案件,除应当围绕申请人的申请监督请求、争议焦点进行审查外,还应当根据《民事诉讼监督规则》第三十七条②所规定的检察院应当依职权启动监督程序的情形,对法院民事诉讼活动是否合法进行全面审查。

(二)审查标准

关于检察院审查当事人申请监督的已发生法律效力的民事判决、裁定、调解书的审查标准,《民事诉讼监督规则》第七十六条③、第七十七

---

① 《民事诉讼监督规则》

第四十三条 人民检察院审查民事诉讼监督案件,应当围绕申请人的申请监督请求、争议焦点以及本规则第三十七条规定的情形,对人民法院民事诉讼活动是否合法进行全面审查。其他当事人在人民检察院作出决定前也申请监督的,应当将其列为申请人,对其申请监督请求一并审查。

② 《民事诉讼监督规则》

第三十七条 人民检察院在履行职责中发现民事案件有下列情形之一的,应当依职权启动监督程序:

(一)损害国家利益或者社会公共利益的;

(二)审判、执行人员有贪污受贿,徇私舞弊,枉法裁判等违法行为的;

(三)当事人存在虚假诉讼等妨害司法秩序行为的;

(四)人民法院作出的已经发生法律效力的民事公益诉讼判决、裁定、调解书确有错误,审判程序中审判人员存在违法行为,或者执行活动存在违法情形的;

(五)依照有关规定需要人民检察院跟进监督的;

(六)具有重大社会影响等确有必要进行监督的情形。

人民检察院对民事案件依职权启动监督程序,不受当事人是否申请再审的限制。

③ 《民事诉讼监督规则》

第七十六条 当事人因故意或者重大过失逾期提供的证据,人民检察院不予采纳。但该证据与案件基本事实有关并且能够证明原判决、裁定确有错误的,应当认定为《中华人民共和国民事诉讼法》第二百条第一项规定的情形。

人民检察院依照本规则第六十三条、第六十四条规定调查取得的证据,与案件基本事实有关并且能够证明原判决、裁定确有错误的,应当认定为《中华人民共和国民事诉讼法》第二百条第一项规定的情形。

条①、第七十八条②、第七十九条③、第八十条④分别规定了应当认定为现

---

① 《民事诉讼监督规则》

第七十七条　有下列情形之一的，应当认定为《中华人民共和国民事诉讼法》第二百条第二项规定的"认定的基本事实缺乏证据证明"：

（一）认定的基本事实没有证据支持，或者认定的基本事实所依据的证据虚假、缺乏证明力的；

（二）认定的基本事实所依据的证据不合法的；

（三）对基本事实的认定违反逻辑推理或者日常生活法则的；

（四）认定的基本事实缺乏证据证明的其他情形。

② 《民事诉讼监督规则》

第七十八条　有下列情形之一，导致原判决、裁定结果错误的，应当认定为《中华人民共和国民事诉讼法》第二百条第六项规定的"适用法律确有错误"：

（一）适用的法律与案件性质明显不符的；

（二）确定民事责任明显违背当事人约定或者法律规定的；

（三）适用已经失效或者尚未施行的法律的；

（四）违反法律溯及力规定的；

（五）违反法律适用规则的；

（六）明显违背立法原意的；

（七）适用法律错误的其他情形。

③ 《民事诉讼监督规则》

第七十九条　有下列情形之一的，应当认定为《中华人民共和国民事诉讼法》第二百条第七项规定的"审判组织的组成不合法"：

（一）应当组成合议庭审理的案件独任审判的；

（二）人民陪审员参与第二审案件审理的；

（三）再审、发回重审的案件没有另行组成合议庭的；

（四）审理案件的人员不具有审判资格的；

（五）审判组织或者人员不合法的其他情形。

④ 《民事诉讼监督规则》

第八十条　有下列情形之一的，应当认定为《中华人民共和国民事诉讼法》第二百条第九项规定的"违反法律规定，剥夺当事人辩论权利"：

（一）不允许或者严重限制当事人行使辩论权利的；

（二）应当开庭审理而未开庭审理的；

（三）违反法律规定送达起诉状副本或者上诉状副本，致使当事人无法行使辩论权利的；

（四）违法剥夺当事人辩论权利的其他情形。

《民事诉讼法》第二百零七条①第一项"新的证据"、第二项"认定的基本事实缺乏证据证明"、第六项"适用法律确有错误"、第七项"审判组织的组成不合法"、第九项"违反法律规定，剥夺当事人辩论权利"的情形。

五、审查方式

（一）材料审查

根据《民事诉讼监督规则》第四十八条②第二款的规定，承办检察官通过审查监督申请书等材料即可以认定案件事实的，可以直接制作审查终结报告，提出处理建议或者意见。

---

① 《民事诉讼法》（2021 年修正）

第二百零七条　当事人的申请符合下列情形之一的，人民法院应当再审：

（一）有新的证据，足以推翻原判决、裁定的；

（二）原判决、裁定认定的基本事实缺乏证据证明的；

（三）原判决、裁定认定事实的主要证据是伪造的；

（四）原判决、裁定认定事实的主要证据未经质证的；

（五）对审理案件需要的主要证据，当事人因客观原因不能自行收集，书面申请人民法院调查收集，人民法院未调查收集的；

（六）原判决、裁定适用法律确有错误的；

（七）审判组织的组成不合法或者依法应当回避的审判人员没有回避的；

（八）无诉讼行为能力人未经法定代理人代为诉讼或者应当参加诉讼的当事人，因不能归责于本人或者其诉讼代理人的事由，未参加诉讼的；

（九）违反法律规定，剥夺当事人辩论权利的；

（十）未经传票传唤，缺席判决的；

（十一）原判决、裁定遗漏或者超出诉讼请求的；

（十二）据以作出原判决、裁定的法律文书被撤销或者变更的；

（十三）审判人员审理该案件时有贪污受贿，徇私舞弊，枉法裁判行为的。

② 《民事诉讼监督规则》

第四十八条　承办检察官审查终结后，应当制作审查终结报告。审查终结报告应当全面、客观、公正地叙述案件事实，依据法律提出处理建议或者意见。

承办检察官通过审查监督申请书等材料即可以认定案件事实的，可以直接制作审查终结报告，提出处理建议或者意见。

（二）调阅法院卷宗

根据《民事诉讼监督规则》第四十七条①的规定，检察院审查案件，可以依照有关规定调阅法院的诉讼卷宗，确有必要可以依照有关规定调阅法院的诉讼卷宗副卷。

司法实践中，鉴于检察院审查民事监督案件主动向法院调阅卷宗的情形较少，且即便检察院向法院调阅卷宗，亦需要通过相应的流程手续，调阅时间难以估计，如当事人需要将原审诉讼中的相关材料提交检察院审查了解案件事实，在向检察院申请监督之前，建议当事人自行向原审法院阅卷，并将相关材料整理提交。

（三）听取当事人意见

根据《民事诉讼监督规则》第四十六条②的规定，检察院审查案件，应当通过适当方式听取当事人意见。

司法实践中，承办检察官多通过打电话或面谈方式向当事人了解案件情况并听取当事人的意见。为了有效表达申请监督的观点和意见，建议当事人争取与承办检察官当面沟通的机会。

（四）听证

根据《民事诉讼监督规则》第五十四条③的规定，检察院审查民事诉讼监督案件，认为确有必要的，可以组织有关当事人听证，并可以邀请与案件没有利害关系的人大代表、政协委员、人民监督员、特约检察员、专

---

① 《民事诉讼监督规则》

第四十七条　人民检察院审查案件，可以依照有关规定调阅人民法院的诉讼卷宗。

通过拷贝电子卷、查阅、复制、摘录等方式能够满足办案需要的，可以不调阅诉讼卷宗。

人民检察院认为确有必要，可以依照有关规定调阅人民法院的诉讼卷宗副卷，并采取严格保密措施。

② 《民事诉讼监督规则》

第四十六条　人民检察院审查案件，应当通过适当方式听取当事人意见，必要时可以听证或者调查核实有关情况，也可以依照有关规定组织专家咨询论证。

③ 《民事诉讼监督规则》

第五十四条　人民检察院审查民事诉讼监督案件，认为确有必要的，可以组织有关当事人听证。

人民检察院审查民事诉讼监督案件，可以邀请与案件没有利害关系的人大代表、政协委员、人民监督员、特约检察员、专家咨询委员、人民调解员或者当事人所在单位、居住地的居民委员会、村民委员会成员以及专家、学者等其他社会人士参加公开听证，但该民事案件涉及国家秘密、个人隐私或者法律另有规定不得公开的除外。

家咨询委员、人民调解员或者当事人所在单位、居住地的居民委员会、村民委员会成员以及专家、学者等其他社会人士参加公开听证，但该民事案件涉及国家秘密、个人隐私或者法律另有规定不得公开的除外。

但司法实践中，除申请监督案件本身的争议焦点，案件性质和社会影响力等也是承办检察官审查考虑是否具有听证必要性的综合因素，当事人争取听证机会的难度较大。

（五）调查核实

根据《民事诉讼法》第二百一十七条①的规定，检察院因履行法律监督职责提出检察建议或者抗诉的需要，可以向当事人或者案外人调查核实有关情况。《民事诉讼监督规则》第六十二条②对于检察院可以向当事人或者案外人调查核实有关情况的情形作出了具体规定；第六十三条③规定

---

① 《民事诉讼法》（2021 年修正）
第二百一十七条 人民检察院因履行法律监督职责提出检察建议或者抗诉的需要，可以向当事人或者案外人调查核实有关情况。
② 《民事诉讼监督规则》
第六十二条 人民检察院因履行法律监督职责的需要，有下列情形之一的，可以向当事人或者案外人调查核实有关情况：
（一）民事判决、裁定、调解书可能存在法律规定需要监督的情形，仅通过阅卷及审查现有材料难以认定的；
（二）民事审判程序中审判人员可能存在违法行为的；
（三）民事执行活动可能存在违法情形的；
（四）其他需要调查核实的情形。
③ 《民事诉讼监督规则》
第六十三条 人民检察院可以采取以下调查核实措施：
（一）查询、调取、复制相关证据材料；
（二）询问当事人或者案外人；
（三）咨询专业人员、相关部门或者行业协会等对专门问题的意见；
（四）委托鉴定、评估、审计；
（五）勘验物证、现场；
（六）查明案件事实所需要采取的其他措施。
人民检察院调查核实，不得采取限制人身自由和查封、扣押、冻结财产等强制性措施。

了检察院可以采取的具体调查核实措施；第六十四条①规定了检察院可以向银行业金融机构查询、调取、复制相关证据材料的情形。

此外，根据《民事诉讼监督规则》第六十五条②、第六十六条③、第六十七条④的规定，检察院可以就专门性问题书面或者口头咨询有关专业人员、相关部门或者行业协会的意见，可以委托具备资格的机构对专门性问题进行鉴定、评估、审计，可以勘验物证或者现场。

六、审查期限

根据《民事诉讼监督规则》第五十二条⑤第一款的规定，检察院受理当事人申请对法院已经发生法律效力的民事判决、裁定、调解书监督的案

---

① 《民事诉讼监督规则》

第六十四条 有下列情形之一的，人民检察院可以向银行业金融机构查询、调取、复制相关证据材料：

（一）可能损害国家利益、社会公共利益的；

（二）审判、执行人员可能存在违法行为的；

（三）涉及《中华人民共和国民事诉讼法》第五十五条规定诉讼的；

（四）当事人有伪造证据、恶意串通损害他人合法权益可能的。

人民检察院可以依照有关规定指派具备相应资格的检察技术人员对民事诉讼监督案件中的鉴定意见等技术性证据进行专门审查，并出具审查意见。

② 《民事诉讼监督规则》

第六十五条 人民检察院可以就专门性问题书面或者口头咨询有关专业人员、相关部门或者行业协会的意见。口头咨询的，应当制作笔录，由接受咨询的专业人员签名或者盖章。拒绝签名盖章的，应当记明情况。

③ 《民事诉讼监督规则》

第六十六条 人民检察院对专门性问题认为需要鉴定、评估、审计的，可以委托具备资格的机构进行鉴定、评估、审计。

在诉讼过程中已经进行过鉴定、评估、审计的，一般不再委托鉴定、评估、审计。

④ 《民事诉讼监督规则》

第六十七条 人民检察院认为确有必要的，可以勘验物证或者现场。勘验人应当出示人民检察院的证件，并邀请当地基层组织或者当事人所在单位派人参加。当事人或者当事人的成年家属应当到场，拒不到场的，不影响勘验的进行。

勘验人应当将勘验情况和结果制作笔录，由勘验人、当事人和被邀参加人签名或者盖章。

⑤ 《民事诉讼监督规则》

第五十二条 人民检察院受理当事人申请对人民法院已经发生法律效力的民事判决、裁定、调解书监督的案件，应当在三个月内审查终结并作出决定，但调卷、鉴定、评估、审计、专家咨询等期间不计入审查期限。

对民事审判程序中审判人员违法行为监督案件和对民事执行活动监督案件的审查期限，参照前款规定执行。

件，应当在三个月内审查终结并作出决定，但调卷、鉴定、评估、审计、专家咨询等期间不计入审查期限。

七、审查结果

（一）不支持监督申请

根据《民事诉讼监督规则》第八十九条①、第九十三条②的规定，检察院认为当事人的监督申请不符合提出再审检察建议或者提请抗诉条件的，或不符合抗诉条件的，应当作出不支持监督申请的决定，并在决定之日起十五日内制作《不支持监督申请决定书》发送当事人。

（二）提出再审检察建议

《民事诉讼监督规则》第八十一条③规定了地方各级检察院对于同级法院作出的生效判决、裁定，可以向同级法院提出再审检察建议的十一种

---

① 《民事诉讼监督规则》

第八十九条　人民检察院认为当事人的监督申请不符合提出再审检察建议或者提请抗诉条件的，应当作出不支持监督申请的决定，并在决定之日起十五日内制作《不支持监督申请决定书》，发送当事人。

② 《民事诉讼监督规则》

第九十三条　人民检察院认为当事人的监督申请不符合抗诉条件的，应当作出不支持监督申请的决定，并在决定之日起十五日内制作《不支持监督申请决定书》，发送当事人。上级人民检察院可以委托提请抗诉的人民检察院将《不支持监督申请决定书》发送当事人。

③ 《民事诉讼监督规则》

第八十一条　地方各级人民检察院发现同级人民法院已经发生法律效力的民事判决、裁定有下列情形之一的，可以向同级人民法院提出再审检察建议：

（一）有新的证据，足以推翻原判决、裁定的；

（二）原判决、裁定认定的基本事实缺乏证据证明的；

（三）原判决、裁定认定事实的主要证据是伪造的；

（四）原判决、裁定认定事实的主要证据未经质证的；

（五）对审理案件需要的主要证据，当事人因客观原因不能自行收集，书面申请人民法院调查收集，人民法院未调查收集的；

（六）审判组织的组成不合法或者依法应当回避的审判人员没有回避的；

（七）无诉讼行为能力人未经法定代理人代为诉讼或者应当参加诉讼的当事人，因不能归责于本人或者其诉讼代理人的事由，未参加诉讼的；

（八）违反法律规定，剥夺当事人辩论权利的；

（九）未经传票传唤，缺席判决的；

（十）原判决、裁定遗漏或者超出诉讼请求的；

（十一）据以作出原判决、裁定的法律文书被撤销或者变更的。

情形。通过对比《民事诉讼法》第二百零七条①所规定的法院应当裁定再审的十三种情形可以发现，法院应当再审的第六项"原判决、裁定适用法律确有错误的"、第十三项"审判人员审理该案件时有贪污受贿，徇私舞弊，枉法裁判行为的"该两种情形，属于本小节第（三）点所述的检察院一般应当提请上一级检察院抗诉的情形，法院应当再审的其余十一项情形即这里所述的检察院可以向同级法院提出再审检察建议的十一种情形。

检察院提出再审检察建议的，应当经本院检察委员会决定，并报上级检察院备案。此外，应当制作《再审检察建议书》移送同级法院，并制作提出再审检察建议的《通知书》发送当事人。②

关于检察院提出再审检察建议，还需要注意以下几个问题。

第一，检察院提出再审检察建议的对象是作出原生效裁判的同级法院。

---

① 《民事诉讼法》（2021 年修正）

第二百零七条 当事人的申请符合下列情形之一的，人民法院应当再审：

（一）有新的证据，足以推翻原判决、裁定的；

（二）原判决、裁定认定的基本事实缺乏证据证明的；

（三）原判决、裁定认定事实的主要证据是伪造的；

（四）原判决、裁定认定事实的主要证据未经质证的；

（五）对审理案件需要的主要证据，当事人因客观原因不能自行收集，书面申请人民法院调查收集，人民法院未调查收集的；

（六）原判决、裁定适用法律确有错误的；

（七）审判组织的组成不合法或者依法应当回避的审判人员没有回避的；

（八）无诉讼行为能力人未经法定代理人代为诉讼或者应当参加诉讼的当事人，因不能归责于本人或者其诉讼代理人的事由，未参加诉讼的；

（九）违反法律规定，剥夺当事人辩论权利的；

（十）未经传票传唤，缺席判决的；

（十一）原判决、裁定遗漏或者超出诉讼请求的；

（十二）据以作出原判决、裁定的法律文书被撤销或者变更的；

（十三）审判人员审理该案件时有贪污受贿，徇私舞弊，枉法裁判行为的。

② 《民事诉讼监督规则》

第八十七条 人民检察院提出再审检察建议，应当制作《再审检察建议书》，在决定提出再审检察建议之日起十五日内将《再审检察建议书》连同案件卷宗移送同级人民法院，并制作决定提出再审检察建议的《通知书》，发送当事人。

人民检察院提出再审检察建议，应当经本院检察委员会决定，并将《再审检察建议书》报上一级人民检察院备案。

第二，根据《民事诉讼法司法解释》第四百一十七条①的规定，法院收到再审检察建议后，应当组成合议庭进行审查并决定是否再审，即同级法院对于同级检察院提出的再审检察建议具有审查决定的权利，是"可以"再审而非"应当"再审。

第三，符合本小节第（三）点所述的检察院应当提请上一级检察院抗诉的情形，适宜由同级法院再审纠正的，地方各级检察院也可以向同级法院提出再审检察建议。②

（三）提请抗诉

《民事诉讼监督规则》第八十二条、第八十三条分别规定了对地方各级检察院对于同级法院已经发生法律效力的民事判决、裁定，应当提请上一级检察院抗诉的情形。

第一，根据《民事诉讼监督规则》第八十二条③的规定，符合本小节第（二）点所述的《民事诉讼监督规则》第八十一条规定的案件，且具有（一）判决、裁定是经同级人民法院再审后作出的；（二）判决、裁定是经同级人民法院审判委员会讨论作出的情形之一的，地方各级检察院一般应当提请上一级检察院抗诉。

---

① 《民事诉讼法司法解释》（2022年修正）
第四百一十七条　人民法院收到再审检察建议后，应当组成合议庭，在三个月内进行审查，发现原判决、裁定、调解书确有错误，需要再审的，依照民事诉讼法第二百零五条规定裁定再审，并通知当事人；经审查，决定不予再审的，应当书面回复人民检察院。
② 《民事诉讼监督规则》
第八十四条　符合本规则第八十二条、第八十三条规定的案件，适宜由同级人民法院再审纠正的，地方各级人民检察院可以向同级人民法院提出再审检察建议。
③ 《民事诉讼监督规则》
第八十二条　符合本规则第八十一条规定的案件有下列情形之一的，地方各级人民检察院一般应当提请上一级人民检察院抗诉：
（一）判决、裁定是经同级人民法院再审后作出的；
（二）判决、裁定是经同级人民法院审判委员会讨论作出的。

第二，根据《民事诉讼监督规则》第八十三条①的规定，同级法院作出的生效裁判具有（一）原判决、裁定适用法律确有错误的；（二）审判人员在审理该案件时有贪污受贿，徇私舞弊，枉法裁判行为的情形，地方各级检察院一般应当提请上一级检察院抗诉。

也就是说，检察院审查发现同级法院作出的生效判决、裁定存在上述情形需要抗诉的，不能直接向同级法院提出抗诉，而是一般应当向上级检察院提请抗诉。但对于法院已经采纳再审检察建议进行再审的案件，提出再审检察建议的检察院一般不得再向上级检察院提请抗诉。②

检察院提请抗诉，应当制作《提请抗诉报告书》报上一级检察院，并制作决定提请抗诉的《通知书》发送当事人。③

（四）提出抗诉

根据《民事诉讼监督规则》第九十条④的规定，最高人民检察院对各级法院已经发生法律效力的民事判决、裁定、调解书，上级检察院对下级法院已经发生法律效力的民事判决、裁定、调解书，发现有《民事诉讼

---

① 《民事诉讼监督规则》

第八十三条　地方各级人民检察院发现同级人民法院已经发生法律效力的民事判决、裁定有下列情形之一的，一般应当提请上一级人民检察院抗诉：

（一）原判决、裁定适用法律确有错误的；

（二）审判人员在审理该案件时有贪污受贿，徇私舞弊，枉法裁判行为的。

② 《民事诉讼监督规则》

第八十六条　对人民法院已经采纳再审检察建议进行再审的案件，提出再审检察建议的人民检察院一般不得再向上级人民检察院提请抗诉。

③ 《民事诉讼监督规则》

第八十八条　人民检察院提请抗诉，应当制作《提请抗诉报告书》，在决定提请抗诉之日起十五日内将《提请抗诉报告书》连同案件卷宗报送上一级人民检察院，并制作决定提请抗诉的《通知书》，发送当事人。

④ 《民事诉讼监督规则》

第九十条　最高人民检察院对各级人民法院已经发生法律效力的民事判决、裁定、调解书，上级人民检察院对下级人民法院已经发生法律效力的民事判决、裁定、调解书，发现有《中华人民共和国民事诉讼法》第二百条、第二百零八条规定情形的，应当向同级人民法院提出抗诉。

法》第二百条（现第二百零七条①）、第二百零八条（现第二百一十五条②）规定情形的，应当向同级法院提出抗诉。

上级检察院或最高人民检察院提出抗诉，应当制作《抗诉书》移送同级法院，由接受抗诉的法院向当事人送达再审裁定时一并送达《抗诉书》，同时检察院还应当制作决定抗诉的《通知书》发送当事人。③

关于检察院提出抗诉，需要注意以下几个问题。

第一，除最高人民检察院对各级法院作出的生效判决、裁定可以直接提出抗诉外，其他各级检察院向法院提出抗诉，是"上对下，同级抗"

---

① 《民事诉讼法》（2021年修正）

第二百零七条 当事人的申请符合下列情形之一的，人民法院应当再审：

（一）有新的证据，足以推翻原判决、裁定的；

（二）原判决、裁定认定的基本事实缺乏证据证明的；

（三）原判决、裁定认定事实的主要证据是伪造的；

（四）原判决、裁定认定事实的主要证据未经质证的；

（五）对审理案件需要的主要证据，当事人因客观原因不能自行收集，书面申请人民法院调查收集，人民法院未调查收集的；

（六）原判决、裁定适用法律确有错误的；

（七）审判组织的组成不合法或者依法应当回避的审判人员没有回避的；

（八）无诉讼行为能力人未经法定代理人代为诉讼或者应当参加诉讼的当事人，因不能归责于本人或者其诉讼代理人的事由，未参加诉讼的；

（九）违反法律规定，剥夺当事人辩论权利的；

（十）未经传票传唤，缺席判决的；

（十一）原判决、裁定遗漏或者超出诉讼请求的；

（十二）据以作出原判决、裁定的法律文书被撤销或者变更的；

（十三）审判人员审理该案件时有贪污受贿，徇私舞弊，枉法裁判行为的。

② 《民事诉讼法》（2021年修正）

第二百一十五条 最高人民检察院对各级人民法院已经发生法律效力的判决、裁定，上级人民检察院对下级人民法院已经发生法律效力的判决、裁定，发现有本法第二百零七条规定情形之一的，或者发现调解书损害国家利益、社会公共利益的，应当提出抗诉。

地方各级人民检察院对同级人民法院已经发生法律效力的判决、裁定，发现有本法第二百零七条规定情形之一的，或者发现调解书损害国家利益、社会公共利益的，可以向同级人民法院提出检察建议，并报上级人民检察院备案；也可以提请上级人民检察院向同级人民法院提出抗诉。

各级人民检察院对审判监督程序以外的其他审判程序中审判人员的违法行为，有权向同级人民法院提出检察建议。

③ 《民事诉讼监督规则》

第九十二条 人民检察院提出抗诉，应当制作《抗诉书》，在决定抗诉之日起十五日内将《抗诉书》连同案件卷宗移送同级人民法院，并由接受抗诉的人民法院向当事人送达再审裁定时一并送达《抗诉书》。

人民检察院应当制作决定抗诉的《通知书》，发送当事人。上级人民检察院可以委托提请抗诉的人民检察院将决定抗诉的《通知书》发送当事人。

（上级检察院对下级法院作出的生效判决、裁定、调解书，向同级法院提出抗诉）。

第二，根据《民事诉讼法》第二百一十八条的规定①，对于检察院提出抗诉的案件，法院应当再审，且应当在收到抗诉书之日起三十日内作出再审的裁定。

第三，根据《民事诉讼监督规则》第九十一条②的规定，接受抗诉的法院将案件交下一级法院再审，下一级法院审理后作出的再审判决、裁定仍有明显错误的，原提出抗诉的检察院可以依职权再次提出抗诉。

第四，根据《民事诉讼法》第二百二十条③、《民事诉讼法司法解释》第四百一十九条④、《民事诉讼监督规则》第九十四条⑤的规定，对于检察院提出抗诉的案件，法院再审时，检察院应当派员出席法庭。

---

① 《民事诉讼法》（2021 年修正）

第二百一十八条　人民检察院提出抗诉的案件，接受抗诉的人民法院应当自收到抗诉书之日起三十日内作出再审的裁定；有本法第二百零七条第一项至第五项规定情形之一的，可以交下一级人民法院再审，但经该下一级人民法院再审的除外。

② 《民事诉讼监督规则》

第九十一条　人民检察院提出抗诉的案件，接受抗诉的人民法院将案件交下一级人民法院再审，下一级人民法院审理后作出的再审判决、裁定仍有明显错误的，原提出抗诉的人民检察院可以依职权再次提出抗诉。

③ 《民事诉讼法》（2021 年修正）

第二百二十条　人民检察院提出抗诉的案件，人民法院再审时，应当通知人民检察院派员出席法庭。

④ 《民事诉讼法司法解释》（2022 年修正）

第四百一十九条　人民法院开庭审理抗诉案件，应当在开庭三日前通知人民检察院、当事人和其他诉讼参与人。同级人民检察院或者提出抗诉的人民检察院应当派员出庭。

人民检察院因履行法律监督职责向当事人或者案外人调查核实的情况，应当向法庭提交并予以说明，由双方当事人进行质证。

⑤ 《民事诉讼监督规则》

第九十四条　人民检察院提出抗诉的案件，人民法院再审时，人民检察院应当派员出席法庭。

必要时，人民检察院可以协调人民法院安排人民监督员旁听。

（五）中止审查

在审查案件过程中，出现《民事诉讼监督规则》第七十二条①规定情形之一的，检察院可以中止审查，并应当制作《中止审查决定书》发送当事人。中止审查的原因消除后，应当及时恢复审查。

（六）终结审查

在审查案件过程中，出现《民事诉讼监督规则》第七十三条②规定的应当终结审查的情形，检察院应当制作《终结审查决定书》，需要通知当事人的，发送当事人。

---

① 《民事诉讼监督规则》

第七十二条　有下列情形之一的，人民检察院可以中止审查：

（一）申请监督的自然人死亡，需要等待继承人表明是否继续申请监督的；

（二）申请监督的法人或者非法人组织终止，尚未确定权利义务承受人的；

（三）本案必须以另一案的处理结果为依据，而另一案尚未审结的；

（四）其他可以中止审查的情形。

中止审查的，应当制作《中止审查决定书》，并发送当事人。中止审查的原因消除后，应当及时恢复审查。

② 《民事诉讼监督规则》

第七十三条　有下列情形之一的，人民检察院应当终结审查：

（一）人民法院已经裁定再审或者已经纠正违法行为的；

（二）申请人撤回监督申请，且不损害国家利益、社会公共利益或者他人合法权益的；

（三）申请人在与其他当事人达成的和解协议中声明放弃申请监督权利，且不损害国家利益、社会公共利益或者他人合法权益的；

（四）申请监督的自然人死亡，没有继承人或者继承人放弃申请，且没有发现其他应当监督的违法情形的；

（五）申请监督的法人或者非法人组织终止，没有权利义务承受人或者权利义务承受人放弃申请，且没有发现其他应当监督的违法情形的；

（六）发现已经受理的案件不符合受理条件的；

（七）人民检察院依职权启动监督程序的案件，经审查不需要采取监督措施的；

（八）其他应当终结审查的情形。

终结审查的，应当制作《终结审查决定书》，需要通知当事人的，发送当事人。

八、检察监督复查

《民事诉讼监督规则》第一百二十六条①规定了检察监督复查制度，即当事人对于检察院作出的不支持监督申请决定存在明显错误的，可以在不支持监督申请决定作出之日起一年内向上一级检察院申请复查一次。

需要注意的是，该条对于当事人申请复查一年时间期限的起算时间是"不支持监督申请决定作出之日"，而非"当事人收到不支持监督申请决定之日"。司法实践中，如检察院作出不支持监督申请决定但未及时向当事人送达，可能导致当事人错过申请复查的一年时间期限。建议当事人在申请检察监督后，跟进了解审查进展，要求检察院及时送达审查结果的相应文书。然而，从立法的统一性来看，该条规定当事人申请复查时间期限的起算时间为"不支持监督申请决定作出之日"，有违《民事诉讼法》关于裁判文书的送达及生效相关规定，实际上并未合法、有效保护当事人申请复查的权利，建议予以修正。

---

① 《民事诉讼监督规则》

第一百二十六条 当事人认为人民检察院对同级人民法院已经发生法律效力的民事判决、裁定、调解书作出的不支持监督申请决定存在明显错误的，可以在不支持监督申请决定作出之日起一年内向上一级人民检察院申请复查一次。负责控告申诉检察的部门经初核，发现可能有以下情形之一的，可以移送本院负责民事检察的部门审查处理：

（一）有新的证据，足以推翻原判决、裁定的；

（二）有证据证明原判决、裁定认定事实的主要证据是伪造的；

（三）据以作出原判决、裁定的法律文书被撤销或者变更的；

（四）有证据证明审判人员审理该案件时有贪污受贿，徇私舞弊，枉法裁判等行为的；

（五）有证据证明检察人员办理该案件时有贪污受贿，徇私舞弊，滥用职权等行为的；

（六）其他确有必要进行复查的。

负责民事检察的部门审查后，认为下一级人民检察院不支持监督申请决定错误，应当以人民检察院的名义予以撤销并依法提出抗诉；认为不存在错误，应当决定复查维持，并制作《复查决定书》，发送申请人。

上级人民检察院可以依职权复查下级人民检察院对同级人民法院已经发生法律效力的民事判决、裁定、调解书作出不支持监督申请决定的案件。

对复查案件的审查期限，参照本规则第五十二条第一款规定执行。

第二节　民事检察监督申请书及材料的准备

根据《民事诉讼监督规则》第二十一条[①]的规定，当事人申请民事检察监督，应当提交监督申请书、身份证明、相关法律文书及证据材料。提交证据材料的，应当附证据清单。本节仅以当事人对裁判文书不服这一情形，阐述申请民事检察监督文书及材料的准备。

一、检察监督申请书

（一）标题

当事人申请民事检察监督的目的是希望人民检察院针对确有错误的裁判文书以检察院的名义提起抗诉，使案件能够再次进入诉讼程序进而得以纠正错误的裁判结果。因此，在司法实践中，当事人向检察院提交文书多为"申诉书""抗诉申请书""检察建议申请书"等，但《民事诉讼监督规则》第二十一条明确规定当事人申请民事检察监督应提交"监督申请书"。如前文所述，检察院审查此类案件主要采取书面审理的方式，故"监督申请书"是作为进入民事检察监督程序最为重要的材料之一，其标题应符合规范要求。

（二）首部

监督申请书的首部应列明申请人、其他当事人的基本情况，如有委托诉讼代理人的，应在当事人之后另起一行写明委托诉讼代理人基本信息。

需要注意的是，第一，根据《民事诉讼监督规则》第二十二条第一

---

① 《民事诉讼监督规则》

第二十一条　当事人向人民检察院申请监督，应当提交监督申请书、身份证明、相关法律文书及证据材料。提交证据材料的，应当附证据清单。

申请监督材料不齐备的，人民检察院应当要求申请人限期补齐，并一次性明确告知应补齐的全部材料。申请人逾期未补齐的，视为撤回监督申请。

款第二项①的规定，与再审申请书要求列明申请人、被申请人、原审其他当事人不同的是，监督申请书要求列明的是申请人和其他当事人。但鉴于司法实践中部分案件当事人人数众多、诉讼地位各有不同，为反映监督申请的相对方和当事人在原审中的诉讼地位，建议检察监督申请书仍然可以分别列明申请人、被申请人、其他当事人。

第二，申请人或其他当事人为个人的，应当写明姓名、性别、年龄、民族、职业、工作单位、住所、有效联系方式。申请人或其他当事人为法人或其他组织的，应当写明名称、住所、法定代表人或者主要负责人的姓名、职务及有效联系方式。其中，有效联系方式是指人民检察院能够有效送达申请人及各方当事人的联系方式。

第三，虽然《民事诉讼监督规则》没有明确规定，但我们建议，在申请人和其他当事人后面用括号列明其在原审中的诉讼地位，如"申请人（一审原告、二审上诉人、再审申请人）"。

（三）监督请求

如前文所述，检察院受理监督申请的范围仅限以下三种：一是人民法院驳回再审申请的。二是人民法院逾期未对再审申请作出裁定的。三是再审判决、裁定有明显错误的。因此在陈述具体监督请求之前应阐明申请人已于何时向具体哪一个法院申请过再审，以及该法院已经作出的处理结果，即明确提出请求检察院监督的对象。

监督请求应当准确陈述申请人期望检察机关对案件作出的最终处理意见，如请求对原审案件提起抗诉等。虽然检察院会根据案件情况审查决定

---

① 《民事诉讼监督规则》
第二十二条 本规则第二十一条规定的监督申请书应当记明下列事项：
（一）申请人的姓名、性别、年龄、民族、职业、工作单位、住所、有效联系方式，法人或者非法人组织的名称、住所和法定代表人或者主要负责人的姓名、职务、有效联系方式；
（二）其他当事人的姓名、性别、工作单位、住所、有效联系方式等信息，法人或者非法人组织的名称、住所、负责人、有效联系方式等信息；
（三）申请监督请求；
（四）申请监督的具体法定情形及事实、理由。
申请人应当按照其他当事人的人数提交监督申请书副本。

采取何种监督方式，但申请人的监督请求应当明确清晰，以便于案件的具体审查。

此外，检察监督的主旨在于程序性提起再审，而并非代替法院行使审判权，故检察监督请求应当是请求检察院抗诉、发出再审检察建议，而不能将实体性请求如诉讼请求等进行罗列。

（四）事实与理由

客观而言，一个案件经过多次审理、审查仍然存在明显错误的概率极低，大多数情形下，检察院在受理检察监督申请时难免存在生效裁判"可能没有错误"的倾向性意见。故检察院在收到监督申请时，首先会查阅监督申请书中的事实和理由是否足够充分，进而考虑是否对全案事实进行进一步审查。即使认为需要进一步审查的，如前文所述，通常也采用书面审查的方式，可以说监督申请书是申请人最重要的表达观点的机会。因此，在监督申请书中阐述事实与理由时须紧紧围绕《民事诉讼法》第二百零七条①的规定，结合原审错误问题以及前文所述检察院的审查标准进行有针对性的阐述，即重点阐述案件中存在的法定应当予以监督的情形和理由。也因此，申请人不宜在监督申请书中赘述与案件争议不相关的事实，宣泄情绪，发表攻击性言论。

---

① 《民事诉讼法》（2021 年修正）

第二百零七条　当事人的申请符合下列情形之一的，人民法院应当再审：

（一）有新的证据，足以推翻原判决、裁定的；

（二）原判决、裁定认定的基本事实缺乏证据证明的；

（三）原判决、裁定认定事实的主要证据是伪造的；

（四）原判决、裁定认定事实的主要证据未经质证的；

（五）对审理案件需要的主要证据，当事人因客观原因不能自行收集，书面申请人民法院调查收集，人民法院未调查收集的；

（六）原判决、裁定适用法律确有错误的；

（七）审判组织的组成不合法或者依法应当回避的审判人员没有回避的；

（八）无诉讼行为能力人未经法定代理人代为诉讼或者应当参加诉讼的当事人，因不能归责于本人或者其诉讼代理人的事由，未参加诉讼的；

（九）违反法律规定，剥夺当事人辩论权利的；

（十）未经传票传唤，缺席判决的；

（十一）原判决、裁定遗漏或者超出诉讼请求的；

（十二）据以作出原判决、裁定的法律文书被撤销或者变更的；

（十三）审判人员审理该案件时有贪污受贿，徇私舞弊，枉法裁判行为的。

（五）尾部

监督申请书系申请人真实的意思表示，应由本人签名并捺印（申请人为法人或其他组织的，加盖单位印章），并注明日期。根据《民事诉讼监督规则》第二十二条①第二款的规定，申请人应当按照其他当事人的人数提交监督申请书副本，因此监督申请书的份数建议按照"1+N"份准备，"N"即其他当事人人数。

二、申请人及其他当事人的身份证明

申请人及其他当事人为自然人的，提交居民身份证、护照等复印件；申请人及其他当事人为法人的，提交营业执照副本复印件、法定代表人（负责人）身份证明及其身份信息；申请人及其他当事人为其他非法人组织的，提交相应的身份证明材料。

三、相关法律文书

申请人应当向检察院提供人民法院在该案件诉讼过程中作出的全部判决书、裁定书、决定书、调解书等与原件核验无误的法律文书复印件一套。检察院与法院系两个不同的系统，即便检察官办案也须依职权向人民法院申请调卷。为了使民事监督案件顺利进行，如果案件所涉关联案件较多，建议在准备申请监督材料时提供监督申请书中提到的所有法律文书，既便于控告申诉检察②部门受理案件，又便于检察官办理案件。

---

① 《民事诉讼监督规则》

第二十二条　本规则第二十一条规定的监督申请书应当记明下列事项：

（一）申请人的姓名、性别、年龄、民族、职业、工作单位、住所、有效联系方式，法人或者非法人组织的名称、住所和法定代表人或者主要负责人的姓名、职务、有效联系方式；

（二）其他当事人的姓名、性别、工作单位、住所、有效联系方式等信息，法人或者非法人组织的名称、住所、负责人、有效联系方式等信息；

（三）申请监督请求；

（四）申请监督的具体法定情形及事实、理由。

申请人应当按照其他当事人的人数提交监督申请书副本。

② 该部门各检察院设置名称不统一，最高人民检察院为控告申诉检察厅；四川省检察院为控告申诉信访检察部；其他省检察院大多只叫第几检察部而无具体名称。

四、证据及其他材料

如前文所述，为便于检察官办理案件时了解案件全貌，建议将提交的证据材料分为两个部分：第一部分，紧紧围绕申请监督的事实与理由提交相关证据材料一套，并附证据清单，证据清单应将证据编号、标明证据名称、说明证据来源、写明证明目的及页数。如有新证据的，准备新证据的份数可以按照提交监督申请书的份数准备。第二部分，准备原审卷宗材料复印件一套，实践中，部分检察院要求提供一审、二审、再审法院审判卷宗的所有材料复印件，包括：起诉状、答辩状、上诉状、再审申请书、代理意见、庭审笔录、听证笔录、调查笔录、双方当事人在庭审中提交的证明自己主张的全部证据材料等，① 以便于检察官在审查案件时了解具体案情。

---

① 烟台市莱山区人民检察院：《申请民事、行政监督所需材料的规定》，http：//jcy. yantai. gov. cn/art/2020/11/16/art_ 33754_ 2871487. html，最后访问时间：2023 年 5 月 21 日。

第七章

常见争议事项的解决

第一节　对于一审裁判未上诉而生效的
案件能否申请再审

　　司法实践中，当事人由于主观或客观原因对一审裁判未提起上诉的情形并不少见，主观原因如出于节省诉讼费用及诉讼成本的考虑、"不打二审，打再审"的诉讼思路等，客观原因如缺乏诉讼程序的专业法律知识、非自身原因错过上诉期、无力负担高额的上诉费用等。那么，对于一审裁判未上诉而生效的案件，当事人是否可以申请再审？

　　对于这一问题，最高人民法院民事审判第二庭第 13 次法官会议纪要意见认为，两审终审制是我国民事诉讼的基本制度。当事人如认为一审裁判错误的，应当提起上诉，通过二审程序行使诉讼权利。再审程序是特别救济程序，对于无正当理由未提起上诉的当事人，一般不应再为其提供特殊的救济机制，对其再审申请人民法院应不予受理，受理后发现该情形的，裁定驳回再审申请。比如，最高人民法院作出的（2016）最高法民申2505 号民事裁定、（2017）最高法民申 2483 号民事裁定，均以前述理由驳回当事人的再审申请。

　　虽然最高人民法院此前的裁判观点对于当事人是否能够对未提起上诉的一审裁判申请再审持否定态度，地方各级法院对于此类案件的审查也倾向于参考最高人民法院的裁判观点裁定驳回当事人的再审申请。但需要指出的是，我们曾经在 2020 年代理一起当事人就四川高院作出的一审生效判决向最高人民法院申请再审的案件，最高人民法院依法受理该案，并在再审审查中对当事人申请再审的事由进行了审查。对于当事人系对一审生效判决申请再审的问题，承办法官认为，如本案经审查裁定再审，当事人应当按不服原审判决部分的再审请求数额交纳案件受理费（后该案双方在再审审查中达成调解，当事人撤回再审申请）。并且，我们认为，根据现行有效的法律、法规的相关规定，当事人对于一审生效裁判申请再审的，法院应当依法予以受理并对当事人申请再审的事由进行审查，主要理由如下。

其一，《民事诉讼法》及司法解释并未禁止当事人对一审生效裁判申请再审。《民事诉讼法》第二百零六条①规定"当事人对已经发生法律效力的判决、裁定，认为有错误的，可以向上一级人民法院申请再审"，并未明确规定"生效判决、裁定"是指一审生效还是二审生效，不能据此得出只能对二审生效裁判申请再审的结论。同时，《民事诉讼法》第二百一十四条②对于法院裁定再审的案件，"发生法律效力的判决、裁定是由第一审法院作出"和"发生法律效力的判决、裁定是由第二审法院作出"的情形，再审法院应当按照什么样的程序进行审理，以及对再审法院审理作出的判决、裁定能否上诉作出了具体规定，也能说明法院再审的案件包括当事人对一审生效裁判申请再审的案件。

其二，最高人民法院《第一次全国民事再审审查工作会议纪要》第六条③明确指出，当事人对地方各级法院作出的已经发生法律效力的一审、二审民事判决、裁定、调解书，向上一级法院申请再审的，上一级法院应当受理。

---

① 《民事诉讼法》（2021 年修正）

第二百零六条　当事人对已经发生法律效力的判决、裁定，认为有错误的，可以向上一级人民法院申请再审；当事人一方人数众多或者当事人双方为公民的案件，也可以向原审人民法院申请再审。当事人申请再审的，不停止判决、裁定的执行。

② 《民事诉讼法》（2021 年修正）

第二百一十四条　人民法院按照审判监督程序再审的案件，发生法律效力的判决、裁定是由第一审法院作出的，按照第一审程序审理，所作的判决、裁定，当事人可以上诉；发生法律效力的判决、裁定是由第二审法院作出的，按照第二审程序审理，所作的判决、裁定，是发生法律效力的判决、裁定；上级人民法院按照审判监督程序提审的，按照第二审程序审理，所作的判决、裁定是发生法律效力的判决、裁定。

人民法院审理再审案件，应当另行组成合议庭。

③ 《第一次全国民事再审审查工作会议纪要》

6. 当事人对地方各级人民法院作出的已经发生法律效力的一审、二审民事判决、裁定、调解书，以及再审改变原审结果的民事判决、裁定、调解书，认为有法定再审事由，向上一级人民法院申请再审的，上一级人民法院应当受理。

当事人对不予受理、管辖权异议、驳回起诉以及按自动撤回上诉处理的裁定不服申请再审的，上一级人民法院应当受理。

其三，根据《诉讼费用交纳办法》第九条①和第十九条②的规定，当事人申请再审一般情形下无须交纳案件受理费，但两种情形下法院经审查裁定再审的案件，当事人应当按照不服原判决部分的再审请求数额交纳案件受理费：一种情形是当事人有新的证据足以推翻原判决、裁定而申请再审，法院经审查决定再审的案件；另一种情形是当事人对一审判决或者裁定未提出上诉，在一审判决、裁定或者调解书发生法律效力后又申请再审，法院经审查决定再审的案件。也就是说，对于当事人未提出上诉的一审判决、裁定，法院裁定再审后，当事人也并不能因为未提出上诉而能够规避依法交纳诉讼费用的义务。

第二节　对于一审裁判未上诉而生效的案件能否申请检察监督

对于一审裁判未上诉而生效的案件能否申请再审在前文已经分析，而对于这一类案件是否可以申请检察监督、通过检察院的抗诉或检察建议得到救济依然值得探讨。

2013 年，最高人民检察院出台的《人民检察院民事诉讼监督规则

---

① 《诉讼费用交纳办法》

第九条　根据民事诉讼法和行政诉讼法规定的审判监督程序审理的案件，当事人不交纳案件受理费。但是，下列情形除外：

（一）当事人有新的证据，足以推翻原判决、裁定，向人民法院申请再审，人民法院经审查决定再审的案件；

（二）当事人对人民法院第一审判决或者裁定未提出上诉，第一审判决、裁定或者调解书发生法律效力后又申请再审，人民法院经审查决定再审的案件。

② 《诉讼费用交纳办法》

第十九条　依照本办法第九条规定需要交纳案件受理费的再审案件，按照不服原判决部分的再审请求数额交纳案件受理费。

（试行）》第三十二条①规定，对法院作出的一审民事判决、裁定，当事人依法可以上诉但未提出上诉，原则上不予受理。但随着司法改革进程的发展以及检察院对民事诉讼案件监督的越发重视，2018 年 9 月 15 日，最高人民检察院发布"高检发研字〔2018〕18 号"特急文件，决定停止执行《人民检察院民事诉讼监督规则（试行）》第三十二条，当事人针对人民法院作出的已经发生法律效力的一审民事判决、裁定提出的监督申请，无论是否提出过上诉，只要符合《民事诉讼法》第二百零九条（现第二百一十六条）规定均应依法受理。因此，最高人民检察院在 2021年出台的《民事诉讼监督规则》中直接取消了这一条款，但这并不代表对于一审裁判未上诉而生效的案件便一定属于检察院民事监督的受理范围。

　　需要特别说明的是，根据《民事诉讼监督规则》第十九条②的规定，对于案件是否属于检察院的检察监督范围，重点是以当事人是否已经向法院申请过再审作为受理条件，因此对于一审裁判未上诉而生效的案件，当事人依然无法越过向法院申请再审这一前置程序而直接向检察院申请监督（检察院依职权启动监督程序的除外）。而司法实践中容易引发争议的是

---

①　《人民检察院民事诉讼监督规则（试行）》（现已失效）

第三十二条　对人民法院作出的一审民事判决、裁定，当事人依法可以上诉但未提出上诉，而依照《中华人民共和国民事诉讼法》第二百零九条第一款第一项、第二项的规定向人民检察院申请监督的，人民检察院不予受理，但有下列情形之一的除外：

（一）据以作出原判决、裁定的法律文书被撤销或者变更的；

（二）审判人员有贪污受贿、徇私舞弊、枉法裁判等严重违法行为的；

（三）人民法院送达法律文书违反法律规定，影响当事人行使上诉权的；

（四）当事人因自然灾害等不可抗力无法行使上诉权的；

（五）当事人因人身自由被剥夺、限制，或者因严重疾病等客观原因不能行使上诉权的；

（六）有证据证明他人以暴力、胁迫、欺诈等方式阻止当事人行使上诉权的；

（七）因其他不可归责于当事人的原因没有提出上诉的。

②　《民事诉讼监督规则》

第十九条　有下列情形之一的，当事人可以向人民检察院申请监督：

（一）已经发生法律效力的民事判决、裁定、调解书符合《中华人民共和国民事诉讼法》第二百零九条（现第二百一十六条）第一款规定的；

（二）认为民事审判程序中审判人员存在违法行为的；

（三）认为民事执行活动存在违法情形的。

当事人申请再审虽然已被法院受理，但法院以其未上诉而作为驳回再审申请的理由的，检察院对此类检察监督的申请应当如何处理？我们认为，对未上诉而生效的一审裁判申请再审的案件，只要法院受理了当事人的再审申请，无论因什么理由被法院驳回申请的，当事人均可以向检察院申请检察监督，检察院也应当受理，且根据《民事诉讼监督规则》第四十三条[①]的规定，检察院应当围绕申请人的请求是否成立进行全面审查，不应以一审裁判未上诉而生效作为受理后又不予支持监督申请的理由，否则检察院的监督便有悖《民事诉讼监督规则》的审查规则，失去了有效监督。

第三节　再审程序中是否可以变更请求权基础规范

毋庸置疑，民事诉讼案件当事人需要有确定的诉讼请求，当事人的诉讼请求一经固定则不得随意变更。邹碧华法官认为，法院审理民事案件在固定当事人的诉讼请求之后，紧接着就是确定权利请求基础规范，所谓基础规范，就是指据以支持原告方诉讼请求的法律规范。[②] 例如，当事人诉请合同解除，则法院在审理案件时应当确定其诉请合同解除的事由，如约定解除或法定解除，进而确定所对应的具体法律依据。而本书探讨的是在当事人不变更诉讼请求的基础上，在再审程序中是否可以变更请求权基础规范。

一、当事人无权直接变更请求权基础规范

我们认为，案件请求权基础规范因影响审理案件的法律关系认定、争

---

① 《民事诉讼监督规则》

第四十三条　人民检察院审查民事诉讼监督案件，应当围绕申请人的申请监督请求、争议焦点以及本规则第三十七条规定的情形，对人民法院民事诉讼活动是否合法进行全面审查。其他当事人在人民检察院作出决定前也申请监督的，应当将其列为申请人，对其申请监督请求一并审查。

② 参见邹碧华：《要件审判九步法》，法律出版社 2010 年版，第 27 页。

议焦点归纳等，进而影响法院审理案件的范围和方向以及法律适用。在二审、再审中变更请求权基础规范将直接导致其他当事人因此丧失相应的上诉权、辩论权利、审级利益等。因此，案件请求权基础规范在一审程序中一经固定，原则上在二审、再审程序中便不得随意变更。司法实践中极少发生在再审审查阶段当事人变更请求权基础规范的情况，但在二审阶段时有发生。例如，在最高人民法院审理的（2022）最高法民终53号案件中，由于当事人二审上诉所主张的请求权基础的法律关系与一审诉讼中所主张的完全不同，最高人民法院认为"该事实和法律关系均是一审审理之外的内容，如果一审并不存在严重程序违法，则二审当然不能对一审并未涉及的事实和法律关系进行实体审理"。同样，在四川高院审理的（2021）川民终1219号案件中，针对当事人在二审中将一审中主张的票据法律变更为合同关系的情况，法院则认为"若允许当事人在二审中变更请求权基础，将变相剥夺对方当事人的上诉权，违反法定程序"。前述案例里表述的"请求权基础"和本书中表达的"请求权基础规范"是相对应的，可以说，后者是在前者基础上的具体法律条文表达。从这些司法案例可以看出，在二审程序中变更请求权基础是不被允许的，在再审程序中亦然。

二、当法院查明的基础法律关系和原审不一致时的处理

基础法律关系是适用法律的前提，基础法律关系的确定决定了请求权基础规范的固定。一般来说，在再审审查阶段，法院不涉及主动审查并确认与原审不一致的基础法律关系，但若基础法律关系在原审中本身就是案件的争议焦点，当事人认为原审确认的请求权基础规范有误或并非自己的主张并以此作为申请再审理由的，这种情况应有别于上述当事人在再审审查中直接变更请求权基础规范的情形。此种情况下，我们认为，应根据具体情形分别处理。

根据《民事诉讼证据规定》第五十三条①第一款的规定，当事人主张的法律关系性质与法院作出的认定不一致的，法院应当将此作为焦点问题进行审理，当事人亦可以变更诉讼请求。对于民事诉讼案件，法院应充分尊重当事人的主张并围绕当事人的主张是否成立作出裁判。对于当事人主张的基础法律关系与法院查明的不一致而当事人依然坚持自己主张的，法院应根据当事人主张的基础法律关系是否成立以及其诉讼请求是否应当得到支持作出裁判。因此，在再审审查中当事人继续主张自己坚持的法律关系而认为原审认定错误的，此种情形下法院的审查范围并未超过原审的审理范围，法院应当对当事人的主张是否成立民事再审事由进行审查，构成民事再审事由的，参照在二审程序中法院查明的基础法律关系和一审认定的基础法律关系不一致时的处理方式。我们认为，法院应当裁定再审并发回一审法院审理；而若当事人的主张不构成民事再审事由的，应当裁定驳回再审申请。

第四节　再审撤销原判发回重审后作出的裁判是否能申请再审

对于再审撤销原判发回重审后作出的判决、裁定，当事人能否依照《民事诉讼法》第二百零六条②的规定申请再审的问题，涉及对《民事诉

---

① 《民事诉讼证据规定》（2019 年修正）

第五十三条　诉讼过程中，当事人主张的法律关系性质或者民事行为效力与人民法院根据案件事实作出的认定不一致的，人民法院应当将法律关系性质或者民事行为效力作为焦点问题进行审理。但法律关系性质对裁判理由及结果没有影响，或者有关问题已经当事人充分辩论的除外。

存在前款情形，当事人根据法庭审理情况变更诉讼请求的，人民法院应当准许并可以根据案件的具体情况重新指定举证期限。

② 《民事诉讼法》（2021 年修正）

第二百零六条　当事人对已经发生法律效力的判决、裁定，认为有错误的，可以向上一级人民法院申请再审；当事人一方人数众多或者当事人双方为公民的案件，也可以向原审人民法院申请再审。当事人申请再审的，不停止判决、裁定的执行。

讼法司法解释》第三百八十一条①第一款第二项所规定的"对再审判决、裁定提出申请的"，法院不予受理的理解和适用。对此，司法实践中，各地法院认识不同争议已久，类案异判的情况时有发生。我们将基于自身代理民事再审案件的经验，结合司法实践中的案例及观点，对该问题进行分析。

一、司法实践中的情况

在（2019）川民申 6574 号案件中，对于在再审程序中发回一审法院重审并经历一审、二审的案件，四川高院认为，对重审后二审判决申请再审的情形属于"对再审判决、裁定申请再审"的情形，依法应不予受理，因此对于"已经受理"的则裁定"终结审查"。相反，在（2020）豫民申 390 号案件中，该再审案件中的被申请人称本案是已经经过再审审理的案件，二审裁定是经过本院再审审理并发回重审后作出的二审生效裁定，再审申请人在本案中是对再审裁定申请再审，应当依法不予受理，而河南省高级人民法院在作出的裁定书中，显然并未支持上述观点。

二、最高人民法院民一庭的观点

对此问题应当如何解决，最高人民法院一直没有明确的规范性文件予以解释，直到 2022 年 6 月 24 日，"最高人民法院民一庭"公众号发布了一篇题为《最高人民法院民一庭：再审后将案件发回重审作出的生效裁判可以申请再审》的文章，称最高人民法院民一庭法官会议认为："再审撤销原判发回重审之后的程序并非再审审理程序的延续，人民法院作出的裁

---

① 《民事诉讼法司法解释》（2022 年修正）

第三百八十一条　当事人申请再审，有下列情形之一的，人民法院不予受理：

（一）再审申请被驳回后再次提出申请的；

（二）对再审判决、裁定提出申请的；

（三）在人民检察院对当事人的申请作出不予提出再审检察建议或者抗诉决定后又提出申请的。

前款第一项、第二项规定情形，人民法院应当告知当事人可以向人民检察院申请再审检察建议或者抗诉，但因人民检察院提出再审检察建议或者抗诉而再审作出的判决、裁定除外。

判亦非再审裁判。当事人不服撤销原判发回重审后作出的生效裁判，可以依据民事诉讼法第二百零六条的规定申请再审。"① 该篇微信公众号的文章作为最高人民法院审判法庭的一种观点，受到大量关注和转发。但是我们认为该篇文章并不具有规范性文件的性质，虽然其对法官的实务工作具有一定的影响，但依据《引用规范性法律文件规定》第四条②的规定，法院也无法在司法文书中直接引用其为裁判依据。

首先，关于如何解决法律适用存在的争议问题，《统一法律适用工作实施办法》第二条③明确规定，法律统一适用工作应当由最高人民法院审委会负责，审管办统筹协调，各职能部门依照职能分工只负责起草工作。显然，民一庭只是最高人民法院下设的职能部门，本不具有负责统一法律适用的权限。

其次，结合《统一法律适用工作实施办法》第四条④的规定可以看出，最高人民法院各部门应当按照职能分工展开工作。而根据最高人民法院对内设机构的职能设置，民一庭主要负责"最高人民法院审理的婚姻家庭、人身权利、劳动争议、房地产及相关合同、农村承包合同等纠纷案件；审查和审判不服下级人民法院生效裁判的有关民事案件；指导有关审判工作和人民法庭工作"⑤；而立案庭主要负责"最高人民法院受理的各类案件登记立案；负责办理立案、管辖权争议案件；审查处理有关申诉及

---

① 最高人民法院民一庭：《最高人民法院民一庭：再审后将案件发回重审作出的生效裁判可以申请再审》，https://mp.weixin.qq.com/s/yjq81XfzvmrdctKHxyVTbw，最后访问时间：2023 年 5 月 19 日。

② 《引用规范性法律文件规定》

第四条 民事裁判文书应当引用法律、法律解释或者司法解释。对于应当适用的行政法规、地方性法规或者自治条例和单行条例，可以直接引用。

③ 《统一法律适用工作实施办法》

第二条 最高人民法院审判委员会（以下简称审委会）负责最高人民法院统一法律适用工作。

各部门根据职能分工，负责起草制定司法解释、发布案例等统一法律适用工作。

审判管理办公室（以下简称审管办）负责统一法律适用的统筹规划、统一推进、协调管理等工作。

④ 《统一法律适用工作实施办法》

第四条 各部门根据职能分工，对法律适用疑难问题和不统一等情形，应当及时总结经验，通过答复、会议纪要等形式指导司法实践，条件成熟时制定司法解释或其他规范性文件予以规范。

⑤ 最高人民法院机构，民事审判第一庭，https://www.court.gov.cn/jigou-fayuanjigou-zhineng-161.html，最后访问时间：2023 年 5 月 19 日。

再审申请案件；指导全国法院立案、涉诉信访、一站式多元解纷和诉讼服务体系建设及相关审判工作"①。因此，对于再审发回重审后能否再次申请再审的程序性问题明显不属于最高人民法院民一庭审判职权，而应当由立案庭负责。同时，最高人民法院民一庭微信公众号也明确声明："本微信公众号发布最高人民法院民一庭重要审判业务信息。"但从上述最高人民法院的机构设置与职能分工来看，最高人民法院民一庭微信公众号发布的该篇文章所涉及的内容不属于民一庭审判业务信息的范畴。

最后，按照《统一法律适用工作实施办法》第四条的要求，即使再审申请问题属于民一庭的职能分工，其也至少应当以答复或会议纪要的规范形式将法律适用问题予以统一。

三、对再审撤销原判发回重审后作出的裁判能否申请再审不宜"一刀切"

如前所述，再审撤销原判发回重审后作出的判决、裁定，当事人可否根据《民事诉讼法》第二百零六条的规定申请再审取决于再审撤销原判发回重审后作出的判决、裁定是否属于再审性质的判决、裁定。

最高人民法院民一庭在微信公众号的观点认为，"根据《民事诉讼法司法解释》第二百五十二条的规定，原判决、裁定被撤销后，审判程序重新开始，当事人依法可以变更、增加诉讼请求或者提出反诉、提交新证据；人民法院可以根据当事人的申请或者依职权追加当事人，适用一审程序相关规定确定当事人的诉讼权利义务。再审撤销原判发回重审之后的程序并非再审审理程序的延续，人民法院作出的裁判亦非再审裁判"。但《民事诉讼法司法解释》第二百五十二条的原文是："再审裁定撤销原判决、裁定发回重审的案件，当事人申请变更、增加诉讼请求或者提出反诉，符合下列情形之一的，人民法院应当准许：（一）原审未合法传唤缺

---

① 最高人民法院机构，立案庭（诉讼服务中心），https：//www.court.gov.cn/jigou/fayuanjigou/zhineng/101.html，最后访问时间：2023年5月19日。

席判决，影响当事人行使诉讼权利的；（二）追加新的诉讼当事人的；（三）诉讼标的物灭失或者发生变化致使原诉讼请求无法实现的；（四）当事人申请变更、增加的诉讼请求或者提出的反诉，无法通过另诉解决的。"可见，该条仅仅是规定了再审裁定发回重审案件当事人可以申请变更、增加诉讼请求或者提出反诉的情形，不能直接得出"再审撤销原判发回重审之后的程序人民法院作出的裁判不是再审裁判"的结论。

我们认为，对于再审撤销原判发回重审后作出的裁判能否申请再审应视情况而定，而不能采取"一刀切"的方式。即撤销原裁判发回重审的案件如果涉及基础法律关系的变化、诉讼请求的变更和当事人人数以及诉讼地位的变化等情形时，作出的生效裁判可以申请再审，反之依然视为再审裁判不能继续申请再审。至于具体情形应如何确定，以及如何形成规范性文件，建议由最高人民法院立案庭牵头在广泛收集各地高级法院意见的基础上，起草相关文件后提交最高人民法院审判委员会讨论决定。因为只有最高人民法院通过规范的程序形成并正式对外发布的统一法律适用的相关文件方能作为司法实践中的依据。

第五节　民事再审程序中当事人是否交纳案件受理费

民事再审程序属于裁判文书已经生效后的纠错程序，在这一程序中原则上当事人无须交纳诉讼费，但亦有例外情形。

一、再审审查程序中当事人无须交纳案件受理费

《民事诉讼法》以及司法解释对于当事人申请再审是否应当交纳案件受理费均没有作出规定。《诉讼费用交纳办法》亦没有对当事人申请再审

的审查阶段法院是否收取案件受理费作出规定，但该办法的第九条①明确了根据《民事诉讼法》审判监督程序审理的案件，当事人不交纳案件受理费，个别情形除外。

二、已经裁定再审的案件视情形交纳案件受理费

《诉讼费用交纳办法》第九条规定了两种在再审审理程序中需要交纳案件受理费的情形，第一种为当事人有新的证据，法院以此为由决定再审的；第二种为对一审判决、裁定、调解书决定再审的。即第一种交费情形根据《民事诉讼法》第二百零七条的再审事由确定，第二种交费情形根据原审裁判所经历的审理程序确定。对于这两种情况需要交纳案件受理费的原因，我们认为，第一种情形是因为裁定再审是当事人自身未尽到充分的举证责任，即便由此而引发的原审认定事实或裁判错误的过错不在法院，而在当事人自身。第二种情形是因为当事人对一审裁判不上诉而申请再审本身就属于消极行使权利的行为，不应得到鼓励，同时也为了避免当事人不上诉而通过申请再审规避交纳上诉费的行为。

三、对于裁定再审后又撤销一审、二审裁判发回一审法院重审的

再审程序中不乏上级法院撤销一审、二审判决，发回原一审法院审理的，对于此种情况应当如何交纳案件受理费，我们认为，若此种再审情况并非《诉讼费用交纳办法》第九条规定的需要交纳受理费的两类案件，

---

① 《诉讼费用交纳办法》
第九条 根据民事诉讼法和行政诉讼法规定的审判监督程序审理的案件，当事人不交纳案件受理费。但是，下列情形除外：
（一）当事人有新的证据，足以推翻原判决、裁定，向人民法院申请再审，人民法院经审查决定再审的案件；
（二）当事人对人民法院第一审判决或者裁定未提出上诉，第一审判决、裁定或者调解书发生法律效力后又申请再审，人民法院经审查决定再审的案件。

应参照《诉讼费用交纳办法》第二十七条①二审法院决定将案件发回重审应当退还上诉人案件受理费的规定，原二审法院亦应当退还当事人交纳的二审案件受理费。对于发回一审法院的再审裁判，其性质上属于一审裁判，当事人不服的可以上诉，并根据具体的上诉请求重新交纳上诉费。

第六节 再审审理程序法院应否另行组成合议庭

《民事诉讼法司法解释》第四十五条②规定，在一个审判程序中参与过本案审判工作的审判人员，不得再参与该案其他程序的审判。此种回避制度在司法实践中适用最多的情形是对于二审裁定发回重审的案件，一审法院应当重新组成合议庭，其目的是避免原合议庭成员已经形成的、对案件已有过的认定结论而影响重审的一审程序中对案件的客观评判。而对于案件经再审审查被裁定再审后的再审审理程序是否需要另行组成合议庭，我们将对此作出讨论。

一、指令再审的，原审法院应当另行组成合议庭

当事人对生效裁判不服向上级人民法院申请再审的，人民法院在受理后应根据《最高人民法院关于民事申请再审案件受理审查工作细则（试

---

① 《诉讼费用交纳办法》

第二十七条 第二审人民法院决定将案件发回重审的，应当退还上诉人已交纳的第二审案件受理费。

第一审人民法院裁定不予受理或者驳回起诉的，应当退还当事人已交纳的案件受理费；当事人对第一审人民法院不予受理、驳回起诉的裁定提起上诉，第二审人民法院维持第一审人民法院作出的裁定的，第一审人民法院应当退还当事人已交纳的案件受理费。

② 《民事诉讼法司法解释》（2022 年修正）

第四十五条 在一个审判程序中参与过本案审判工作的审判人员，不得再参与该案其他程序的审判。

发回重审的案件，在一审法院作出裁判后又进入第二审程序的，原第二审程序中审判人员不受前款规定的限制。

行）》第十条①的规定组成合议庭，因此再审审查案件虽然不适用开庭制度，但也不适用独任制度。案件经再审审查，法院裁定再审并指令原审法院再审的，原审法院在再审审理阶段应当相较其原审审理阶段另行组成合议庭对案件进行审理，此种合议庭回避方式与二审发回重审的合议庭回避方式一致。司法实践中，应注意有些案件适用"全院回避"，即不应指令原审法院再审的情形，如原审审判人员因涉及贪污受贿、枉法裁判而再审的，或原裁判系根据法院审判委员会讨论决定作出的。

二、对自己本院的生效裁判，法院在再审审查阶段应当另行组成合议庭

当事人对生效裁判不服向本院申请再审的，法院在受理再审申请后组成的合议庭成员应注意避免与原审裁判的合议庭成员交叉，除此之外，还应注意再审审理的法庭也不应与原审裁判为同一审判法庭。

三、再审审查和再审审理在同一法院的，审理阶段相较审查阶段无须另行组成合议庭

前文已述，再审案件分为再审审查和再审审理两个阶段，案件经再审审查并裁定再审的，进入再审审理阶段，这两个阶段具有一定的独立性，有互相独立的案号、法院文书、合议庭组成成员，甚至审理法院都可以不同，审理方式也不同。再审审查程序重在就原审裁判是否存在当事人申请再审的事由进行审查，审查方式以书面审查为主，以听证或询问为辅，而再审审理程序重点就案件是否改判以及具体如何裁判进行审理，审理方式以开庭审理为主，以书面审理或询问为辅。在案件裁定再审后且由审查法院继续审理的，审理阶段法院可以相较审查阶段的合议庭成员而另行组成合议庭成员，也可以与审查阶段合议庭成员保持一致。再审审查阶段和再

---

① 《最高人民法院关于民事申请再审案件受理审查工作细则（试行）》
10、人民法院审查申请再审案件，应当组成合议庭。

审审理阶段合议庭一致是否构成《民事诉讼法司法解释》第四十五条规定的回避情形，从法条文意解读是不构成的，因为该条款适用的回避对象是在原"审判"程序中参与过审判工作的合议庭成员，而人民法院认为再审审查属于程序性审查，并非实体性审理程序，不属于审判程序，因此不适用《民事诉讼法司法解释》第四十五条规定，即"审查"和"审判"在对此条款的解释中作严格区分，不宜作扩大性解释。

第七节　案外人权益救济法律体系

如前文所述，我国经过多次立法、修法，目前已经初步建立了较为完备的案外人权益救济法律体系，包括执行异议、执行异议之诉、案外人申请再审以及第三人撤销之诉。其中，执行异议与执行异议之诉均属于执行过程中对案外人的权益救济制度，案外人申请再审属于审判监督制度，第三人撤销之诉则是作为一种特殊的救济制度。下面我们分别对前述几项制度及其关联性进行介绍，便于读者系统了解。

一、执行异议

根据《民事诉讼法》第二百三十二条①、第二百三十四条②的规定，执行异议是指在执行过程中，当事人、利害关系人认为法院的执行行为违

---

① 《民事诉讼法》（2021年修正）
　第二百三十二条　当事人、利害关系人认为执行行为违反法律规定的，可以向负责执行的人民法院提出书面异议。当事人、利害关系人提出书面异议的，人民法院应当自收到书面异议之日起十五日内审查，理由成立的，裁定撤销或者改正；理由不成立的，裁定驳回。当事人、利害关系人对裁定不服的，可以自裁定送达之日起十日内向上一级人民法院申请复议。
② 《民事诉讼法》（2021年修正）
　第二百三十四条　执行过程中，案外人对执行标的提出书面异议的，人民法院应当自收到书面异议之日起十五日内审查，理由成立的，裁定中止对该标的的执行；理由不成立的，裁定驳回。案外人、当事人对裁定不服，认为原判决、裁定错误的，依照审判监督程序办理；与原判决、裁定无关的，可以自裁定送达之日起十五日内向人民法院提起诉讼。

反法律规定，向执行法院书面提出异议请求撤销或者改正执行行为，或案外人对执行标的主张权利，向执行法院书面提出异议请求中止对该标的的执行。也就是说，执行异议分为执行行为异议和执行标的异议。

执行异议属于执行程序，强调的是"效率优先、兼顾公平"，因此法院审查执行异议的标准是"形式审查为原则、实质审查为例外"，以此认定当事人、利害关系人的异议主张是否成立。目前，法院对于执行异议的审查，主要依据《最高人民法院关于人民法院办理执行异议和复议案件若干问题的规定》（2020 年修正）。

当事人、利害关系人依据前述《民事诉讼法》第二百三十二条提出执行行为异议被法院裁定驳回的，可以自裁定送达之日起十日内向上一级法院申请复议。案外人依据前述《民事诉讼法》第二百三十四条提起执行行为异议被法院裁定驳回的，如案外人认为原判决、裁定错误的，可以对原判决、裁定申请再审（下文所述的"案外人申请再审"）；如案外人认为与原判决、裁定无关的，可以自裁定送达之日起十五日内向法院提起诉讼（下文所述的"执行异议之诉"）。

二、执行异议之诉

根据前述《民事诉讼法》第二百三十四条的规定，执行异议之诉是指在执行过程中，当事人或者案外人对执行标的实体权利存有争议，向法院提起诉讼，请求解决争议。

执行异议之诉属于审判程序，强调的是"公平优先、兼顾效率"，因此法院审查执行异议之诉的标准是对当事人或案外人的诉讼请求进行实质性审查，认定其是否享有足以排除执行的实体权利。也因此，法院对于执行异议之诉的审理和裁判，是按照相关实体法和程序法的规定。

三、案外人申请再审

根据前述《民事诉讼法》第二百三十四条的规定，案外人申请再审是指在执行过程中，案外人对执行标的主张权利，向执行法院书面提出异议请求中止对该标的的执行被法院裁定驳回，案外人对该裁定不服，且认为原判决、裁定错误，按照审判监督程序的相关规定，对原判决、裁定申请再审。因此，案外人申请再审属于审判监督制度。

案外人申请再审与执行异议之诉均以执行异议为前置程序，是在法院驳回执行异议裁定后，当事人根据是否否定执行所依据的生效法律文书而选择的不同救济程序。案外人申请再审解决的是生效法律文书的对错问题，目的在于撤销、变更原生效法律文书；执行异议之诉解决的是执行标的是否应当执行的问题，目的在于排除对执行标的的执行。因此，在法院驳回执行裁定后，案外人应当选择对原生效法律文书申请再审还是提起执行异议之诉，最直接的判断方式是案外人是否否定执行所依据的生效法律文书本身。

需要注意的是，案外人申请再审与被遗漏的必要共同诉讼人申请再审的关系。在前文中，我们已经指出，该项再审事由所规定的被遗漏的必要共同诉讼人，系应当参加原审诉讼但因不能归责于本人或者其诉讼代理人的原因未参加诉讼而成为申请再审的"案外人"。根据案件是否已经进入执行程序，被遗漏的必要共同诉讼人对原判决、裁定不服的，应当依据不同的程序主张权利，详细规定见于《民事诉讼法司法解释》第四百二十条①、第

---

① 《民事诉讼法司法解释》（2022 年修正）

第四百二十条　必须共同进行诉讼的当事人因不能归责于本人或者其诉讼代理人的事由未参加诉讼的，可以根据民事诉讼法第二百零七条第八项规定，自知道或者应当知道之日起六个月内申请再审，但符合本解释第四百二十一条规定情形的除外。

人民法院因前款规定的当事人申请而裁定再审，按照第一审程序再审的，应当追加其为当事人，作出新的判决、裁定；按照第二审程序再审，经调解不能达成协议的，应当撤销原判决、裁定，发回重审，重审时应追加其为当事人。

四百二十一条①、第四百二十二条②。因前文已详细分析阐述，此处不再赘述。

四、第三人撤销之诉

根据《民事诉讼法》第五十九条③的规定，第三人撤销之诉是指因不能归责于本人的事由未参加诉讼，但有证据证明发生法律效力的判决、裁定、调解书的部分或者全部内容错误，损害其民事权益的第三人，向法院提起诉讼请求撤销生效法律文书。

第三人撤销之诉系 2012 年《民事诉讼法》修正新设立的制度，其立法目的在于防止案件当事人通过恶意串通、虚假诉讼等不当诉讼行为侵害案外人的合法权益。

因此，第三人撤销之诉作为一种特殊救济程序，应当严格把握其适用条件，注意平衡保护第三人利益与维护生效裁判稳定性，第三人撤销的适格原告只能是前述《民事诉讼法》第五十九条规定的"因不能归责于本人的事由未参加诉讼"的有独立请求权的第三人和无独立请求权的第三人。

---

① 《民事诉讼法司法解释》（2022 年修正）

第四百二十一条 根据民事诉讼法第二百三十四条规定，案外人对驳回其执行异议的裁定不服，认为原判决、裁定、调解书内容错误损害其民事权益的，可以自执行异议裁定送达之日起六个月内，向作出原判决、裁定、调解书的人民法院申请再审。

② 《民事诉讼法司法解释》（2022 年修正）

第四百二十二条 根据民事诉讼法第二百三十四条规定，人民法院裁定再审后，案外人属于必要的共同诉讼当事人的，依照本解释第四百二十条第二款规定处理。

案外人不是必要的共同诉讼当事人的，人民法院仅审理原判决、裁定、调解书对其民事权益造成损害的内容。经审理，再审请求成立的，撤销或者改变原判决、裁定、调解书；再审请求不成立的，维持原判决、裁定、调解书。

③ 《民事诉讼法》（2021 年修正）

第五十九条 对当事人双方的诉讼标的，第三人认为有独立请求权的，有权提起诉讼。

对当事人双方的诉讼标的，第三人虽然没有独立请求权，但案件处理结果同他有法律上的利害关系的，可以申请参加诉讼，或者由人民法院通知他参加诉讼。人民法院判决承担民事责任的第三人，有当事人的诉讼权利义务。

前两款规定的第三人，因不能归责于本人的事由未参加诉讼，但有证据证明发生法律效力的判决、裁定、调解书的部分或者全部内容错误，损害其民事权益的，可以自知道或者应当知道其民事权益受到损害之日起六个月内，向作出该判决、裁定、调解书的人民法院提起诉讼。人民法院经审理，诉讼请求成立的，应当改变或者撤销原判决、裁定、调解书；诉讼请求不成立的，驳回诉讼请求。

需要注意的是，第三人撤销之诉和案外人申请再审均是针对已经发生法律效力的裁判文书，《民事诉讼法》第二百三十四条规定的案外人和《民事诉讼法》第五十九条规定的第三人部分情形下会发生重合。《民事诉讼法司法解释》第三百零一条①对第三人撤销之诉和案外人申请再审两项制度之间的程序衔接问题作出了具体规定，即存在主体重合的权利人只能选择一种救济程序，而不能同时启动两种救济程序，也不能在一种救济程序结束后，再启动另一种救济程序。案外人先提起执行异议的，对于驳回执行异议的裁定不服，应当按照《民事诉讼法》第二百三十四条的规定对原生效裁判文书申请再审，不能再提起第三人撤销之诉（法院对此不予受理）；案外人先提起第三人撤销之诉的，即便在执行过程中又提出执行异议，第三人撤销之诉继续进行，法院对执行异议应予审查，但案外人不能在法院驳回执行异议后又依据《民事诉讼法》第二百三十四条的规定对原生效裁判文书申请再审（法院对此不予受理）。

---

① 《民事诉讼法司法解释》（2022 年修正）

第三百零一条 第三人提起撤销之诉后，未中止生效判决、裁定、调解书执行的，执行法院对第三人依照民事诉讼法第二百三十四条规定提出的执行异议，应予审查。第三人不服驳回执行异议裁定，申请对原判决、裁定、调解书再审的，人民法院不予受理。

案外人对人民法院驳回其执行异议裁定不服，认为原判决、裁定、调解书内容错误损害其合法权益的，应当根据民事诉讼法第二百三十四条规定申请再审，提起第三人撤销之诉的，人民法院不予受理。

附录

相关规范速查

中华人民共和国
民事诉讼法（节录）

（1991 年 4 月 9 日第七届全国人民代表大会第四次会议通过　根据 2007 年 10 月 28 日第十届全国人民代表大会常务委员会第三十次会议《关于修改〈中华人民共和国民事诉讼法〉的决定》第一次修正　根据 2012 年 8 月 31 日第十一届全国人民代表大会常务委员会第二十八次会议《关于修改〈中华人民共和国民事诉讼法〉的决定》第二次修正　根据 2017 年 6 月 27 日第十二届全国人民代表大会常务委员会第二十八次会议《关于修改〈中华人民共和国民事诉讼法〉和〈中华人民共和国行政诉讼法〉的决定》第三次修正　根据 2021 年 12 月 24 日第十三届全国人民代表大会常务委员会第三十二次会议《关于修改〈中华人民共和国民事诉讼法〉的决定》第四次修正）

……

第三章　审判组织

……

第四十一条　人民法院审理第二审民事案件，由审判员组成合议庭。合议庭的成员人数，必须是单数。

中级人民法院对第一审适用简易程序审结或者不服裁定提起上诉的第二审民事案件，事实清楚、权利义务关系明确的，经双方当事人同意，可以由审判员一人独任审理。

发回重审的案件，原审人民法院应当按照第一审程序另行组成合议庭。

审理再审案件，原来是第一审的，按照第一审程序另行组成合议庭；原来是第二审的或者是上级人民法院提审的，按照第二审程序另行组成合议庭。

……

第十二章　第一审普通程序

……

第一百二十七条　人民法院对下列起诉，分别情形，予以处理：

（一）依照行政诉讼法的规定，属于行政诉讼受案范围的，告知原告提起行政诉讼；

（二）依照法律规定，双方当事人达成书面仲裁协议申请仲裁、不得向人民法院起诉的，告知原告向仲裁机构申请仲裁；

（三）依照法律规定，应当由其他机关处理的争议，告知原告向有关机关申请解决；

（四）对不属于本院管辖的案件，

告知原告向有管辖权的人民法院起诉；

（五）对判决、裁定、调解书已经发生法律效力的案件，当事人又起诉的，告知原告申请再审，但人民法院准许撤诉的裁定除外；

（六）依照法律规定，在一定期限内不得起诉的案件，在不得起诉的期限内起诉的，不予受理；

（七）判决不准离婚和调解和好的离婚案件，判决、调解维持收养关系的案件，没有新情况、新理由，原告在六个月内又起诉的，不予受理。

……

第十六章　审判监督程序

第二百零五条　各级人民法院院长对本院已经发生法律效力的判决、裁定、调解书，发现确有错误，认为需要再审的，应当提交审判委员会讨论决定。

最高人民法院对地方各级人民法院已经发生法律效力的判决、裁定、调解书，上级人民法院对下级人民法院已经发生法律效力的判决、裁定、调解书，发现确有错误的，有权提审或者指令下级人民法院再审。

第二百零六条　当事人对已经发生法律效力的判决、裁定，认为有错误的，可以向上一级人民法院申请再审；当事人一方人数众多或者当事人双方为公民的案件，也可以向原审人民法院申请再

审。当事人申请再审的，不停止判决、裁定的执行。

第二百零七条　当事人的申请符合下列情形之一的，人民法院应当再审：

（一）有新的证据，足以推翻原判决、裁定的；

（二）原判决、裁定认定的基本事实缺乏证据证明的；

（三）原判决、裁定认定事实的主要证据是伪造的；

（四）原判决、裁定认定事实的主要证据未经质证的；

（五）对审理案件需要的主要证据，当事人因客观原因不能自行收集，书面申请人民法院调查收集，人民法院未调查收集的；

（六）原判决、裁定适用法律确有错误的；

（七）审判组织的组成不合法或者依法应当回避的审判人员没有回避的；

（八）无诉讼行为能力人未经法定代理人代为诉讼或者应当参加诉讼的当事人，因不能归责于本人或者其诉讼代理人的事由，未参加诉讼的；

（九）违反法律规定，剥夺当事人辩论权利的；

（十）未经传票传唤，缺席判决的；

（十一）原判决、裁定遗漏或者超出诉讼请求的；

（十二）据以作出原判决、裁定的法律文书被撤销或者变更的；

（十三）审判人员审理该案件时有贪污受贿，徇私舞弊，枉法裁判行为的。

第二百零八条 当事人对已经发生法律效力的调解书，提出证据证明调解违反自愿原则或者调解协议的内容违反法律的，可以申请再审。经人民法院审查属实的，应当再审。

第二百零九条 当事人对已经发生法律效力的解除婚姻关系的判决、调解书，不得申请再审。

第二百一十条 当事人申请再审的，应当提交再审申请书等材料。人民法院应当自收到再审申请书之日起五日内将再审申请书副本发送对方当事人。对方当事人应当自收到再审申请书副本之日起十五日内提交书面意见；不提交书面意见的，不影响人民法院审查。人民法院可以要求申请人和对方当事人补充有关材料，询问有关事项。

第二百一十一条 人民法院应当自收到再审申请书之日起三个月内审查，符合本法规定的，裁定再审；不符合本法规定的，裁定驳回申请。有特殊情况需要延长的，由本院院长批准。

因当事人申请裁定再审的案件由中级人民法院以上的人民法院审理，但当事人依照本法第二百零六条的规定选择向基层人民法院申请再审的除外。最高人民法院、高级人民法院裁定再审的案件，由本院再审或者交其他人民法院再审，也可以交原审人民法院再审。

第二百一十二条 当事人申请再审，应当在判决、裁定发生法律效力后六个月内提出；有本法第二百零七条第一项、第三项、第十二项、第十三项规定情形的，自知道或者应当知道之日起六个月内提出。

第二百一十三条 按照审判监督程序决定再审的案件，裁定中止原判决、裁定、调解书的执行，但追索赡养费、扶养费、抚养费、抚恤金、医疗费用、劳动报酬等案件，可以不中止执行。

第二百一十四条 人民法院按照审判监督程序再审的案件，发生法律效力的判决、裁定是由第一审法院作出的，按照第一审程序审理，所作的判决、裁定，当事人可以上诉；发生法律效力的判决、裁定是由第二审法院作出的，按照第二审程序审理，所作的判决、裁定，是发生法律效力的判决、裁定；上级人民法院按照审判监督程序提审的，按照第二审程序审理，所作的判决、裁定是发生法律效力的判决、裁定。

人民法院审理再审案件，应当另行组成合议庭。

第二百一十五条 最高人民检察院对各级人民法院已经发生法律效力的判决、裁定，上级人民检察院对下级人民法院已经发生法律效力的判决、裁定，发现有本法第二百零七条规定情形之一的，或者发现调解书损害国家利益、社会公共利益的，应当提出抗诉。

地方各级人民检察院对同级人民法院已经发生法律效力的判决、裁定，发现有本法第二百零七条规定情形之一的，或者发现调解书损害国家利益、社会公共利益的，可以向同级人民法院提出检察建议，并报上级人民检察院备案；也可以提请上级人民检察院向同级人民法院提出抗诉。

各级人民检察院对审判监督程序以外的其他审判程序中审判人员的违法行为，有权向同级人民法院提出检察建议。

第二百一十六条　有下列情形之一的，当事人可以向人民检察院申请检察建议或者抗诉：

（一）人民法院驳回再审申请的；

（二）人民法院逾期未对再审申请作出裁定的；

（三）再审判决、裁定有明显错误的。

人民检察院对当事人的申请应当在三个月内进行审查，作出提出或者不予提出检察建议或者抗诉的决定。当事人不得再次向人民检察院申请检察建议或者抗诉。

第二百一十七条　人民检察院因履行法律监督职责提出检察建议或者抗诉的需要，可以向当事人或者案外人调查核实有关情况。

第二百一十八条　人民检察院提出抗诉的案件，接受抗诉的人民法院应当自收到抗诉书之日起三十日内作出再审的裁定；有本法第二百零七条第一项至第五项规定情形之一的，可以交下一级人民法院再审，但经该下一级人民法院再审的除外。

第二百一十九条　人民检察院决定对人民法院的判决、裁定、调解书提出抗诉的，应当制作抗诉书。

第二百二十条　人民检察院提出抗诉的案件，人民法院再审时，应当通知人民检察院派员出席法庭。

……

第十九章　一般规定

……

第二百三十四条　执行过程中，案外人对执行标的提出书面异议的，人民法院应当自收到书面异议之日起十五日内审查，理由成立的，裁定中止对该标的的执行；理由不成立的，裁定驳回。案外人、当事人对裁定不服，认为原判决、裁定错误的，依照审判监督程序办理；与原判决、裁定无关的，可以自裁定送达之日起十五日内向人民法院提起诉讼。

……

最高人民法院关于适用《中华人民共和国民事诉讼法》的解释（节录）

（法释〔2022〕11 号　2014 年 12 月 18 日最高人民法院审判委员会第 1636 次会议通过；根据 2020 年 12 月 23 日最高人民法院审判委员会第 1823 次会议通过的《最高人民法院关于修改〈最高人民法院关于人民法院民事调解工作若干问题的规定〉等十九件民事诉讼类司法解释的决定》第一次修正；根据 2022 年 3 月 22 日最高人民法院审判委员会第 1866 次会议通过的《最高人民法院关于修改〈最高人民法院关于适用《中华人民共和国民事诉讼法》的解释〉的决定》第二次修正，该修正自 2022 年 4 月 10 日起施行）

一、管辖

......

第三十八条　有管辖权的人民法院受理案件后，不得以行政区域变更为由，将案件移送给变更后有管辖权的人民法院。判决后的上诉案件和依审判监督程序提审的案件，由原审人民法院的上级人民法院进行审判；上级人民法院指令再审、发回重审的案件，由原审人民法院再审或者重审。

第三十九条　人民法院对管辖异议审查后确定有管辖权的，不因当事人提起反诉、增加或者变更诉讼请求等改变管辖，但违反级别管辖、专属管辖规定的除外。

人民法院发回重审或者按第一审程序再审的案件，当事人提出管辖异议的，人民法院不予审查。

......

五、期间和送达

......

第一百二十八条　再审案件按照第一审程序或者第二审程序审理的，适用民事诉讼法第一百五十二条、第一百八十三条规定的审限。审限自再审立案的次日起算。

第一百二十九条　对申请再审案件，人民法院应当自受理之日起三个月内审查完毕，但公告期间、当事人和解期间等不计入审查期限。有特殊情况需要延长的，由本院院长批准。

......

第一百三十七条　当事人在提起上诉、申请再审、申请执行时未书面变更送达地址的，其在第一审程序中确认的送达地址可以作为第二审程序、审判监督程序、执行程序的送达地址。

......

七、保全和先予执行

......

第一百六十二条 第二审人民法院裁定对第一审人民法院采取的保全措施予以续保或者采取新的保全措施的，可以自行实施，也可以委托第一审人民法院实施。

再审人民法院裁定对原保全措施予以续保或者采取新的保全措施的，可以自行实施，也可以委托原审人民法院或者执行法院实施。

......

十、第一审普通程序

......

第二百四十二条 一审宣判后，原审人民法院发现判决有错误，当事人在上诉期内提出上诉的，原审人民法院可以提出原判决有错误的意见，报送第二审人民法院，由第二审人民法院按照第二审程序进行审理；当事人不上诉的，按照审判监督程序处理。

......

第二百五十二条 再审裁定撤销原判决、裁定发回重审的案件，当事人申请变更、增加诉讼请求或者提出反诉，符合下列情形之一的，人民法院应当准许：

（一）原审未合法传唤缺席判决，影响当事人行使诉讼权利的；

（二）追加新的诉讼当事人的；

（三）诉讼标的物灭失或者发生变化致使原诉讼请求无法实现的；

（四）当事人申请变更、增加的诉讼请求或者提出的反诉，无法通过另诉解决的。

......

十一、简易程序

......

第二百五十七条 下列案件，不适用简易程序：

（一）起诉时被告下落不明的；

（二）发回重审的；

（三）当事人一方人数众多的；

（四）适用审判监督程序的；

（五）涉及国家利益、社会公共利益的；

（六）第三人起诉请求改变或者撤销生效判决、裁定、调解书的；

（七）其他不宜适用简易程序的案件。

......

十四、第三人撤销之诉

......

第二百九十九条 第三人撤销之诉案件审理期间，人民法院对生效判决、裁定、调解书裁定再审的，受理第三人撤销之诉的人民法院应当裁定将第三人的诉讼请求并入再审程序。但有证据证明原审当事人之间恶意串通损害第三人合法权益的，人民法院应当先行审理第三人撤销之诉案件，裁定中止再审诉讼。

第三百条 第三人诉讼请求并入再审程序审理的，按照下列情形分别处理：

（一）按照第一审程序审理的，人民法院应当对第三人的诉讼请求一并审理，所作的判决可以上诉；

（二）按照第二审程序审理的，人民法院可以调解，调解达不成协议的，应当裁定撤销原判决、裁定、调解书，发回一审法院重审，重审时应当列明第三人。

第三百零一条 第三人提起撤销之诉后，未中止生效判决、裁定、调解书执行的，执行法院对第三人依照民事诉讼法第二百三十四条规定提出的执行异议，应予审查。第三人不服驳回执行异议裁定，申请对原判决、裁定、调解书再审的，人民法院不予受理。

案外人对人民法院驳回其执行异议裁定不服，认为原判决、裁定、调解书内容错误损害其合法权益的，应当根据民事诉讼法第二百三十四条规定申请再审，提起第三人撤销之诉的，人民法院不予受理。

......

十六、第二审程序

......

第三百三十八条 第二审人民法院宣告判决可以自行宣判，也可以委托原审人民法院或者当事人所在地人民法院代行宣判。

......

十八、审判监督程序

第三百七十三条 当事人死亡或者终止的，其权利义务承继者可以根据民事诉讼法第二百零六条、第二百零八条的规定申请再审。

判决、调解书生效后，当事人将判决、调解书确认的债权转让，债权受让人对该判决、调解书不服申请再审的，人民法院不予受理。

第三百七十四条 民事诉讼法第二百零六条规定的人数众多的一方当事人，包括公民、法人和其他组织。

民事诉讼法第二百零六条规定的当事人双方为公民的案件，是指原告和被告均为公民的案件。

第三百七十五条 当事人申请再审，应当提交下列材料：

（一）再审申请书，并按照被申请人和原审其他当事人的人数提交副本；

（二）再审申请人是自然人的，应当提交身份证明；再审申请人是法人或者其他组织的，应当提交营业执照、组织机构代码证书、法定代表人或者主要负责人身份证明书。委托他人代为申请的，应当提交授权委托书和代理人身份证明；

（三）原审判决书、裁定书、调解书；

（四）反映案件基本事实的主要证据及其他材料。

前款第二项、第三项、第四项规定的材料可以是与原件核对无异的复印件。

第三百七十六条 再审申请书应当记明下列事项：

（一）再审申请人与被申请人及原审其他当事人的基本信息；

（二）原审人民法院的名称，原审裁判文书案号；

（三）具体的再审请求；

（四）申请再审的法定情形及具体事实、理由。

再审申请书应当明确申请再审的人民法院，并由再审申请人签名、捺印或者盖章。

第三百七十七条 当事人一方人数众多或者当事人双方为公民的案件，当事人分别向原审人民法院和上一级人民法院申请再审且不能协商一致的，由原审人民法院受理。

第三百七十八条 适用特别程序、督促程序、公示催告程序、破产程序等非讼程序审理的案件，当事人不得申请再审。

第三百七十九条 当事人认为发生法律效力的不予受理、驳回起诉的裁定错误的，可以申请再审。

第三百八十条 当事人就离婚案件中的财产分割问题申请再审，如涉及判决中已分割的财产，人民法院应当依照民事诉讼法第二百零七条的规定进行审查，符合再审条件的，应当裁定再审；如涉及判决中未作处理的夫妻共同财产，应当告知当事人另行起诉。

第三百八十一条 当事人申请再审，有下列情形之一的，人民法院不予受理：

（一）再审申请被驳回后再次提出申请的；

（二）对再审判决、裁定提出申请的；

（三）在人民检察院对当事人的申请作出不予提出再审检察建议或者抗诉决定后又提出申请的。

前款第一项、第二项规定情形，人民法院应当告知当事人可以向人民检察院申请再审检察建议或者抗诉，但因人民检察院提出再审检察建议或者抗诉而再审作出的判决、裁定除外。

第三百八十二条 当事人对已经发生法律效力的调解书申请再审，应当在调解书发生法律效力后六个月内提出。

第三百八十三条 人民法院应当自收到符合条件的再审申请书等材料之日

起五日内向再审申请人发送受理通知书，并向被申请人及原审其他当事人发送应诉通知书、再审申请书副本等材料。

第三百八十四条 人民法院受理申请再审案件后，应当依照民事诉讼法第二百零七条、第二百零八条、第二百一十一条等规定，对当事人主张的再审事由进行审查。

第三百八十五条 再审申请人提供的新的证据，能够证明原判决、裁定认定基本事实或者裁判结果错误的，应当认定为民事诉讼法第二百零七条第一项规定的情形。

对于符合前款规定的证据，人民法院应当责令再审申请人说明其逾期提供该证据的理由；拒不说明理由或者理由不成立的，依照民事诉讼法第六十八条第二款和本解释第一百零二条的规定处理。

第三百八十六条 再审申请人证明其提交的新的证据符合下列情形之一的，可以认定逾期提供证据的理由成立：

（一）在原审庭审结束前已经存在，因客观原因于庭审结束后才发现的；

（二）在原审庭审结束前已经发现，但因客观原因无法取得或者在规定的期限内不能提供的；

（三）在原审庭审结束后形成，无法据此另行提起诉讼的。

再审申请人提交的证据在原审中已经提供，原审人民法院未组织质证且未

作为裁判根据的，视为逾期提供证据的理由成立，但原审人民法院依照民事诉讼法第六十八条规定不予采纳的除外。

第三百八十七条 当事人对原判决、裁定认定事实的主要证据在原审中拒绝发表质证意见或者质证中未对证据发表质证意见的，不属于民事诉讼法第二百零七条第四项规定的未经质证的情形。

第三百八十八条 有下列情形之一，导致判决、裁定结果错误的，应当认定为民事诉讼法第二百零七条第六项规定的原判决、裁定适用法律确有错误：

（一）适用的法律与案件性质明显不符的；

（二）确定民事责任明显违背当事人约定或者法律规定的；

（三）适用已经失效或者尚未施行的法律的；

（四）违反法律溯及力规定的；

（五）违反法律适用规则的；

（六）明显违背立法原意的。

第三百八十九条 原审开庭过程中有下列情形之一的，应当认定为民事诉讼法第二百零七条第九项规定的剥夺当事人辩论权利：

（一）不允许当事人发表辩论意见的；

（二）应当开庭审理而未开庭审理的；

（三）违反法律规定送达起诉状副

本或者上诉状副本，致使当事人无法行使辩论权利的；

（四）违法剥夺当事人辩论权利的其他情形。

第三百九十条　民事诉讼法第二百零七条第十一项规定的诉讼请求，包括一审诉讼请求、二审上诉请求，但当事人未对一审判决、裁定遗漏或者超出诉讼请求提起上诉的除外。

第三百九十一条　民事诉讼法第二百零七条第十二项规定的法律文书包括：

（一）发生法律效力的判决书、裁定书、调解书；

（二）发生法律效力的仲裁裁决书；

（三）具有强制执行效力的公证债权文书。

第三百九十二条　民事诉讼法第二百零七条第十三项规定的审判人员审理该案件时有贪污受贿、徇私舞弊、枉法裁判行为，是指已经由生效刑事法律文书或者纪律处分决定所确认的行为。

第三百九十三条　当事人主张的再审事由成立，且符合民事诉讼法和本解释规定的申请再审条件的，人民法院应当裁定再审。

当事人主张的再审事由不成立，或者当事人申请再审超过法定申请再审期限、超出法定再审事由范围等不符合民事诉讼法和本解释规定的申请再审条件的，人民法院应当裁定驳回再审申请。

第三百九十四条　人民法院对已经发生法律效力的判决、裁定、调解书依法决定再审，依照民事诉讼法第二百一十三条规定，需要中止执行的，应当在再审裁定中同时写明中止原判决、裁定、调解书的执行；情况紧急的，可以将中止执行裁定口头通知负责执行的人民法院，并在通知后十日内发出裁定书。

第三百九十五条　人民法院根据审查案件的需要决定是否询问当事人。新的证据可能推翻原判决、裁定的，人民法院应当询问当事人。

第三百九十六条　审查再审申请期间，被申请人及原审其他当事人依法提出再审申请的，人民法院应当将其列为再审申请人，对其再审事由一并审查，审查期限重新计算。经审查，其中一方再审申请人主张的再审事由成立的，应当裁定再审。各方再审申请人主张的再审事由均不成立的，一并裁定驳回再审申请。

第三百九十七条　审查再审申请期间，再审申请人申请人民法院委托鉴定、勘验的，人民法院不予准许。

第三百九十八条　审查再审申请期间，再审申请人撤回再审申请的，是否准许，由人民法院裁定。

再审申请人经传票传唤，无正当理由拒不接受询问的，可以按撤回再审申请处理。

第三百九十九条　人民法院准许撤回再审申请或者按撤回再审申请处理后，

再审申请人再次申请再审的，不予受理，但有民事诉讼法第二百零七条第一项、第三项、第十二项、第十三项规定情形，自知道或者应当知道之日起六个月内提出的除外。

第四百条 再审申请审查期间，有下列情形之一的，裁定终结审查：

（一）再审申请人死亡或者终止，无权利义务承继者或者权利义务承继者声明放弃再审申请的；

（二）在给付之诉中，负有给付义务的被申请人死亡或者终止，无可供执行的财产，也没有应当承担义务的人的；

（三）当事人达成和解协议且已履行完毕的，但当事人在和解协议中声明不放弃申请再审权利的除外；

（四）他人未经授权以当事人名义申请再审的；

（五）原审或者上一级人民法院已经裁定再审的；

（六）有本解释第三百八十一条第一款规定情形的。

第四百零一条 人民法院审理再审案件应当组成合议庭开庭审理，但按照第二审程序审理，有特殊情况或者双方当事人已经通过其他方式充分表达意见，且书面同意不开庭审理的除外。

符合缺席判决条件的，可以缺席判决。

第四百零二条 人民法院开庭审理再审案件，应当按照下列情形分别进行：

（一）因当事人申请再审的，先由再审申请人陈述再审请求及理由，后由被申请人答辩、其他原审当事人发表意见；

（二）因抗诉再审的，先由抗诉机关宣读抗诉书，再由申请抗诉的当事人陈述，后由被申请人答辩、其他原审当事人发表意见；

（三）人民法院依职权再审，有申诉人的，先由申诉人陈述再审请求及理由，后由被申请人答辩、其他原审当事人发表意见；

（四）人民法院依职权再审，没有申诉人的，先由原审原告或者原审上诉人陈述，后由原审其他当事人发表意见。

对前款第一项至第三项规定的情形，人民法院应当要求当事人明确其再审请求。

第四百零三条 人民法院审理再审案件应当围绕再审请求进行。当事人的再审请求超出原审诉讼请求的，不予审理；符合另案诉讼条件的，告知当事人可以另行起诉。

被申请人及原审其他当事人在庭审辩论结束前提出的再审请求，符合民事诉讼法第二百一十二条规定的，人民法院应当一并审理。

人民法院经再审，发现已经发生法律效力的判决、裁定损害国家利益、社会公共利益、他人合法权益的，应当一并审理。

第四百零四条　再审审理期间，有下列情形之一的，可以裁定终结再审程序：

（一）再审申请人在再审期间撤回再审请求，人民法院准许的；

（二）再审申请人经传票传唤，无正当理由拒不到庭的，或者未经法庭许可中途退庭，按撤回再审请求处理的；

（三）人民检察院撤回抗诉的；

（四）有本解释第四百条第一项至第四项规定情形的。

因人民检察院提出抗诉裁定再审的案件，申请抗诉的当事人有前款规定的情形，且不损害国家利益、社会公共利益或者他人合法权益的，人民法院应当裁定终结再审程序。

再审程序终结后，人民法院裁定中止执行的原生效判决自动恢复执行。

第四百零五条　人民法院经再审审理认为，原判决、裁定认定事实清楚、适用法律正确的，应予维持；原判决、裁定认定事实、适用法律虽有瑕疵，但裁判结果正确的，应当在再审判决、裁定中纠正瑕疵后予以维持。

原判决、裁定认定事实、适用法律错误，导致裁判结果错误的，应当依法改判、撤销或者变更。

第四百零六条　按照第二审程序再审的案件，人民法院经审理认为不符合民事诉讼法规定的起诉条件或者符合民事诉讼法第一百二十七条规定不予受理情形的，应当裁定撤销一、二审判决，驳回起诉。

第四百零七条　人民法院对调解书裁定再审后，按照下列情形分别处理：

（一）当事人提出的调解违反自愿原则的事由不成立，且调解书的内容不违反法律强制性规定的，裁定驳回再审申请；

（二）人民检察院抗诉或者再审检察建议所主张的损害国家利益、社会公共利益的理由不成立的，裁定终结再审程序。

前款规定情形，人民法院裁定中止执行的调解书需要继续执行的，自动恢复执行。

第四百零八条　一审原告在再审审理程序中申请撤回起诉，经其他当事人同意，且不损害国家利益、社会公共利益、他人合法权益的，人民法院可以准许。裁定准许撤诉的，应当一并撤销原判决。

一审原告在再审审理程序中撤回起诉后重复起诉的，人民法院不予受理。

第四百零九条　当事人提交新的证据致使再审改判，因再审申请人或者申请检察监督当事人的过错未能在原审程序中及时举证，被申请人等当事人请求补偿其增加的交通、住宿、就餐、误工等必要费用的，人民法院应予支持。

第四百一十条　部分当事人到庭并达成调解协议，其他当事人未作出书面表示的，人民法院应当在判决中对该事实作出表述；调解协议内容不违反法律规定，且不损害其他当事人合法权益的，可以在判决主文中予以确认。

第四百一十一条 人民检察院依法对损害国家利益、社会公共利益的发生法律效力的判决、裁定、调解书提出抗诉，或者经人民检察院检察委员会讨论决定提出再审检察建议的，人民法院应予受理。

第四百一十二条 人民检察院对已经发生法律效力的判决以及不予受理、驳回起诉的裁定依法提出抗诉的，人民法院应予受理，但适用特别程序、督促程序、公示催告程序、破产程序以及解除婚姻关系的判决、裁定等不适用审判监督程序的判决、裁定除外。

第四百一十三条 人民检察院依照民事诉讼法第二百一十六条第一款第三项规定对有明显错误的再审判决、裁定提出抗诉或者再审检察建议的，人民法院应予受理。

第四百一十四条 地方各级人民检察院依当事人的申请对生效判决、裁定向同级人民法院提出再审检察建议，符合下列条件的，应予受理：

（一）再审检察建议书和原审当事人申请书及相关证据材料已经提交；

（二）建议再审的对象为依照民事诉讼法和本解释规定可以进行再审的判决、裁定；

（三）再审检察建议书列明该判决、裁定有民事诉讼法第二百一十五条第二款规定情形；

（四）符合民事诉讼法第二百一十六条第一款第一项、第二项规定情形；

（五）再审检察建议经该人民检察院检察委员会讨论决定。

不符合前款规定的，人民法院可以建议人民检察院予以补正或者撤回；不予补正或者撤回的，应当函告人民检察院不予受理。

第四百一十五条 人民检察院依当事人的申请对生效判决、裁定提出抗诉，符合下列条件的，人民法院应当在三十日内裁定再审：

（一）抗诉书和原审当事人申请书及相关证据材料已经提交；

（二）抗诉对象为依照民事诉讼法和本解释规定可以进行再审的判决、裁定；

（三）抗诉书列明该判决、裁定有民事诉讼法第二百一十五条第一款规定情形；

（四）符合民事诉讼法第二百一十六条第一款第一项、第二项规定情形。

不符合前款规定的，人民法院可以建议人民检察院予以补正或者撤回；不予补正或者撤回的，人民法院可以裁定不予受理。

第四百一十六条 当事人的再审申请被上级人民法院裁定驳回后，人民检察院对原判决、裁定、调解书提出抗诉，抗诉事由符合民事诉讼法第二百零七条第一项至第五项规定情形之一的，受理抗诉的人民法院可以交由下一级人民法院再审。

第四百一十七条　人民法院收到再审检察建议后，应当组成合议庭，在三个月内进行审查，发现原判决、裁定、调解书确有错误，需要再审的，依照民事诉讼法第二百零五条规定裁定再审，并通知当事人；经审查，决定不予再审的，应当书面回复人民检察院。

第四百一十八条　人民法院审理因人民检察院抗诉或者检察建议裁定再审的案件，不受此前已经作出的驳回当事人再审申请裁定的影响。

第四百一十九条　人民法院开庭审理抗诉案件，应当在开庭三日前通知人民检察院、当事人和其他诉讼参与人。同级人民检察院或者提出抗诉的人民检察院应当派员出庭。

人民检察院因履行法律监督职责向当事人或者案外人调查核实的情况，应当向法庭提交并予以说明，由双方当事人进行质证。

第四百二十条　必须共同进行诉讼的当事人因不能归责于本人或者其诉讼代理人的事由未参加诉讼的，可以根据民事诉讼法第二百零七条第八项规定，自知道或者应当知道之日起六个月内申请再审，但符合本解释第四百二十一条

规定情形的除外。

人民法院因前款规定的当事人申请而裁定再审，按照第一审程序再审的，应当追加其为当事人，作出新的判决、裁定；按照第二审程序再审，经调解不能达成协议的，应当撤销原判决、裁定，发回重审，重审时应追加其为当事人。

第四百二十一条　根据民事诉讼法第二百三十四条规定，案外人对驳回其执行异议的裁定不服，认为原判决、裁定、调解书内容错误损害其民事权益的，可以自执行异议裁定送达之日起六个月内，向作出原判决、裁定、调解书的人民法院申请再审。

第四百二十二条　根据民事诉讼法第二百三十四条规定，人民法院裁定再审后，案外人属于必要的共同诉讼当事人的，依照本解释第四百二十条第二款规定处理。

案外人不是必要的共同诉讼当事人的，人民法院仅审理原判决、裁定、调解书对其民事权益造成损害的内容。经审理，再审请求成立的，撤销或者改变原判决、裁定、调解书；再审请求不成立的，维持原判决、裁定、调解书。

第四百二十三条　本解释第三百三十八条规定适用于审判监督程序。

第四百二十四条　对小额诉讼案件的判决、裁定，当事人以民事诉讼法第二百零七条规定的事由向原审人民法院申请再审的，人民法院应当受理。申请

再审事由成立的，应当裁定再审，组成合议庭进行审理。作出的再审判决、裁定，当事人不得上诉。

当事人以不应按小额诉讼案件审理为由向原审人民法院申请再审的，人民法院应当受理。理由成立的，应当裁定再审，组成合议庭审理。作出的再审判决、裁定，当事人可以上诉。

……

二十二、涉外民事诉讼程序的特别规定

……

第五百三十七条 人民法院对涉外民事案件的当事人申请再审进行审查的期间，不受民事诉讼法第二百一十一条规定的限制。

最高人民法院关于适用《中华人民共和国民事诉讼法》审判监督程序若干问题的解释（节录）

（法释〔2020〕20 号 2008 年 11 月 10 日最高人民法院审判委员会第 1453 次会议通过，根据 2020 年 12 月 23 日最高人民法院审判委员会第 1823 次会议通过的《最高人民法院关于修改〈最高人民法院关于人民法院民事调解工作若干问题的规定〉等十九件民事诉讼类司法解释的决定》修正）

第一条 当事人在民事诉讼法第二百零五条规定的期限内，以民事诉讼法第二百条所列明的再审事由，向原审人民法院的上一级人民法院申请再审的，上一级人民法院应当依法受理。

第二条 民事诉讼法第二百零五条规定的申请再审期间不适用中止、中断和延长的规定。

第三条 当事人申请再审，应当向人民法院提交再审申请书，并按照对方当事人人数提出副本。

人民法院应当审查再审申请书是否载明下列事项：

（一）申请再审人与对方当事人的

姓名、住所及有效联系方式等基本情况；法人或其他组织的名称、住所和法定代表人或主要负责人的姓名、职务及有效联系方式等基本情况；

（二）原审人民法院的名称，原判决、裁定、调解文书案号；

（三）申请再审的法定情形及具体事实、理由；

（四）具体的再审请求。

第四条　当事人申请再审，应当向人民法院提交已经发生法律效力的判决书、裁定书、调解书，身份证明及相关证据材料。

第五条　申请再审人提交的再审申请书或者其他材料不符合本解释第三条、第四条的规定，或者有人身攻击等内容，可能引起矛盾激化的，人民法院应当要求申请再审人补充或改正。

第六条　人民法院应当自收到符合条件的再审申请书等材料后五日内完成向申请再审人发送受理通知书等受理登记手续，并向对方当事人发送受理通知书及再审申请书副本。

第七条　人民法院受理再审申请后，应当组成合议庭予以审查。

第八条　人民法院对再审申请的审查，应当围绕再审事由是否成立进行。

第九条　民事诉讼法第二百条第（五）项规定的"对审理案件需要的主要证据"，是指人民法院认定案件基本事实所必需的证据。

第十条　原判决、裁定对基本事实和案件性质的认定系根据其他法律文书作出，而上述其他法律文书被撤销或变更的，人民法院可以认定为民事诉讼法第二百条第（十二）项规定的情形。

第十一条　人民法院经审查再审申请书等材料，认为申请再审事由成立的，应当径行裁定再审。

当事人申请再审超过民事诉讼法第二百零五条规定的期限，或者超出民事诉讼法第二百条所列明的再审事由范围的，人民法院应当裁定驳回再审申请。

第十二条　人民法院认为仅审查再审申请书等材料难以作出裁定的，应当调阅原审卷宗予以审查。

第十三条　人民法院可以根据案情需要决定是否询问当事人。

以有新的证据足以推翻原判决、裁定为由申请再审的，人民法院应当询问当事人。

第十四条　在审查再审申请过程中，对方当事人也申请再审的，人民法院应当将其列为申请再审人，对其提出的再审申请一并审查。

第十五条　申请再审人在案件审查期间申请撤回再审申请的，是否准许，由人民法院裁定。

申请再审人经传票传唤，无正当理由拒不接受询问，可以裁定按撤回再审申请处理。

第十六条　人民法院经审查认为申

请再审事由不成立的，应当裁定驳回再审申请。

驳回再审申请的裁定一经送达，即发生法律效力。

第十七条 人民法院审查再审申请期间，人民检察院对该案提出抗诉的，人民法院应依照民事诉讼法第二百一十一条的规定裁定再审。申请再审人提出的具体再审请求应纳入审理范围。

第十八条 上一级人民法院经审查认为申请再审事由成立的，一般由本院提审。最高人民法院、高级人民法院也可以指定与原审人民法院同级的其他人民法院再审，或者指令原审人民法院再审。

第十九条 上一级人民法院可以根据案件的影响程度以及案件参与人等情况，决定是否指定再审。需要指定再审的，应当考虑便利当事人行使诉讼权利以及便利人民法院审理等因素。

接受指定再审的人民法院，应当按照民事诉讼法第二百零七条第一款规定的程序审理。

第二十条 有下列情形之一的，不得指令原审人民法院再审：

（一）原审人民法院对该案无管辖权的；

（二）审判人员在审理该案件时有贪污受贿，徇私舞弊，枉法裁判行为的；

（三）原判决、裁定系经原审人民法院审判委员会讨论作出的；

（四）其他不宜指令原审人民法院再审的。

第二十一条 当事人未申请再审、人民检察院未抗诉的案件，人民法院发现原判决、裁定、调解协议有损害国家利益、社会公共利益等确有错误情形的，应当依照民事诉讼法第一百九十八条的规定提起再审。

第二十二条 人民法院应当依照民事诉讼法第二百零七条的规定，按照第一审程序或者第二审程序审理再审案件。

人民法院审理再审案件应当开庭审理。但按照第二审程序审理的，双方当事人已经其他方式充分表达意见，且书面同意不开庭审理的除外。

第二十三条 申请再审人在再审期间撤回再审申请的，是否准许由人民法院裁定。裁定准许的，应终结再审程序。申请再审人经传票传唤，无正当理由拒不到庭的，或者未经法庭许可中途退庭的，可以裁定按自动撤回再审申请处理。

人民检察院抗诉再审的案件，申请抗诉的当事人有前款规定的情形，且不损害国家利益、社会公共利益或第三人利益的，人民法院应当裁定终结再审程序；人民检察院撤回抗诉的，应当准予。

终结再审程序的，恢复原判决的执行。

第二十四条 按照第一审程序审理再审案件时，一审原告申请撤回起诉的，是否准许由人民法院裁定。裁定准许的，应当同时裁定撤销原判决、裁定、调解书。

第二十五条 当事人在再审审理中经调解达成协议的，人民法院应当制作调解书。调解书经各方当事人签收后，即具有法律效力，原判决、裁定视为被撤销。

第二十六条 人民法院经再审审理认为，原判决、裁定认定事实清楚、适用法律正确的，应予维持；原判决、裁定在认定事实、适用法律、阐述理由方面虽有瑕疵，但裁判结果正确的，人民法院应在再审判决、裁定中纠正上述瑕疵后予以维持。

第二十七条 人民法院按照第二审程序审理再审案件，发现原判决认定事实错误或者认定事实不清的，应当在查清事实后改判。但原审人民法院便于查清事实，化解纠纷的，可以裁定撤销原判决，发回重审；原审程序遗漏必须参加诉讼的当事人且无法达成调解协议，以及其他违反法定程序不宜在再审程序中直接作出实体处理的，应当裁定撤销原判决，发回重审。

第二十八条 人民法院以调解方式审结的案件裁定再审后，经审理发现申请再审人提出的调解违反自愿原则的事由不成立，且调解协议的内容不违反法律强制性规定的，应当裁定驳回再审申请，并恢复原调解书的执行。

第二十九条 民事再审案件的当事

人应为原审案件的当事人。原审案件当事人死亡或者终止的，其权利义务承受人可以申请再审并参加再审诉讼。

……

最高人民法院关于民事审判监督程序严格依法适用指令再审和发回重审若干问题的规定（节录）

（法释〔2015〕7号 2015年2月2日最高人民法院审判委员会第1643次会议通过）

第一条 上级人民法院应当严格依照民事诉讼法第二百条等规定审查当事人的再审申请，符合法定条件的，裁定再审。不得因指令再审而降低再审启动标准，也不得因当事人反复申诉将依法不应当再审的案件指令下级人民法院再审。

第二条 因当事人申请裁定再审的案件一般应当由裁定再审的人民法院审理。有下列情形之一的，最高人民法院、高级人民法院可以指令原审人民法院再审：

（一）依据民事诉讼法第二百条第（四）项、第（五）项或者第（九）项裁定再审的；

（二）发生法律效力的判决、裁定、

调解书是由第一审法院作出的；

（三）当事人一方人数众多或者当事人双方为公民的；

（四）经审判委员会讨论决定的其他情形。

人民检察院提出抗诉的案件，由接受抗诉的人民法院审理，具有民事诉讼法第二百条第（一）至第（五）项规定情形之一的，可以指令原审人民法院再审。

人民法院依据民事诉讼法第一百九十八条第二款裁定再审的，应当提审。

第三条 虽然符合本规定第二条可以指令再审的条件，但有下列情形之一的，应当提审：

（一）原判决、裁定系经原审人民法院再审审理后作出的；

（二）原判决、裁定系经原审人民法院审判委员会讨论作出的；

（三）原审审判人员在审理该案件时有贪污受贿，徇私舞弊，枉法裁判行为的；

（四）原审人民法院对该案无再审管辖权的；

（五）需要统一法律适用或裁量权行使标准的；

（六）其他不宜指令原审人民法院再审的情形。

第四条 人民法院按照第二审程序审理再审案件，发现原判决认定基本事实不清的，一般应当通过庭审认定事实后依法作出判决。但原审人民法院未对基本事实进行过审理的，可以裁定撤销原判决，发回重审。原判决认定事实错误的，上级人民法院不得以基本事实不清为由裁定发回重审。

第五条 人民法院按照第二审程序审理再审案件，发现第一审人民法院有下列严重违反法定程序情形之一的，可以依照民事诉讼法第一百七十条第一款第（四）项的规定，裁定撤销原判决，发回第一审人民法院重审：

（一）原判决遗漏必须参加诉讼的当事人的；

（二）无诉讼行为能力人未经法定代理人代为诉讼，或者应当参加诉讼的当事人，因不能归责于本人或者其诉讼代理人的事由，未参加诉讼的；

（三）未经合法传唤缺席判决，或者违反法律规定剥夺当事人辩论权利的；

（四）审判组织的组成不合法或者依法应当回避的审判人员没有回避的；

（五）原判决、裁定遗漏诉讼请求的。

第六条 上级人民法院裁定指令再审、发回重审的，应当在裁定书中阐明指令再审或者发回重审的具体理由。

第七条 再审案件应当围绕申请人的再审请求进行审理和裁判。对方当事人在再审庭审辩论终结前也提出再审请求的，应一并审理和裁判。当事人的再审请求超出原审诉讼请求的不予审理，构成另案诉讼的应告知当事人可以提起新的诉讼。

第八条　再审发回重审的案件，应当围绕当事人原诉讼请求进行审理。当事人申请变更、增加诉讼请求和提出反诉的，按照《最高人民法院关于适用〈中华人民共和国民事诉讼法〉的解释》第二百五十二条的规定审查决定是否准许。当事人变更其在原审中的诉讼主张、质证及辩论意见的，应说明理由并提交相应的证据，理由不成立或证据不充分的，人民法院不予支持。

第九条　各级人民法院对民事案件指令再审和再审发回重审的审判行为，应当严格遵守本规定。违反本规定的，应当依照相关规定追究有关人员的责任。

最高人民法院关于人民法院发现本院作出的诉前保全裁定和在执行程序中作出的裁定确有错误以及人民检察院对人民法院作出的诉前保全裁定提出抗诉人民法院应当如何处理的批复

（法释〔1998〕17号　《最高人民法院关于人民法院发现本院作出的诉前保全裁定和在执行程序中作出的裁定确有错误以及人民检察院对人民法院作出的诉前保全裁定提出抗诉人民法院应当如何处理的批复》已于1998年7月21日由最高人民法院审判委员会第1005次会议通过，现予公布，自1998年8月5日起施行。）

一、人民法院院长对本院已经发生法律效力的诉前保全裁定和在执行程序中作出的裁定，发现确有错误，认为需要撤销的，应当提交审判委员会讨论决定后，裁定撤销原裁定。

二、人民检察院对人民法院作出的诉前保全裁定提出抗诉，没有法律依据，人民法院应当通知其不予受理。

最高人民法院关于严格执行案件审理期限制度的若干规定（节录）

（2000 年 9 月 14 日最高人民法院审判委员会第 1130 次会议通过；2000 年 9 月 22 日以法释〔2000〕29 号公布；2000 年 9 月 28 日起施行；根据 2008 年 12 月 16 日发布的《最高人民法院关于调整司法解释等文件中引用〈中华人民共和国民事诉讼法〉条文序号的决定》调整）

一、各类案件的审理、执行期限

......

第二条 适用普通程序审理的第一审民事案件，期限为六个月；有特殊情况需要延长的，经本院院长批准，可以延长六个月，还需延长的，报请上一级人民法院批准，可以再延长三个月。

适用简易程序审理的民事案件，期限为三个月。

适用特别程序审理的民事案件，期限为三十日；有特殊情况需要延长的，经本院院长批准，可以延长三十日，但审理选民资格案件必须在选举日前审结。

审理第一审船舶碰撞、共同海损案件的期限为一年；有特殊情况需要延长

的，经本院院长批准，可以延长六个月。

审理对民事判决的上诉案件，审理期限为三个月；有特殊情况需要延长的，经本院院长批准，可以延长三个月。

审理对民事裁定的上诉案件，审理期限为三十日。

对罚款、拘留民事决定不服申请复议的，审理期限为五日。

审理涉外民事案件，根据民事诉讼法第二百四十八条的规定，不受上述案件审理期限的限制。

审理涉港、澳、台的民事案件的期限，参照涉外审理民事案件的规定办理。

......

第四条 按照审判监督程序重新审理的刑事案件的期限为三个月；需要延长期限的，经本院院长批准，可以延长三个月。

裁定再审的民事、行政案件，根据再审适用的不同程序，分别执行第一审或第二审审理期限的规定。

......

二、立案、结案时间及审理期限的计算

第六条 第一审人民法院收到起诉书（状）或者执行申请书后，经审查认为符合受理条件的应当在七日内立案；收到自诉人自诉状或者口头告诉的，经审查认为符合自诉案件受理条件的应当

在十五日内立案。

改变管辖的刑事、民事、行政案件，应当在收到案卷材料后的三日内立案。

第二审人民法院应当在收到第一审人民法院移送的上（抗）诉材料及案卷材料后的五日内立案。

发回重审或指令再审的案件，应当在收到发回重审或指令再审裁定及案卷材料后的次日内立案。

按照审判监督程序重新审判的案件，应当在作出提审、再审裁定（决定）的次日立案。

……

第十条　人民法院判决书宣判、裁定书宣告或者调解书送达最后一名当事人的日期为结案时间。如需委托宣判、送达的，委托宣判、送达的人民法院应当在审限届满前将判决书、裁定书、调解书送达受托人民法院。受托人民法院应当在收到委托书后七日内送达。

人民法院判决书宣判、裁定书宣告或者调解书送达有下列情形之一的，结案时间遵守以下规定：

（一）留置送达的，以裁判文书留在受送达人的住所日为结案时间；

（二）公告送达的，以公告刊登之日为结案时间；

（三）邮寄送达的，以交邮日期为结案时间；

（四）通过有关单位转交送达的，

以送达回证上当事人签收的日期为结案时间。

……

四、上诉、抗诉二审案件的移送期限

……

第十七条　当事人提出上诉的二审民事、行政案件，第一审人民法院收到上诉状，应当在五日内将上诉状副本送达对方当事人。人民法院收到答辩状，应当在五日内将副本送达上诉人。

人民法院受理人民检察院抗诉的民事、行政案件的移送期限，比照前款规定办理。

……

第十九条　下级人民法院接到上级人民法院调卷通知后，应当在五日内将全部案卷和证据移送，至迟不超过十日。

……

人民检察院
民事诉讼监督规则（节录）

（高检发释字〔2021〕1 号
2021 年 2 月 9 日最高人民检察院第
十三届检察委员会第六十二次会议
通过，自 2021 年 8 月 1 日起施行）

第三章 受 理

......

第二十条 当事人依照本规则第十九条第一项规定向人民检察院申请监督，应当在人民法院作出驳回再审申请裁定或者再审判决、裁定发生法律效力之日起两年内提出。

本条规定的期间为不变期间，不适用中止、中断、延长的规定。

人民检察院依职权启动监督程序的案件，不受本条第一款规定期限的限制。

第二十七条 当事人根据《中华人民共和国民事诉讼法》第二百零九条第一款的规定向人民检察院申请监督，有下列情形之一的，人民检察院不予受理：

（一）当事人未向人民法院申请再审的；

（二）当事人申请再审超过法律规定的期限的，但不可归责于其自身原因的除外；

（三）人民法院在法定期限内正在对民事再审申请进行审查的；

（四）人民法院已经裁定再审且尚未审结的；

（五）判决、调解解除婚姻关系的，但对财产分割部分不服的除外；

（六）人民检察院已经审查终结作出决定的；

（七）民事判决、裁定、调解书是人民法院根据人民检察院的抗诉或者再审检察建议再审后作出的；

（八）申请监督超过本规则第二十条规定的期限的；

（九）其他不应受理的情形。

第二十九条 当事人根据《中华人民共和国民事诉讼法》第二百零九条第一款的规定向人民检察院申请检察建议或者抗诉，由作出生效民事判决、裁定、调解书的人民法院所在地同级人民检察院负责控告申诉检察的部门受理。

人民法院裁定驳回再审申请或者逾期未对再审申请作出裁定，当事人向人民检察院申请监督的，由作出原生效民事判决、裁定、调解书的人民法院所在地同级人民检察院受理。

......

第三十七条 人民检察院在履行职责中发现民事案件有下列情形之一的，应当依职权启动监督程序：

（一）损害国家利益或者社会公共利益的；

（二）审判、执行人员有贪污受贿，

徇私舞弊，枉法裁判等违法行为的；

（三）当事人存在虚假诉讼等妨害司法秩序行为的；

（四）人民法院作出的已经发生法律效力的民事公益诉讼判决、裁定、调解书确有错误，审判程序中审判人员存在违法行为，或者执行活动存在违法情形的；

（五）依照有关规定需要人民检察院跟进监督的；

（六）具有重大社会影响等确有必要进行监督的情形。

人民检察院对民事案件依职权启动监督程序，不受当事人是否申请再审的限制。

……

第四章　审　　查

……

第五十条　人民检察院对审查终结的案件，应当区分情况作出下列决定：

（一）提出再审检察建议；

（二）提请抗诉或者提请其他监督；

（三）提出抗诉；

（四）提出检察建议；

（五）终结审查；

（六）不支持监督申请；

（七）复查维持。

负责控告申诉检察的部门受理的案件，负责民事检察的部门应当将案件办

理结果告知负责控告申诉检察的部门。

……

第七十三条　有下列情形之一的，人民检察院应当终结审查：

（一）人民法院已经裁定再审或者已经纠正违法行为的；

（二）申请人撤回监督申请，且不损害国家利益、社会公共利益或者他人合法权益的；

（三）申请人在与其他当事人达成的和解协议中声明放弃申请监督权利，且不损害国家利益、社会公共利益或者他人合法权益的；

（四）申请监督的自然人死亡，没有继承人或者继承人放弃申请，且没有发现其他应当监督的违法情形的；

（五）申请监督的法人或者非法人组织终止，没有权利义务承受人或者权利义务承受人放弃申请，且没有发现其他应当监督的违法情形的；

（六）发现已经受理的案件不符合受理条件的；

（七）人民检察院依职权启动监督程序的案件，经审查不需要采取监督措施的；

（八）其他应当终结审查的情形。

终结审查的，应当制作《终结审查决定书》，需要通知当事人的，发送当事人。

第五章　对生效判决、裁定、调解书的监督

第七十四条　人民检察院发现人民法院已经发生法律效力的民事判决、裁定有《中华人民共和国民事诉讼法》第二百条规定情形之一的，依法向人民法院提出再审检察建议或者抗诉。

第七十五条　人民检察院发现民事调解书损害国家利益、社会公共利益的，依法向人民法院提出再审检察建议或者抗诉。

人民检察院对当事人通过虚假诉讼获得的民事调解书应当依照前款规定监督。

第七十六条　当事人因故意或者重大过失逾期提供的证据，人民检察院不予采纳。但该证据与案件基本事实有关并且能够证明原判决、裁定确有错误的，应当认定为《中华人民共和国民事诉讼法》第二百条第一项规定的情形。

人民检察院依照本规则第六十三条、第六十四条规定调查取得的证据，与案件基本事实有关并且能够证明原判决、裁定确有错误的，应当认定为《中华人民共和国民事诉讼法》第二百条第一项规定的情形。

第七十七条　有下列情形之一的，应当认定为《中华人民共和国民事诉讼法》第二百条第二项规定的"认定的基本事实缺乏证据证明"：

（一）认定的基本事实没有证据支持，或者认定的基本事实所依据的证据虚假、缺乏证明力的；

（二）认定的基本事实所依据的证据不合法的；

（三）对基本事实的认定违反逻辑推理或者日常生活法则的；

（四）认定的基本事实缺乏证据证明的其他情形。

第七十八条　有下列情形之一，导致原判决、裁定结果错误的，应当认定为《中华人民共和国民事诉讼法》第二百条第六项规定的"适用法律确有错误"：

（一）适用的法律与案件性质明显不符的；

（二）确定民事责任明显违背当事人约定或者法律规定的；

（三）适用已经失效或者尚未施行的法律的；

（四）违反法律溯及力规定的；

（五）违反法律适用规则的；

（六）明显违背立法原意的；

（七）适用法律错误的其他情形。

第七十九条　有下列情形之一的，应当认定为《中华人民共和国民事诉讼法》第二百条第七项规定的"审判组织的组成不合法"：

（一）应当组成合议庭审理的案件独任审判的；

（二）人民陪审员参与第二审案件审理的；

（三）再审、发回重审的案件没有另行组成合议庭的；

（四）审理案件的人员不具有审判资格的；

（五）审判组织或者人员不合法的其他情形。

第八十条 有下列情形之一的，应当认定为《中华人民共和国民事诉讼法》第二百条第九项规定的"违反法律规定，剥夺当事人辩论权利"：

（一）不允许或者严重限制当事人行使辩论权利的；

（二）应当开庭审理而未开庭审理的；

（三）违反法律规定送达起诉状副本或者上诉状副本，致使当事人无法行使辩论权利的；

（四）违法剥夺当事人辩论权利的其他情形。

第八十一条 地方各级人民检察院发现同级人民法院已经发生法律效力的民事判决、裁定有下列情形之一的，可以向同级人民法院提出再审检察建议：

（一）有新的证据，足以推翻原判决、裁定的；

（二）原判决、裁定认定的基本事实缺乏证据证明的；

（三）原判决、裁定认定事实的主要证据是伪造的；

（四）原判决、裁定认定事实的主要证据未经质证的；

（五）对审理案件需要的主要证据，当事人因客观原因不能自行收集，书面申请人民法院调查收集，人民法院未调查收集的；

（六）审判组织的组成不合法或者依法应当回避的审判人员没有回避的；

（七）无诉讼行为能力人未经法定代理人代为诉讼或者应当参加诉讼的当事人，因不能归责于本人或者其诉讼代理人的事由，未参加诉讼的；

（八）违反法律规定，剥夺当事人辩论权利的；

（九）未经传票传唤，缺席判决的；

（十）原判决、裁定遗漏或者超出诉讼请求的；

（十一）据以作出原判决、裁定的法律文书被撤销或者变更的。

第八十二条 符合本规则第八十一条规定的案件有下列情形之一的，地方各级人民检察院一般应当提请上一级人民检察院抗诉：

（一）判决、裁定是经同级人民法院再审后作出的；

（二）判决、裁定是经同级人民法院审判委员会讨论作出的。

第八十三条 地方各级人民检察院发现同级人民法院已经发生法律效力的民事判决、裁定有下列情形之一的，一般应当提请上一级人民检察院抗诉：

（一）原判决、裁定适用法律确有错误的；

（二）审判人员在审理该案件时有贪污受贿，徇私舞弊，枉法裁判行为的。

第八十四条 符合本规则第八十二条、第八十三条规定的案件，适宜由同级人民法院再审纠正的，地方各级人民检察院可以向同级人民法院提出再审检察建议。

第八十五条 地方各级人民检察院发现民事调解书损害国家利益、社会公共利益的，可以向同级人民法院提出再审检察建议，也可以提请上一级人民检察院抗诉。

第八十六条 对人民法院已经采纳再审检察建议进行再审的案件，提出再审检察建议的人民检察院一般不得再向上级人民检察院提请抗诉。

第八十七条 人民检察院提出再审检察建议，应当制作《再审检察建议书》，在决定提出再审检察建议之日起十五日内将《再审检察建议书》连同案件卷宗移送同级人民法院，并制作决定提出再审检察建议的《通知书》，发送当事人。

人民检察院提出再审检察建议，应当经本院检察委员会决定，并将《再审检察建议书》报上一级人民检察院备案。

第八十八条 人民检察院提请抗诉，应当制作《提请抗诉报告书》，在决定提请抗诉之日起十五日内将《提请抗诉报告书》连同案件卷宗报送上一级人民检察院，并制作决定提请抗诉的《通知书》，发送当事人。

第八十九条 人民检察院认为当事人的监督申请不符合提出再审检察建议或者提请抗诉条件的，应当作出不支持监督申请的决定，并在决定之日起十五日内制作《不支持监督申请决定书》，发送当事人。

第九十条 最高人民检察院对各级人民法院已经发生法律效力的民事判决、裁定、调解书，上级人民检察院对下级人民法院已经发生法律效力的民事判决、裁定、调解书，发现有《中华人民共和国民事诉讼法》第二百条、第二百零八条规定情形的，应当向同级人民法院提出抗诉。

第九十一条 人民检察院提出抗诉的案件，接受抗诉的人民法院将案件交下一级人民法院再审，下一级人民法院审理后作出的再审判决、裁定仍有明显错误的，原提出抗诉的人民检察院可以依职权再次提出抗诉。

第九十二条 人民检察院提出抗诉，应当制作《抗诉书》，在决定抗诉之日起十五日内将《抗诉书》连同案件卷宗移送同级人民法院，并由接受抗诉的人民法院向当事人送达再审裁定时一并送达《抗诉书》。

人民检察院应当制作决定抗诉的

《通知书》，发送当事人。上级人民检察院可以委托提请抗诉的人民检察院将决定抗诉的《通知书》发送当事人。

第九十三条　人民检察院认为当事人的监督申请不符合抗诉条件的，应当作出不支持监督申请的决定，并在决定之日起十五日内制作《不支持监督申请决定书》，发送当事人。上级人民检察院可以委托提请抗诉的人民检察院将《不支持监督申请决定书》发送当事人。

第九十四条　人民检察院提出抗诉的案件，人民法院再审时，人民检察院应当派员出席法庭。

必要时，人民检察院可以协调人民法院安排人民监督员旁听。

第九十五条　接受抗诉的人民法院将抗诉案件交下级人民法院再审的，提出抗诉的人民检察院可以指令再审人民法院的同级人民检察院派员出庭。

第九十六条　检察人员出席再审法庭的任务是：

（一）宣读抗诉书；

（二）对人民检察院调查取得的证据予以出示和说明；

（三）庭审结束时，经审判长许可，可以发表法律监督意见；

（四）对法庭审理中违反诉讼程序的情况予以记录。

检察人员发现庭审活动违法的，应当待休庭或者庭审结束之后，以人民检察院的名义提出检察建议。

出庭检察人员应当全程参加庭审。

第九十七条　当事人或者其他参加庭审人员在庭审中对检察机关或者出庭检察人员有侮辱、诽谤、威胁等不当言论或者行为的，出庭检察人员应当建议法庭即时予以制止；情节严重的，应当建议法庭依照规定予以处理，并在庭审结束后向检察长报告。

……

最高人民法院、最高人民检察院关于印发《关于对民事审判活动与行政诉讼实行法律监督的若干意见（试行）》的通知（节录）

（2011年3月10日　高检会〔2011〕1号）

……

第三条　人民检察院对于已经发生法律效力的判决、裁定、调解，有下列情形之一的，可以向当事人或者案外人调查核实：

（一）可能损害国家利益、社会公共利益的；

（二）民事诉讼的当事人或者行政诉讼的原告、第三人在原审中因客观原因不能自行收集证据，书面申请人民法院调查收集，人民法院应当调查收集而未调查收集的；

（三）民事审判、行政诉讼活动违反法定程序，可能影响案件正确判决、裁定的。

第四条 当事人在一审判决、裁定生效前向人民检察院申请抗诉的，人民检察院应当告知其依照法律规定提出上诉。当事人对可以上诉的一审判决、裁定在发生法律效力后提出申诉的，应当说明未提出上诉的理由；没有正当理由的，不予受理。

第五条 最高人民检察院对各级人民法院已经发生法律效力的民事判决、裁定，上级人民检察院对下级人民法院已经发生法律效力的民事判决、裁定，经过立案审查，发现有《中华人民共和国民事诉讼法》第一百七十九条规定情形之一，符合抗诉条件的，应当依照《中华人民共和国民事诉讼法》第一百八十七条之规定，向同级人民法院提出抗诉。

人民检察院发现人民法院已经发生法律效力的行政判决和不予受理、驳回起诉、管辖权异议等行政裁定，有《中华人民共和国行政诉讼法》第六十四条规定情形的，应当提出抗诉。

第六条 人民检察院发现人民法院已经发生法律效力的民事调解、行政赔偿调解损害国家利益、社会公共利益的，应当提出抗诉。

第七条 地方各级人民检察院对符合本意见第五条、第六条规定情形的判决、裁定、调解，经检察委员会决定，可以向同级人民法院提出再审检察建议。

人民法院收到再审检察建议后，应当在三个月内进行审查并将审查结果书面回复人民检察院。人民法院认为需要再审的，应当通知当事人。人民检察院认为人民法院不予再审的决定不当的，应当提请上级人民检察院提出抗诉。

第八条 人民法院裁定驳回再审申请后，当事人又向人民检察院申诉的，人民检察院对驳回再审申请的裁定不应当提出抗诉。人民检察院经审查认为原生效判决、裁定、调解符合抗诉条件的，应当提出抗诉。人民法院经审理查明，抗诉事由与被驳回的当事人申请再审事由实质相同的，可以判决维持原判。

第九条 人民法院的审判活动有本意见第五条、第六条以外违反法律规定情形，不适用再审程序的，人民检察院应当向人民法院提出检察建议。

当事人认为人民法院的审判活动存在前款规定情形，经提出异议人民法院未予纠正，向人民检察院申诉的，人民检察院应当受理。

第十条 人民检察院提出检察建议的，人民法院应当在一个月内作出处理并将处理情况书面回复人民检察院。

人民检察院对人民法院的回复意见

有异议的，可以通过上一级人民检察院向上一级人民法院提出。上一级人民法院认为人民检察院的意见正确的，应当监督下级人民法院及时纠正。

第十一条　人民检察院办理行政申诉案件，发现行政机关有违反法律规定、可能影响人民法院公正审理的行为，应当向行政机关提出检察建议，并将相关情况告知人民法院。

第十二条　人民检察院办理民事、行政申诉案件，经审查认为人民法院的审判活动合法、裁判正确的，应当及时将审查结果告知相关当事人并说明理由，做好服判息诉工作。

人民检察院办理民事申诉、行政赔偿诉讼申诉案件，当事人双方有和解意愿、符合和解条件的，可以建议当事人自行和解。

第十三条　人民法院审理抗诉案件，应当通知人民检察院派员出席法庭。

检察人员出席再审法庭的任务是：

（一）宣读抗诉书；

（二）对人民检察院依职权调查收集的、包括有利于和不利于申诉人的证据予以出示，并对当事人提出的问题予以说明。

检察人员发现庭审活动违法的，应当待庭审结束或者休庭之后，向检察长报告，以人民检察院的名义提出检察建议。

第十四条　人民检察院办理民事、行政诉讼监督案件，应当依法履行法律监督职责，严格遵守办案规则以及相关检察纪律规范，不得谋取任何私利，不得滥用监督权力。

第十五条　人民法院发现检察监督行为违反法律或者检察纪律的，可以向人民检察院提出书面建议，人民检察院应当在一个月内将处理结果书面回复人民法院；人民法院对于人民检察院的回复意见有异议的，可以通过上一级人民法院向上一级人民检察院提出。上一级人民检察院认为人民法院建议正确的，应当要求下级人民检察院及时纠正。

第十六条　人民检察院和人民法院应当建立相应的沟通协调机制，及时解决实践中出现的相关问题。

最高人民法院民事案件当事人申请再审指南（节录）

（2021 年）

一、向最高人民法院申请再审的法定条件

第一条　当事人对最高人民法院已经发生法律效力的一审、二审民事判决、裁定、调解书，可以向最高人民法

院申请再审。

第二条 当事人对高级人民法院已经发生法律效力的一审、二审民事判决、裁定，符合下列情形之一的，可以向最高人民法院申请再审：

（一）再审申请人对原判决、裁定认定的基本事实、主要证据和诉讼程序无异议，但认为适用法律有错误的；

（二）原判决、裁定经高级人民法院审判委员会讨论决定的。

第三条 下列情形当事人申请再审的，最高人民法院不予受理：

（一）已经发生法律效力的解除婚姻关系的判决、调解；

（二）当事人将生效判决、调解书确认的债权转让，债权受让人对该判决、调解书不服申请再审的案件；

（三）适用特别程序、督促程序、公示催告程序、破产程序等非讼程序审理的案件；

（四）再审申请被驳回的案件；

（五）再审判决、裁定；

（六）人民检察院对当事人的申请作出不予提出再审检察建议或者抗诉决定的案件。

（七）当事人对高级人民法院已经发生法律效力的民事调解书申请再审的案件。

第四条 当事人可以对最高人民法院、高级人民法院作出且符合本指南第一条、第二条规定的下列裁定向最高人民法院申请再审：

（一）不予受理的裁定；

（二）驳回起诉的裁定。

第五条 再审申请人应当符合下列情形之一：

（一）判决、裁定、调解书列明的当事人；

（二）认为原判决、裁定、调解书损害其民事权益，所提出的执行异议被裁定驳回的案外人；

（三）上述当事人或案外人死亡或者终止的，其权利义务承继者。

第六条 当事人向最高人民法院申请再审的，一般应委托律师作为诉讼代理人。委托律师有困难的，可以申请法律援助。

第七条 当事人提交的再审申请书不符合要求的，应当在告知后十日内予以补正。无正当理由逾期未予补正的，按撤回再审申请处理。

第八条 当事人申请再审，应当在判决、裁定、调解书发生法律效力后六个月内提出；有民事诉讼法第二百条第一项、第三项、第十二项、第十三项规定情形的，自知道或者应当知道之日起六个月内提出。

二、向最高人民法院申请再审的方式

第九条 当事人向最高人民法院申

请再审，可以下列方式提出：

（一）到最高人民法院诉讼服务中心提交申请再审案件材料；

（二）向最高人民法院邮寄提交申请再审案件材料；

（三）通过最高人民法院诉讼服务网、中国移动微法院、人民法院律师服务平台、人民法院网上申诉信访平台在线提交申请再审案件材料。

三、向最高人民法院申请再审应当提交的书面材料

第十条　再审申请人应当提交再审申请书，并按照被申请人及原审其他当事人人数提交再审申请书副本。

第十一条　再审申请书应当载明下列事项：

（一）再审申请人、被申请人及原审其他当事人的基本情况。当事人是自然人的，应列明姓名、性别、出生日期、民族、职业（或工作单位及职务）、住所及有效联系电话、邮寄地址；当事人是法人或者其他组织的，应列明名称、住所和法定代表人或者主要负责人的姓名、职务及有效联系电话、邮寄地址；

（二）作出判决、裁定、调解书的人民法院名称，判决、裁定、调解文书案号；

（三）具体的再审请求；

（四）申请再审所依据的法定情形（须列明所依据的民事诉讼法的具体条、款、项）及具体事实、理由。当事人不服最高人民法院生效判决、裁定申请再审的，再审申请书列明的再审事由应当是民事诉讼法第二百条规定的情形。当事人不服高级法院生效判决、裁定向本院申请再审的，再审申请书列明再审事由应当是民事诉讼法第二百条第六项规定的情形，并在再审申请书中声明对原判决、裁定认定的基本事实、认定事实的主要证据、适用的诉讼程序没有异议，同时载明案件所涉法律适用问题的争议焦点、生效裁判适用法律存在错误的论证理由和依据。再审申请书未列明再审事由的，应当补充；

（五）向最高人民法院申请再审的明确表述；

（六）再审申请人的签名或者盖章。

第十二条　再审申请人除应提交符合规定的再审申请书外，还应当提交以下材料：

（一）再审申请人是自然人的，应提交身份证明复印件；再审申请人是法人或其他组织的，应提交加盖公章的组织机构代码证复印件、营业执照复印件、法定代表人或主要负责人身份证明书；

（二）委托他人代为申请，除提交授权委托书外，委托代理人是律师的，

应提交律师事务所函和律师执业证复印件；委托代理人是基层法律服务工作者的，应提交基层法律服务所函和法律服务工作者执业证，以及当事人一方位于本辖区内的证明材料。委托代理人是当事人的近亲属的，应提交代理人身份证明复印件以及与当事人有近亲属关系的证明材料；委托代理人是当事人的工作人员的，应提交代理人身份证明复印件和与当事人有合法劳动人事关系的证明材料；委托代理人是当事人所在社区、单位以及有关社会团体推荐的公民的，应提交代理人身份证明复印件、推荐材料和当事人隶属于该社区、单位的证明材料；

（三）申请再审的判决、裁定、调解书原件，或者经核对无误的复印件；判决、裁定、调解书系二审裁判的，应同时提交一审裁判文书原件，或者经核对无误的复印件；

（四）在原审诉讼过程中提交的主要证据复印件；

（五）支持申请再审所依据的法定情形和再审请求的证据材料；

（六）再审申请人有新证据的，应按照被申请人及原审其他当事人人数提交相应份数的新证据副本。

第十三条　再审申请人提交再审申请书等材料应使用 A4 型纸，同时可以附与书面材料内容一致的可编辑的一审、二审裁判文书和再审申请书的电子文本（WORD 文本），并提供所有纸质文件的便携式格式文本（PDF 文本），将上述两种格式的电子文本刻录在同一张光盘中，与纸质材料一并提交。

第十四条　再审申请人提交的再审申请书等材料不符合上述要求，或者有人身攻击等内容，可能引起矛盾激化的，应当补充或改正。

四、到最高人民法院诉讼服务中心提交申请再审案件材料的要求

第十五条　最高人民法院在本部、各巡回法庭及知识产权法庭诉讼服务中心设立专门窗口负责审查接受申请再审案件材料。

第十六条　再审申请人到最高人民法院诉讼服务中心提交申请再审材料的，应当填写来访人员登记表，按照提交登记表的顺序，由接谈法官审查其再审申请是否符合受理条件以及材料是否齐备。

第十七条　再审申请人提出的再审申请符合受理条件且材料齐备的，应填写《最高人民法院民事申请再审诉讼材料收取清单》一式两份，签名并注明日期，由接谈法官加盖最高人民法院收取诉讼材料专用章后返还一份清单。

再审申请人应同时填写送达地址确认书。

五、向最高人民法院邮寄提交申请再审案件材料的要求

第十八条 再审申请人向最高人民法院邮寄提交申请再审案件材料的，应当符合以下要求：

（一）按照本指南第十条至第十四条的要求提供材料，并附材料清单、送达地址确认书及电话等有效联系方式；

（二）在信封上注明提交民事申请再审案件材料；

（三）在信封上注明来信地址、邮政编码及联系电话。

第十九条 再审申请人以邮寄方式提出再审申请符合受理条件，但申请再审案件材料不齐备或需要改正的，应当按要求予以补充或改正。

六、在线提交申请再审案件材料的要求

第二十条 当事人在线提交申请再审案件材料应当符合以下要求：

（一）按照本指南第十条至第十四条的要求提供材料，并附材料清单、送达地址确认书及电话等有效联系方式；

（二）上传与书面材料内容一致的可编辑的一审、二审裁判文书和再审申请书的电子文本（WORD 文本），并提供所有纸质文件的便携式格式文本（PDF 文本）；

（三）填写送达方式、送达地址确认书。

第二十一条 再审申请人在线提出的再审申请，符合受理条件的，立案受理。但申请再审案件材料不齐备或需要补正的，应当按要求予以补正。

七、涉外民事案件申请再审的特别规定

第二十二条 涉外民事案件中的外国当事人向最高人民法院申请再审，申请人为外国人的，应当提交其与原件核对无误的护照复印件，或能证明其身份信息的其他证件复印件；申请人为外国企业或组织的，应当提交申请人身份证明及代表人身份证明。上述身份证明应当经所在国公证机关公证，并经中华人民共和国驻该国使领馆认证，或者履行中华人民共和国与该所在国订立的有关条约中规定的证明手续。

外国人、外国企业或者组织从中华人民共和国领域外寄交或者托交的授权委托书，应当经所在国公证机关公证，并经中华人民共和国驻该国使领馆认证，或者履行中华人民共和国与该所在国订立的有关条约中规定的证明手续。外国人、外国企业或者组织的代表人在中华人民共和国境内签署授权委托书的，应当根据民事诉讼法司法解释第五百二十五条的规定，在人民法院法官见

证下签署，或根据民事诉讼法司法解释第五百二十六条的规定提交中华人民共和国公证机构的公证书。

八、其他

第二十三条 最高人民法院网站可供查询民事申请再审相关规定和诉讼文书样式，提交民事申请再审案件材料网址为 ssfw. court. gov. cn。也可拨打 12368 诉讼服务热线查询。

第二十四条 申请再审材料邮寄地址：

最高人民法院本部 北京市东城区北花市大街 9 号最高人民法院立案庭诉讼服务中心登记四室，邮政编码：100062。如需实地查询请到北京市朝阳区南四环肖村桥南顶路红寺村 316 号最高法院申诉信访大厅办理。

第一巡回法庭 广东省深圳市罗湖区红岭中路 1036 号最高人民法院第一巡回法庭诉讼服务中心，邮政编码：518000。

第二巡回法庭 辽宁省沈阳市浑南区世纪路 3 号最高人民法院第二巡回法庭诉讼服务中心，邮政编码：110179。

第三巡回法庭 江苏省南京市江北新区浦珠北路 88 号最高人民法院第三巡回法庭诉讼服务中心，邮政编码：210031。

第四巡回法庭 河南省郑州市郑东新区博学路 33 号最高人民法院第四巡回法庭诉讼服务中心，邮政编码：430070。

第五巡回法庭 重庆市江北区盘溪路 406-9 号最高人民法院第五巡回法庭诉讼服务中心，邮政编码：400021。

第六巡回法庭 陕西省西安市国际港务区港兴二路 6116 号最高人民法院第六巡回法庭诉讼服务中心，邮政编码：710038。

最高人民法院民事案件当事人申请再审须知（来访）（节录）

（2013 年 6 月 28 日）

1. 当事人不服高级人民法院已经发生法律效力的一审、二审民事判决、裁定、调解书，可以向最高人民法院申请再审。

当事人一方人数众多或者当事人双方为公民的案件，可以向原高级人民法院申请再审；向最高人民法院申请再审的，应当通过原高级人民法院提交申请再审材料。

2. 申请再审的当事人为再审申请人，其对方当事人为被申请人。

3. 申请再审的民事判决、裁定、调解书应当属于法律和司法解释允许申请再审的生效法律文书。

4. 申请再审应当依据民事诉讼法

第二百条列举的事由提出；对生效调解书申请再审的，依据民事诉讼法第二百零一条的规定提出。

再审申请人申请再审应不超过民事诉讼法第二百零五条所规定的申请再审期限。

5. 再审申请人应当提交再审申请书一式两份，并按照被申请人及原审其他当事人人数提交再审申请书副本。

6. 再审申请书应当载明下列事项：

（1）再审申请人、被申请人及原审其他当事人的基本情况。当事人是自然人的，应列明姓名、性别、出生日期、民族、职业（或工作单位及职务）、住所及有效联系电话（包括固定电话或移动电话号码）、邮寄地址；当事人是法人或者其他组织的，应列明名称、住所和法定代表人或者主要负责人的姓名、职务及有效联系电话（包括固定电话或移动电话号码）、邮寄地址；

（2）作出判决、裁定、调解书的人民法院名称，判决、裁定、调解文书案号；

（3）具体的再审请求；

（4）申请再审所依据的法定情形（须列明所依据的民事诉讼法的具体条、款、项）及具体事实、理由；

（5）向最高人民法院申请再审的明确表述；

（6）再审申请人的签名或者盖章，并写明提交法院的日期。

7. 再审申请人除应提交符合前条规定的再审申请书外，还应当提交以下材料：

（1）再审申请人是自然人的，应提交身份证明复印件；再审申请人是法人或其他组织的，应提交营业执照或组织机构代码证复印件、法定代表人或主要负责人身份证明书。自然人、法人或其他组织委托他人代为申请的，应提交有其签字或盖章的授权委托书。其中委托代理人是律师的，还应同时提交律师事务所函和律师执业证复印件；委托代理人是基层法律服务工作者的，应提交法律服务所函和法律服务工作者执业证复印件；委托代理人是当事人的近亲属或工作人员的，应同时提交代理人身份证明复印件；委托代理人是当事人所在社区、单位以及有关社会团体推荐的公民的，应提交相关部门的证明函件及代理人身份证明复印件。

以上人员均应写明电话等便于联系的相关信息。

（2）申请再审的判决、裁定、调解书原件，或者经核对无误的复印件；判决、裁定、调解书系二审裁判的，应同时提交一审裁判文书原件，或者经核对无误的复印件。

（3）在原审诉讼过程中提交的主要证据复印件；

（4）支持申请再审所依据的法定

情形和再审请求的证据材料。

（5）再审申请人对生效已超过六个月的裁判，依据民事诉讼法第二百条第一项、第三项、第十二项、第十三项规定申请再审的，应提供相应证据材料。

提交以上（1）至（5）材料均为一式一份。

8. 再审申请人提交再审申请书等材料应使用 A4 型纸，同时应当附与书面材料内容一致的、可编辑的一审、二审裁判文书和再审申请书的电子文档（以 2003 版 word 格式刻录成光盘）。并填写最高人民法院民事申请再审诉讼材料收取清单和送达地址确认书及是否同意采用电子邮件方式送达诉讼文书的确认书。

9. 再审申请人提交的再审申请书等材料不符合上述要求，或者有人身攻击等内容，可能引起矛盾激化的，应当依上述各项要求进行补充或改正。

此外，再审申请人还需提供被申请人和其他各方当事人的法律文书送达地址和有效联系方式。

最高人民法院立案二庭

最高人民法院办公厅关于印发修改后的《民事申请再审案件诉讼文书样式》的通知（节录）

（法办发〔2012〕17 号　2011 年 4 月最高人民法院印发了《民事申请再审案件诉讼文书样式》（法〔2011〕160 号），有效规范和统一了民事申请再审案件诉讼文书的制作。2012 年 8 月 31 日，第十一届全国人民代表大会常务委员会第二十八次会议通过了《关于修改〈中华人民共和国民事诉讼法〉的决定》。为了全面贯彻修改后的民事诉讼法，进一步规范和完善民事申请再审案件诉讼文书的制作，结合民事再审审查工作实际，特对《民事申请再审案件诉讼文书样式》作出修改，本文书样式自 2013 年 1 月 1 日起施行。）

附件 1：关于民事申请再审案件诉讼文书写作的基本要求

一、关于当事人基本情况部分

（一）当事人申请再审的，列为"再审申请人"；各方当事人均申请再审的，均列为"再审申请人"；再审申请书载明的被申请人列为"被申请人"；未提出再审申请或者未被列为被申请人的原审其他当事人按照其在一审、二审中的地位依次列明，如"一审原告、二审被上诉人"；对不予受理裁定申请再审的案件，只列再审申请人。

（二）"再审申请人"、"被申请人"后的括号中按照"一审原告、反诉被告（或一审被告、反诉原告），二审上诉人（或二审被上诉人）"列明当事人在一审、二审中的诉讼地位。

（三）当事人名称变化的，在名称后加括号注明原名称。

（四）当事人是自然人的，列明姓名、性别、民族、出生日期、职业、住址；自然人职业不明确的，可以不表述；外国籍或港澳台地区的自然人，应注明其国籍及所处地区。当事人是法人或者其他组织的，列明名称、住所和法定代表人或者主要负责人的姓名、职务。

（五）当事人是自然人的，住址写为"住（具体地址）"；再审申请书上载明的地址与生效裁判或身份证上载明的住址不一致的，住址写为"住（身份证上载明的住址），现住（再审申请书上载明的地址）"。当事人是法人或者其他组织的，住所写为"住所地：（营业执照上载明的住所）"。

当事人住址或住所在市辖区的，写为"××省（直辖市、自治区）××市××区（具体地址）"；当事人住址或住所在市辖县、市辖县级市的，写为"××省（直辖市、自治区）××县（市）（具体地址）"，不写所在地级市（地区）；如有两个以上当事人住址相同，应当分别写明，不能用"住址同上"代替。

（六）法人或者其他组织的法定代表人或主要负责人写为"法定代表人（或负责人）：×××，该公司（或厂、村委会等）董事长（或厂长、主任等职务）"。

（七）委托代理人是律师的，写为"委托代理人：×××，×××律师事务所律师"；委托代理人是同一律师事务所律师的，应当分别写明所在律师事务所；同一律师事务所的实习律师与律师共同担任委托代理人的，实习律师写为"委托代理人：×××，×××律师事务所实习律师"；委托代理人是基层法律服务工作者的，写为"委托代理人：×××，×××法律服务所法律工作者"。

法人或者其他组织的工作人员受所在单位委托代为诉讼的，写为"委托代理人：×××，该公司（或厂、村委会等）工作人员（可写明职务）"。

委托代理人是当事人的近亲属或者当事人所在社区、单位以及有关社会团体推荐的公民的，写为"委托代理人：×××，性别，民族，出生日期，职业，住址"；委托代理人是当事人近亲属的，还应当在住址之后注明其与当事人的关系。

（八）诉讼地位与当事人姓名或名称、代理人姓名之间用冒号隔开。

（九）一方当事人死亡，其继承人明确表示参加诉讼的，列其继承人为当事人，但应在其后加括号注明其与原当事人的关系。

二、关于案件来源部分

（一）本部分在当事人全称后加括号注明简称。

（二）当事人简称应当保持一致，做到简明规范，体现当事人的特点。

（三）未提出再审申请或者未被列为被申请人的原审其他当事人应当在被申请人之后，按照其在一审、二审中的诉讼地位依次列明。

（四）申请再审的裁判文书表述为"不服××人民法院（××××）××字第××号民事判决（裁定、调解书）"。

三、关于申请再审的事实与理由部分

（一）本部分首句表述为"×××（再审申请人的简称）申请再审称"，中间与具体事实和理由以冒号隔开。

（二）对于申请再审的事实与理由应当进行总体概括，做到简洁、准确、全面，避免按照再审申请书罗列的具体事实和理由照抄。

（三）申请再审的事实与理由有多个，且分为多级层次的，结构层次序数依次按照"（一）"、"1."和"（1）"

写明，应注意"（一）"和"（1）"之后不加顿号，结构层次序数中的阿拉伯数字右下用圆点，不用逗号或顿号；只有一级层次的，结构层次序数写为"（一）"、"（二）"、"（三）"；有两级层次的，写为"（一）"、"1."；有三级层次的，写为"（一）"、"1."、"（1）"。

（四）本部分应在结尾处写明申请再审的法律依据，表述为"×××依据《中华人民共和国民事诉讼法》第二百条第×项的规定申请再审"。条、项的序号应用汉字注明，项的序号不加括号。

四、关于被申请人意见部分

（一）被申请人以书面或口头形式发表意见的，表述为"×××提交意见称：×××的再审申请缺乏事实与法律依据，请求予以驳回"；也可以根据案件情况对被申请人的意见进行归纳。

（二）被申请人未提交书面或口头意见的，不作表述。

五、关于本院审查查明部分

驳回再审申请的案件，如在审查过程中查明了与申请再审事由相关的新的事实，可以在本部分写明，对于原审查明的事实不予表态。当事人诉讼主体资格变化的，应当在本部分写明。

六、关于本院经审查认为部分

本部分应针对申请再审所依据的事由和理由逐一进行分析评判，避免漏审。

七、几点技术性要求

（一）为避免引起歧义，裁定书中不使用"原审"的表述，应当指出具体审级，如"一审法院"、"二审判决"。

（二）在裁定书中指代本院时，应当使用"本院"，不应使用"我院"的表述。在内部函中指代发函法院时，应当使用"我院"，不应使用"本院"的表述。

（三）当事人有简称的，在当事人基本情况、案件来源和裁定书主文部分用当事人全称，裁定书其余部分均用简称指代该当事人，不使用"再审申请人、被申请人"等代称。出现次数很少的当事人不必使用简称。

（四）第一次引用法律或司法解释的，应写明全称并注明简称，如《中华人民共和国合同法》（以下简称合同法），此后使用该简称不加书名号。引用次数很少的法律或司法解释不必使用简称。

（五）引用法律法规条文，应当用汉字注明条文序号，如《中华人民共和国合同法》第六十六条。引用司法解释，司法解释条文序号使用汉字的，用汉字注明条文序号，如《最高人民法院关于适用〈中华人民共和国合同法〉若干问题的解释（二）》第十条；司法解释条文序号使用阿拉伯数字的，用阿拉伯数字注明条文序号，如《最高人民法院关于适用〈中华人民共和国民事诉讼法〉若干问题的意见》第1条。

（六）五位及五位以上的阿拉伯数字，数字应当连续写，数字中间不加空格或分节号，如123456元；尾数零多的，可以改写为以万、亿作单位的数，如100000元可以写作10万元。一个用阿拉伯数字书写的多位数不能移行。

最高人民法院关于印发《第一次全国民事再审审查工作会议纪要》的通知（节录）

（2011年4月21日 法〔2011〕159号）

一、民事再审审查工作的指导思想和原则

1. 民事再审审查工作是人民法院依法审查再审申请，确定再审事由是否成立，依法作出裁定的审判工作，是人民法院履行审判监督职能的重要内容，是保障当事人诉讼权利的法定手段，是启动民事再审程序的主要途径。

2. 民事再审审查工作应当坚持平等保护原则，既要依法保护申请再审人的诉讼权利，又要平等保护对方当事人的合法权益。

3. 民事再审审查工作应当坚持依法裁定原则。再审申请符合法定再审事

由的，应当裁定再审，不符合的，应当裁定驳回，既要注重保护当事人的申请再审权，又要注重维护生效裁判的既判力。

4. 民事再审审查工作应当坚持"调解优先、调判结合"原则，积极探索符合民事申请再审案件特点的调解方法，努力化解社会矛盾。

5. 应当正确认识民事再审审查和再审审理的关系。民事再审审查和再审审理是审判监督程序的不同阶段。民事再审审查的主要任务是依据再审审查程序对再审申请是否符合法定再审事由进行审查，决定是否裁定再审。民事再审审理的主要任务是依据再审审理程序对裁定再审的案件进行审理，确定生效裁判是否确有错误，依法作出再审裁判。两个阶段具有不同的功能和裁判标准，不能简单地以再审改判率评判再审审查工作的质量。

二、民事申请再审案件的受理

6. 当事人对地方各级人民法院作出的已经发生法律效力的一审、二审民事判决、裁定、调解书，以及再审改变原审结果的民事判决、裁定、调解书，认为有法定再审事由，向上一级人民法院申请再审的，上一级人民法院应当受理。

当事人对不予受理、管辖权异议、驳回起诉以及按自动撤回上诉处理的裁定不服申请再审的，上一级人民法院应当受理。

7. 人民法院在审查申请再审案件过程中，被申请人或者其他当事人提出符合条件的再审申请的，应当将其列为申请再审人，对于其再审事由一并审查，审查期限重新计算。经审查，其中一方申请再审人主张的再审事由成立的，人民法院即应裁定再审。部分当事人主张的再审事由成立，其余当事人主张的再审事由不成立的，在裁定书中载明部分当事人主张的再审事由成立，对于其余当事人主张的再审事由是否成立不作结论。各方申请再审人主张的再审事由均不成立的，一并裁定驳回。

一方当事人申请再审经人民法院裁定再审后，被申请人或其他当事人在再审审理期间提出再审申请的，不再进行审查，移送再审审理机构处理。被申请人或其他当事人在前案再审结束后对原裁判申请再审的，告知其可针对新作出的再审裁判主张权利。

8. 案外人对判决、裁定、调解书确定的执行标的物主张权利，且无法提起新的诉讼解决争议而申请再审的，应予受理。

判决生效后当事人将判决确认的债权转让，债权受让人对该判决不服申请再审的，不予受理。

9. 当事人向原审人民法院申请再审的，原审人民法院应当做好释明、和解工作。原审人民法院发现本院生效判决、裁定确有错误，认为需要再审的，依照民事诉讼法第一百七十七条的规定处理。

10. 人民法院受理申请再审案件，应当依照《最高人民法院关于受理审查民事申请再审案件的若干意见》的规定，认真审查再审申请是否符合法定条件。有下列情形的，应当向申请再审人释明：

（1）申请再审人不是原审当事人、原审当事人的权利义务继受人或者《最高人民法院关于适用〈中华人民共和国民事诉讼法〉审判监督程序若干问题的解释》第五条规定的案外人；

（2）他人未经授权，以委托代理人名义代理当事人提出再审申请；

（3）再审申请不是向上一级人民法院提出；

（4）原审裁判系法律规定不得申请再审的裁判；

（5）申请再审的裁判尚未生效或已被再审撤销；

（6）再审申请书未列明再审事由或列明的再审事由不属于民事诉讼法第一百七十九条、第一百八十二条规定的再审事由范围；

（7）再审申请不符合民事诉讼法第一百八十四条规定的期间要求；

（8）其他不符合申请再审法定条件的情形。

人民法院受理再审申请后，发现当事人申请再审不符合法定条件的，裁定驳回再审申请。

11. 案件受理后，应当依法向申请再审人发送受理通知书，向被申请人和其他当事人发送受理通知书、再审申请书副本和送达地址确认书。因通讯地址不详等原因，受理通知书、再审申请书副本等材料未发送至当事人的，不影响案件的审查。

三、民事申请再审案件的审查

12. 人民法院审查民事申请再审案件，应当围绕当事人主张的再审事由是否成立进行，当事人未主张的事由不予审查。当事人主张的再审事由与其依据的事实和理由不一致的，可以向当事人释明。

13. 人民法院审查申请再审案件，可以根据案件具体情况，在审查当事人提交的再审申请书、书面意见后直接作出裁定，或者在审阅原审卷宗、询问当事人后作出裁定。

14. 人民法院审查申请再审案件可以根据审查工作需要调取相关卷宗，也可以要求原审人民法院以传真件、复印件、电子文档等方式及时报送相关卷宗材料。

上级人民法院决定调卷审查的，应当制发调卷函。调卷函应当载明案号、当事人名称、案由、送卷期限、调卷人及联系方式等内容，并写明需调取的卷宗案号。原审人民法院应当在收到调卷函后 1 个月内按要求调齐卷宗报送上级人民法院。各级人民法院应当确定专人负责调卷工作，提高调卷效率。

15. 人民法院可以根据审查工作需要询问一方或者各方当事人。对以有足以推翻原判决、裁定的新证据为由申请再审的案件，人民法院应当询问当事人。

询问由审判长或承办法官主持，围绕与再审事由相关的证据采信、事实认定、法律适用、裁判结果以及诉讼程序等问题和法院应当依职权查明的事项进行。

16. 人民法院审查民事申请再审案件，可以根据案件情况组织当事人进行调解。当事人经调解达成协议或自行达成和解协议，需要出具调解书的，应当裁定提审。提审后，由审查该申请再审案件的合议庭制作调解书。

当事人经调解达成协议或自行达成和解协议，申请撤回再审申请，经审查不违反法律规定的，应当裁定准许。当事人经调解达成协议或自行达成和解协议且已履行完毕，未申请撤回再审申请的，可以裁定终结审查。

17. 人民法院在审查过程中认为确有必要的，可以依职权调查核实案件事实，也可以向原审人民法院了解案件审理中的有关情况。

18. 人民法院应当自受理申请再审案件之日起 3 个月内审查完毕，但公告

期间、鉴定期间、双方当事人申请调解期间以及调卷期间等不计入审查期限。有特殊情况需要延长的，由本院院长批准。

19. 审查过程中，出现下列情形之一的，裁定终结审查：

（1）申请再审人死亡或者终止，无权利义务承受人或者权利义务承受人声明放弃再审申请的；

（2）在给付之诉中，负有给付义务的被申请人死亡或者终止，无可供执行的财产，也没有应当承担义务的人的；

（3）当事人达成执行和解协议且已履行完毕的，但当事人在执行和解协议中声明不放弃申请再审权利的除外；

（4）他人未经授权，以委托代理人名义代理当事人提出再审申请的；

（5）人民检察院对该案提出抗诉的；

（6）原审人民法院对该案裁定再审的。

四、民事申请再审案件再审事由的认定

20. 人民法院审查民事申请再审案件，应当区分再审事由类型，结合案件具体情况，准确掌握再审事由成立的条件。

原判决、裁定存在民事诉讼法第一百七十九条第一款第（七）项至第（十三）项以及该条第二款规定情形

的，应当认定再审事由成立。

当事人依据民事诉讼法第一百七十九条第一款第（一）项至第（六）项申请再审的，人民法院判断再审事由是否成立，应当审查原判决、裁定在证据采信、事实认定、法律适用方面是否存在影响基本事实、案件性质、裁判结果等情形。

21. 申请再审人申请人民法院委托鉴定、勘验，并请求以鉴定结论、勘验笔录作为新证据申请再审的，不予支持。

申请再审人在原审中依法申请鉴定、勘验，原审人民法院应当准许而未予准许，且未经鉴定、勘验可能影响案件基本事实认定的，可以依据民事诉讼法第一百七十九条第一款第（二）项的规定审查处理。

22. 民事诉讼法第一百七十九条第一款第（三）项、第（四）项规定的主要证据是指原判决、裁定认定基本事实的证据。

23. 人民法院可以根据原审卷宗中的庭审笔录、证据交换笔录、答辩意见、代理词等材料判断原判决、裁定认定事实的主要证据是否未经质证。

申请再审人对原判决、裁定认定事实的主要证据在原审拒绝发表质证意见，又依照民事诉讼法第一百七十九条第一款第（四）项申请再审的，不予支持。

24. 申请再审人能够在一审答辩期间提出管辖权异议而未提出，判决、裁定生效后又依照民事诉讼法第一百七十九条第一款第（七）项申请再审的，不予支持。但违反专属管辖规定的除外。

25. 有下列情形之一的，应当认定为民事诉讼法第一百七十九条第一款第（八）项规定的审判组织的组成不合法的情形：

（1）人民陪审员独任审理的；

（2）应当组成合议庭审理的案件采用独任制审理的；

（3）合议庭成员曾参加同一案件一审、二审或者再审程序审理的；

（4）参加开庭的审判组织成员与参加合议、在判决书、裁定书上署名的审判组织成员不一致的，但依法变更审判组织成员的除外；

（5）变更审判组织成员未依法告知当事人的；

（6）其他属于审判组织不合法的情形。

26. 民事诉讼法第一百七十九条第一款第（八）项、第二款规定的"审判人员"包括参加一审、二审、再审程序审理的审判人员。

27. 民事诉讼法第一百七十九条第一款第（十二）项规定的原判决、裁定遗漏或超出诉讼请求的情形，包括遗漏或超出一审原告的诉讼请求、被告的反诉请求，二审上诉人的上诉请求，申请再审人的再审请求。

28. 当事人同时提出确认之诉和给付之诉，且确认之诉是给付之诉前提条件的，原判决在主文里仅对给付之诉作出判定，但在判决理由中对确认之诉进行了分析认定的，不属于遗漏诉讼请求的情形。

五、民事再审审查工作的监督指导

29. 上级人民法院裁定指令再审的案件，原审人民法院应当及时将再审结果反馈给上级人民法院。

上级人民法院裁定驳回再审申请后，原审人民法院依照民事诉讼法第一百七十七条的规定决定再审的，应当报请上级人民法院同意。

30. 上级人民法院应当充分发挥监督指导职能，及时总结民事再审审查工作中发现的法律适用等具有共性的问题，以适当形式予以公布，指导下级人民法院民事再审审查工作。

31. 上级人民法院应当建立信息通报制度，定期公布申请再审案件审查结果，通报辖区内下级人民法院民事案件的申请再审率、裁定再审率、按期送卷率等工作指标，实现上下级人民法院和同级人民法院之间信息共享和良性互动。

32. 人民法院再审审查机构应当加强与再审审理机构的沟通，建立再审案件审判结果跟踪制度，及时了解再审案件审判结果，认真查找工作中存在的问题，提升民事再审审查工作质效。

最高人民法院印发《关于受理审查民事申请再审案件的若干意见》的通知（节录）

（2009 年 4 月 27 日　法发〔2009〕26 号）

一、民事申请再审案件的受理

第一条　当事人或案外人申请再审，应当提交再审申请书等材料，并按照被申请人及原审其他当事人人数提交再审申请书副本。

第二条　人民法院应当审查再审申请书是否载明下列事项：

（一）申请再审人、被申请人及原审其他当事人的基本情况。当事人是自然人的，应列明姓名、性别、年龄、民族、职业、工作单位、住所及有效联系电话、邮寄地址；当事人是法人或者其他组织的，应列明名称、住所和法定代表人或者主要负责人的姓名、职务及有效联系电话、邮寄地址；

（二）原审法院名称，原判决、裁定、调解文书案号；

（三）具体的再审请求；

（四）申请再审的法定事由及具体事实、理由；

（五）受理再审申请的法院名称；

（六）申请再审人的签名或者盖章。

第三条　申请再审人申请再审，除应提交符合前条规定的再审申请书外，还应当提交以下材料：

（一）申请再审人是自然人的，应提交身份证明复印件；申请再审人是法人或其他组织的，应提交营业执照复印件、法定代表人或主要负责人身份证明书。委托他人代为申请的，应提交授权委托书和代理人身份证明；

（二）申请再审的生效裁判文书原件，或者经核对无误的复印件；生效裁判系二审、再审裁判的，应同时提交一审、二审裁判文书原件，或者经核对无误的复印件；

（三）在原审诉讼过程中提交的主要证据复印件；

（四）支持申请再审事由和再审诉讼请求的证据材料。

第四条　申请再审人提交再审申请书等材料的同时，应提交材料清单一式两份，并可附申请再审材料的电子文本，同时填写送达地址确认书。

第五条　申请再审人提交的再审申请书等材料不符合上述要求，或者有人身攻击等内容，可能引起矛盾激化的，人民法院应将材料退回申请再审人并告知其补充或改正。

再审申请书等材料符合上述要求

的，人民法院应在申请再审人提交的材料清单上注明收到日期，加盖收件章，并将其中一份清单返还申请再审人。

第六条　申请再审人提出的再审申请符合以下条件的，人民法院应当在5日内受理并向申请再审人发送受理通知书，同时向被申请人及原审其他当事人发送受理通知书、再审申请书副本及送达地址确认书：

（一）申请再审人是生效裁判文书列明的当事人，或者符合法律和司法解释规定的案外人；

（二）受理再审申请的法院是作出生效裁判法院的上一级法院；

（三）申请再审的裁判属于法律和司法解释允许申请再审的生效裁判；

（四）申请再审的事由属于民事诉讼法第一百七十九条规定的情形。

再审申请不符合上述条件的，应当及时告知申请再审人。

第七条　申请再审人向原审法院申请再审的，原审法院应针对申请再审事由并结合原裁判理由作好释明工作。申请再审人坚持申请再审的，告知其可以向上一级法院提出。

第八条　申请再审人越级申请再审的，有关上级法院应告知其向原审法院的上一级法院提出。

第九条　人民法院认为再审申请不符合民事诉讼法第一百八十四条规定的期间要求的，应告知申请再审人。申请再审人认为未超过法定期间的，人民法院可以限期要求其提交生效裁判文书的送达回证复印件或其他能够证明裁判文书实际生效日期的相应证据材料。

二、民事申请再审案件的审查

第十条 人民法院受理申请再审案件后，应当组成合议庭进行审查。

第十一条 人民法院审查申请再审案件，应当围绕申请再审事由是否成立进行，申请再审人未主张的事由不予审查。

第十二条 人民法院审查申请再审案件，应当审查当事人诉讼主体资格的变化情况。

第十三条 人民法院审查申请再审案件，采取以下方式：

（一）审查当事人提交的再审申请书、书面意见等材料；

（二）审阅原审卷宗；

（三）询问当事人；

（四）组织当事人听证。

第十四条 人民法院经审查申请再审人提交的再审申请书、对方当事人提交的书面意见、原审裁判文书和证据等材料，足以确定申请再审事由不能成立的，可以径行裁定驳回再审申请。

第十五条 对于以下列事由申请再审，且根据当事人提交的申请材料足以确定再审事由成立的案件，人民法院可以径行裁定再审：

（一）违反法律规定，管辖错误的；

（二）审判组织的组成不合法或者依法应当回避的审判人员没有回避的；

（三）无诉讼行为能力人未经法定代理人代为诉讼，或者应当参加诉讼的当事人因不能归责于本人或者其诉讼代理人的事由未参加诉讼的；

（四）据以作出原判决、裁定的法律文书被撤销或者变更的；

（五）审判人员在审理该案件时有贪污受贿、徇私舞弊、枉法裁判行为，并经相关刑事法律文书或者纪律处分决定确认的。

第十六条 人民法院决定调卷审查的，原审法院应当在收到调卷函后 15 日内按要求报送卷宗。

调取原审卷宗的范围可根据审查工作需要决定。必要时，在保证真实的前提下，可要求原审法院以传真件、复印件、电子文档等方式及时报送相关卷宗材料。

第十七条 人民法院可根据审查工作需要询问一方或者双方当事人。

第十八条 人民法院对以下列事由申请再审的案件，可以组织当事人进行听证：

（一）有新的证据，足以推翻原判决、裁定的；

（二）原判决、裁定认定的基本事

实缺乏证据证明的;

（三）原判决、裁定认定事实的主要证据是伪造的;

（四）原判决、裁定适用法律确有错误的。

第十九条　合议庭决定听证的案件,应在听证5日前通知当事人。

第二十条　听证由审判长主持,围绕申请再审事由是否成立进行。

第二十一条　申请再审人经传票传唤,无正当理由拒不参加询问、听证或未经许可中途退出的,裁定按撤回再审申请处理。被申请人及原审其他当事人不参加询问、听证或未经许可中途退出的,视为放弃在询问、听证过程中陈述意见的权利。

第二十二条　人民法院在审查申请再审案件过程中,被申请人或者原审其他当事人提出符合条件的再审申请的,应当将其列为申请再审人,对于其申请再审事由一并审查,审查期限重新计算。经审查,其中一方申请再审人主张的再审事由成立的,人民法院即应裁定再审。各方申请再审人主张的再审事由均不成立的,一并裁定驳回。

第二十三条　申请再审人在审查过程中撤回再审申请的,是否准许,由人民法院裁定。

第二十四条　审查过程中,申请再审人、被申请人及原审其他当事人自愿达成和解协议,当事人申请人民法院出

具调解书且能够确定申请再审事由成立的,人民法院应当裁定再审并制作调解书。

第二十五条　审查过程中,申请再审人或者被申请人死亡或者终止的,按下列情形分别处理:

（一）申请再审人有权利义务继受人且该权利义务继受人申请参加审查程序的,变更其为申请再审人;

（二）被申请人有权利义务继受人的,变更其权利义务继受人为被申请人;

（三）申请再审人无权利义务继受人或其权利义务继受人未申请参加审查程序的,裁定终结审查程序;

（四）被申请人无权利义务继受人且无可供执行财产的,裁定终结审查程序。

第二十六条　人民法院经审查认为再审申请超过民事诉讼法第一百八十四条规定期间的,裁定驳回申请。

第二十七条　人民法院经审查认为申请再审事由成立的,一般应由本院提审。

第二十八条　最高人民法院、高级人民法院审查的下列案件,可以指令原审法院再审:

（一）依据民事诉讼法第一百七十九条第一款第（八）至第（十三）项事由提起再审的;

（二）因违反法定程序可能影响案

件正确判决、裁定提起再审的；

（三）上一级法院认为其他应当指令原审法院再审的。

第二十九条 提审和指令再审的裁定书应当包括以下内容：

（一）申请再审人、被申请人及原审其他当事人基本情况；

（二）原审法院名称、申请再审的生效裁判文书名称、案号；

（三）裁定再审的法律依据；

（四）裁定结果。

裁定书由院长署名，加盖人民法院印章。

第三十条 驳回再审申请的裁定书，应当包括以下内容：

（一）申请再审人、被申请人及原审其他当事人基本情况；

（二）原审法院名称、申请再审的生效裁判文书名称、案号；

（三）申请再审人主张的再审事由、被申请人的意见；

（四）驳回再审申请的理由、法律依据；

（五）裁定结果。

裁定书由审判人员、书记员署名，加盖人民法院印章。

第三十一条 再审申请被裁定驳回后，申请再审人以相同理由再次申请再审的，不作为申请再审案件审查处理。

申请再审人不服驳回其再审申请的裁定，向作出驳回裁定法院的上一级法院申请再审的，不作为申请再审案件审查处理。

第三十二条 人民法院应当自受理再审申请之日起3个月内审查完毕，但鉴定期间等不计入审查期限。有特殊情况需要延长的，报经本院院长批准。

……

最高人民法院关于民事申请再审案件受理审查工作细则（试行）（节录）

（2008年4月1日　法〔2008〕122号）

1. 当事人申请再审的，应当提交再审申请书等材料，并按照对方当事人人数提交再审申请书副本。向人民法院提出再审申请的当事人为再审申请人，其对方当事人为再审被申请人。

2. 再审申请书应当记明下列事项：

（1）再审申请人、再审被申请人的姓名、性别、年龄、民族、职业、工作单位、住所及联系方式，法人或者其他组织的名称、住所和法定代表人或者主要负责人的姓名、职务及联系方式；

（2）原审法院名称、申请再审的生效裁判文书名称及案号；

（3）申请再审事由、再审诉讼请求和所依据的事实、理由及证据；

（4）受理再审申请书的法院名称。

再审申请人应当在再审申请书上签名或者盖章，并记明提交法院的日期。

3. 除再审申请书外，再审申请人还应当提交以下材料：

（1）再审申请人的身份证明复印件或者营业执照复印件和法定代表人或主要负责人身份证明书。委托他人代为申请的，应提交授权委托书和代理人身份证明；

（2）申请再审的生效裁判文书原件，或者经核对无误的复印件；生效裁判系二审、再审裁判的，应同时提交一审、二审裁判文书原件，或者经核对无误的复印件；

（3）在原审诉讼过程中提交的主要证据复印件；

（4）支持申请再审事由和再审诉讼请求的证据材料。

4. 再审申请人提交再审申请书等材料应使用 A4 型纸，并提交材料清单一式两份，同时可附申请再审材料的电子文本。

5. 再审申请人提交的再审申请书等材料符合上述要求的，人民法院应在再审申请人提交的两份材料清单上注明收到日期，加盖收件章，并将其中一份返还再审申请人。材料不符合要求的，人民法院应将材料退回再审申请人并告知其补正。

6. 经审查再审申请符合以下条件的，人民法院应当在 5 日内受理并向再审申请人发送受理通知书，同时向被申请人发送应诉通知书和再审申请书副本：

（1）再审申请人是生效裁判文书列明的当事人，或者符合法律和司法解释规定的案外人；

（2）本院是原审法院的上一级法院；

（3）申请再审的裁判属于法律和司法解释允许申请再审的生效裁判；

（4）申请再审的事由属于民事诉讼法第一百七十九条规定的情形。

经审查认为再审申请不符合上述条件的，应在收到再审申请书等材料后 5 日内通知再审申请人补正并说明理由。

7. 再审申请人向原审法院申请再审的，原审法院应针对申请再审事由并结合原裁判理由作好释明工作。再审申请人坚持申请再审的，告知其可以向上一级法院提出。

8. 再审申请人越级向上级法院申请再审的，上级法院应告知其向原审法院的上一级法院提出。

9. 人民法院经审查认为再审申请不符合民事诉讼法第一百八十四条规定的期间要求的，应告知再审申请人。再审申请人坚持申请再审的，应予受理。

10. 人民法院审查申请再审案件，应当组成合议庭。

11. 人民法院应当就申请再审事由是否成立进行审查，再审申请人未主张的事由可不予审查。

12. 人民法院审查申请再审案件，可以根据申请再审事由、审查阶段和案件具体情况采取以下审查方式：

（1）审查当事人提交的再审申请书、书面意见等材料；

（2）审阅原审卷宗；

（3）询问当事人；

（4）组织当事人听证。

13. 经审查当事人提交的再审申请书、书面意见、原审裁判文书和证据等材料，足以确定申请再审事由不能成立的，可以不经审阅原审卷宗，迳行裁定驳回申请。

14. 对于以下列事由申请再审，且根据当事人提交的申请材料足以确定再审事由成立的案件，可以不经审阅原审卷宗，迳行裁定再审：

（1）原判决、裁定适用法律确有错误的；

（2）违反法律规定，管辖错误的；

（3）审判组织的组成不合法或者依法应当回避的审判人员没有回避的；

（4）无诉讼行为能力人未经法定代理人代为诉讼，或者应当参加诉讼的当事人因不能归责于本人或者其诉讼代理人的事由未参加诉讼的；

（5）据以作出原判决、裁定的法律文书被撤销或者变更的；

（6）审判人员在审理该案件时有贪污受贿、徇私舞弊、枉法裁判行为，

并经生效裁判或者行政处分决定确认的；

（7）其他不需审阅原审卷宗的案件。

15. 审查过程中，可根据审查申请再审事由所需材料范围决定调取原审卷宗范围。必要时，可要求原审法院以传真件、复印件等方式及时报送相关卷宗材料。

原审法院应当在收到调卷函后15日内按要求报送卷宗。

16. 人民法院可根据审查工作需要询问一方或者双方当事人。

17. 对符合下列情形的申请再审案件，可以组织当事人进行听证：

（1）提出新证据，可能推翻原判决、裁定的；

（2）以原判决、裁定认定的基本事实缺乏证据证明为由申请再审的；

（3）原判决、裁定认定事实的主要证据是伪造的；

（4）有必要进行听证的其他情形。

18. 合议庭决定听证的，应在听证3日前通知双方当事人及证人。

19. 听证由合议庭主持。听证时，由审判长宣布听证事由、合议庭组成人员和书记员名单，并询问当事人是否申请回避。合议庭应当要求当事人围绕申请再审的事由是否成立进行陈述和辩论。

20. 再审申请人经传票传唤，无正

当理由拒不参加听证或未经许可中途退出的，裁定按撤回再审申请处理；被申请人不参加听证或未经许可中途退出的，不影响听证进行。

21. 审查过程中，再审申请人撤回再审申请的，应当裁定准许。

22. 审查过程中，当事人自愿达成和解协议，再审申请人撤回再审申请的，应当裁定准许。

23. 审查过程中，再审申请人或者被申请人死亡或者终止的，按下列情形分别处理：

（1）再审申请人有权利义务继受人且其申请参加诉讼的，变更其为再审申请人；

（2）再审被申请人有权利义务继受人的，变更其为再审被申请人；

（3）再审申请人无权利义务继受人或其未申请参加诉讼的，裁定终结审查程序；

（4）再审被申请人无权利义务继受人且无可供执行财产的，裁定终结审查程序。

24. 人民法院经审查认为再审申请超过民事诉讼法第一百八十四条规定期间的，裁定驳回申请。

25. 经审查，申请再审理由成立的，一般应由上一级法院再审。

下列案件，可以指令原审法院再审：

（1）依据民事诉讼法第一百七十

九条第一款第（八）至第（十三）项事由提起再审的；

（2）因违反法定程序可能影响案件正确判决、裁定提起再审的；

（3）涉及征地补偿、房屋拆迁、环境污染等当事人人数众多的群体性纠纷案件；

（4）当事人不方便到上一级法院诉讼的；

（5）上一级法院认为其他应当指令原审法院再审的案件。

26. 下列案件，不应指令原审法院再审：

（1）因审判人员在审理该案件时有贪污受贿，徇私舞弊，枉法裁判行为提起再审的；

（2）因违反法律规定，管辖错误提起再审的；

（3）原判决、裁定系根据原审法院审判委员会讨论决定作出的；

（4）再审申请人住所地不在原审法院辖区内的；

（5）其他不宜由原审法院再审的案件。

27. 再审裁定和驳回再审申请的裁定，应当包括以下内容：

（1）再审申请人、再审被申请人基本情况；

（2）原审法院名称、申请再审的生效裁判文书名称、案号及制作日期；

（3）申请再审事由和所依据的事

实、理由及证据；

（4）对于申请再审事由是否成立的分析；

（5）裁定主文。

裁定由合议庭署名，加盖人民法院印章。

28. 再审申请被裁定驳回后，再审申请人以相同理由再次申请再审的，一般不作为申请再审案件审查处理。

29. 人民法院应当自受理再审申请之日起 3 个月内审查完毕，但调卷期间、鉴定期间不计入审查期限。有特殊情况需要延长的，报经本院院长批准。

审查期限经批准延长的，应及时通知当事人。

……

最高人民法院印发《关于正确适用暂缓执行措施若干问题的规定》的通知（节录）

（2002 年 9 月 28 日　法发〔2002〕16 号）

……

第七条　有下列情形之一的，人民法院可以依职权决定暂缓执行：

（一）上级人民法院已经受理执行争议案件并正在处理的；

（二）人民法院发现据以执行的生效法律文书确有错误，并正在按照审判监督程序进行审查的。

人民法院依照前款规定决定暂缓执行的，一般应由申请执行人或者被执行人提供相应的担保。

……

最高人民法院印发《关于规范人民法院再审立案的若干意见（试行）》的通知（节录）

（2002 年 9 月 10 日　法发〔2002〕13 号）

第一条　各级人民法院、专门人民法院对本院或者上级人民法院对下级人民法院作出的终审裁判，经复查认为符合再审立案条件的，应当决定或裁定再审。

人民检察院依照法律规定对人民法院作出的终审裁判提出抗诉的，应当再审立案。

第二条　地方各级人民法院、专门人民法院负责下列案件的再审立案：

（一）本院作出的终审裁判，符合再审立案条件的；

（二）下一级人民法院复查驳回或者再审改判，符合再审立案条件的；

（三）上级人民法院指令再审的；

（四）人民检察院依法提出抗

诉的。

第三条 最高人民法院负责下列案件的再审立案：

（一）本院作出的终审裁判，符合再审立案条件的；

（二）高级人民法院复查驳回或者再审改判，符合再审立案条件的；

（三）最高人民检察院依法提出抗诉的；

（四）最高人民法院认为应由自己再审的。

第四条 上级人民法院对下级人民法院作出的终审裁判，认为确有必要的，可以直接立案复查，经复查认为符合再审立案条件的，可以决定或裁定再审。

第五条 再审申请人或申诉人向人民法院申请再审或申诉，应当提交以下材料：

（一）再审申请书或申诉状，应当载明当事人的基本情况、申请再审或申诉的事实与理由；

（二）原一、二审判决书、裁定书等法律文书，经过人民法院复查或再审的，应当附有驳回通知书、再审判决书或裁定书；

（三）以有新的证据证明原裁判认定的事实确有错误为由申请再审或申诉的，应当同时附有证据目录、证人名单和主要证据复印件或者照片；需要人民法院调查取证的，应当附有证据线索。

申请再审或申诉不符合前款规定的，人民法院不予审查。

第六条 申请再审或申诉一般由终审人民法院审查处理。

上一级人民法院对未经终审人民法院审查处理的申请再审或申诉，一般交终审人民法院审查；对经终审人民法院审查处理后仍坚持申请再审或申诉的，应当受理。

对未经终审人民法院及其上一级人民法院审查处理，直接向上级人民法院申请再审或申诉的，上级人民法院应当交下一级人民法院处理。

……

第八条 对终审民事裁判、调解的再审申请，具备下列情形之一的，人民法院应当裁定再审：

（一）有再审申请人以前不知道或举证不能的证据，可能推翻原裁判的；

（二）主要证据不充分或者不具有证明力的；

（三）原裁判的主要事实依据被依法变更或撤销的；

（四）就同一法律事实或同一法律关系，存在两个相互矛盾的生效法律文书，再审申请人对后一生效法律文书提出再审申请的；

（五）引用法律条文错误或者适用失效、尚未生效法律的；

（六）违反法律关于溯及力规定的；

（七）调解协议明显违反自愿原则，内容违反法律或者损害国家利益、公共利益和他人利益的；

（八）审判程序不合法，影响案件公正裁判的；

（九）审判人员在审理案件时索贿受贿、徇私舞弊并导致枉法裁判的。

……

第十一条　人民法院对刑事附带民事案件中仅就民事部分提出申诉的，一般不予再审立案。但有证据证明民事部分明显失当且原审被告人有赔偿能力的除外。

第十二条　人民法院对民事、行政案件的再审申请人或申诉人超过两年提出再审申请或申诉的，不予受理。

第十三条　人民法院对不符合法定主体资格的再审申请或申诉，不予受理。

第十四条　人民法院对下列民事案件的再审申请不予受理：

（一）人民法院依照督促程序、公示催告程序和破产还债程序审理的案件；

（二）人民法院裁定撤销仲裁裁决和裁定不予执行仲裁裁决的案件；

（三）人民法院判决、调解解除婚姻关系的案件，但当事人就财产分割问题申请再审的除外。

第十五条　上级人民法院对经终审法院的上一级人民法院依照审判监督程序审理后维持原判或者经两级人民法院依照审判监督程序复查均驳回的申请再审或申诉案件，一般不予受理。

但再审申请人或申诉人提出新的理由，且符合《中华人民共和国刑事诉讼法》第二百零四条、《中华人民共和国民事诉讼法》第一百七十九条、《中华人民共和国行政诉讼法》第六十二条及本规定第七、八、九条规定条件的，以及刑事案件的原审被告人可能被宣告无罪的除外。

第十六条　最高人民法院再审裁判或者复查驳回的案件，再审申请人或申诉人仍不服提出再审申请或申诉的，不予受理。

……

最高人民法院关于印发《全国审判监督工作座谈会关于当前审判监督工作若干问题的纪要》的通知（节录）

（2001年11月1日　法〔2001〕161号）

一、关于再审程序中适用裁定或决定处理的几个问题

因违反法定程序、认定事实错误、适用法律错误进入再审程序的案件，应视情形分别处理。

1. 符合下列情形之一的，应裁定

撤销原裁定：

（1）原不予受理裁定错误的，应予撤销并指令原审法院受理；

（2）原驳回起诉裁定错误的，应予撤销并指令原审法院审理；

（3）原管辖权异议裁定错误，且案件尚未作出生效判决的，应予撤销并将案件移送有管辖权的人民法院。

2. 刑事再审案件符合下列情形之一的，上级法院可以裁定撤销原判，发回原审人民法院重审：

（1）按照第二审程序再审的案件，原判决认定事实不清或者证据不足的；

（2）其他发回重审的情形。

3. 民事、行政再审案件符合下列情形之一的，可裁定撤销原判，驳回起诉：

（1）不属于法院受案范围的；

（2）法律规定必须经过前置程序，未经前置程序直接诉至法院的；

（3）当事人双方约定仲裁而一方直接诉至法院，对方在首次开庭前对人民法院受理该案提出异议，且不参加诉讼活动的，但人民法院终审裁定驳回其异议后，当事人参加诉讼活动的除外；

（4）诉讼主体错误的；

（5）其他不予受理的情形。

4. 民事、行政再审案件符合下列情形之一，可能影响案件正确判决、裁定的，上级法院裁定撤销原判，发回原审人民法院重审：

（1）审判组织组成不合法的；

（2）审理本案的审判人员、书记员应当回避未回避的；

（3）依法应当开庭审理而未经开庭即作出判决的；

（4）适用普通程序审理的案件当事人未经传票传唤而缺席判决的；

（5）作为定案依据的主要证据未经当庭质证的；

（6）民事诉讼的原判遗漏了必须参加诉讼的当事人，且调解不成的；

（7）其他发回重审的情形。

5. 上一级人民法院认为下级人民法院已经再审但确有必须改判的错误的，应当裁定提审，改判后应在一定范围内通报。

下级人民法院以驳回通知书复查结案的，或者以驳回起诉再审结案的，上级人民法院可以裁定指令再审。

二、关于再审程序中适用判决处理的几个问题

再审案件的改判必须慎重，既要维护法院判决的既判力和严肃性，又要准确纠正符合法定改判条件且必须纠正的生效判决。

6. 符合下列情形的，应予改判：

（1）原判定性明显错误的

刑事案件罪与非罪认定明显错误导致错判的；

刑事案件此罪与彼罪认定明显错误，导致量刑过重的；

民事案件确定案由错误、认定合同效力错误、认定责任错误导致错判的；

行政案件行政行为性质认定错误导致错判的。

（2）违反法定责任种类和责任标准的

民事案件错判承担民事责任形式、错划承担民事责任致显失公正的；

行政案件违反法定处罚种类和处罚标准导致错判的。

（3）原判主文在数量方面确有错误且不属裁定补救范围的

刑事案件刑期或财产数额错误的；

民事案件执行期限或财产数额错误的；

行政案件处罚期限或财产数额错误的。

（4）调解案件严重违反自愿原则或者法律规定的

刑事自诉案件、民事案件、行政附带民事案件、行政赔偿案件的调解协议严重违反自愿原则或者违反法律的。

（5）其他应当改判的情形。

7. 符合下列情形的，一般不予改判：

（1）原判文书在事实认定、理由阐述、适用法律方面存在错误、疏漏，但原判文书主文正确或者基本正确的；

（2）原判结果的误差在法官自由裁量幅度范围内的；

（3）原判定性有部分错误，但即使定性问题纠正后，原判结果仍在可以维持范围内的；

（4）原判有漏证或错引、漏引法条情况，但原判结果仍在可以维持范围内的；

（5）原判应一并审理，但未审理部分可以另案解决的；

（6）原判有错误，但可以用其他方法补救，而不必进行再审改判的。

三、关于民事、行政再审案件庭审方式改革的几个问题

必须加快再审案件的审判方式改革，在审理中应严格执行公开审判，规范再审案件开庭审理程序。为此，在进行庭审改革时，应把握以下几点：

8. 送达再审开庭通知书时，应同时告知当事人的诉讼权利义务；明确当事人的举证时限及举证不能所应承担的法律后果。根据有关法院的司法实践，将举证时限限定在法庭辩论之前。

9. 开庭前的准备工作应当充分，保证当事人能够较好地行使诉讼权利及履行诉讼义务。开庭前可召集双方当事人及其诉讼代理人交换、核对证据，对双方无争议的原判事实和证据应当记录在卷，并由双方当事人签字确认，保证开庭时能够针对焦点问题进行充分的调查。

10. 再审程序虽然适用一审或二审程序，但应突出再审案件的特点，再审案件的审理范围应把握这样几个原则：

由当事人申请再审启动再审程序的案件，再审案件的审理范围应确定在原审范围内，申请人诉什么就审什么，不诉不审；

由上级法院或院长发现程序启动的案件，应在原审案件的范围内全案审查，但上级法院有明确审查范围意见的除外。

11. 经复查听证后进入再审程序的案件，或者开庭前已由书记员核对当事人身份，告知诉讼权利义务，出示、质证当事人认同的证据或事实等事项的案件，开庭后，不必再重复上述程序，但应重申关于申请回避的权利。

12. 再审案件当事人经法院传票传唤无正当理由拒不到庭的，由审判长宣布缺席审理，并说明传票送达合法及缺席审理的依据。

13. 当事人申请再审提出的新证据，必须当庭质证；出示的书证、物证等应当交由对方当事人当庭辨认，发表质证意见；审判长根据案件的具体情况，经征求合议庭成员意见后，可当庭认证，或经合议庭评议后再行认证。

四、关于审理民事、行政抗诉案件的几个问题

各级人民法院应与同级人民检察院加强协调，多人来人往，少文来文往，互相配合，搞好合作，为实现共同目标——司法公正而努力。

为规范各级人民法院审理民事、行政抗诉案件的程序，提出以下要求：

14. 人民法院依照民事诉讼法规定的特别程序、督促程序、公示催告程序、企业法人破产还债程序审理的案件；人民法院已经决定再审的案件；以调解方式审结的案件；涉及婚姻关系和收养的案件；当事人撤诉或者按撤诉处理的案件；执行和解的案件；原审案件当事人在原审裁判生效二年内无正当理由，未向人民法院或人民检察院提出申诉的案件；同一检察院提出过抗诉的案件和最高人民法院司法解释中明确不适用抗诉程序处理的案件，人民检察院提出抗诉的，人民法院不予受理。

对不予受理的案件，人民法院应先同人民检察院协商，请人民检察院收回抗诉书销案；检察院坚持抗诉的，裁定不予受理。

15. 抗诉案件的审理范围应围绕抗诉内容进行审理。抗诉内容与当事人申请再审理由不一致的，原则上应以检察机关的抗诉书为准。

16. 人民检察院根据审判监督程序提出抗诉的案件，一般应由作出生效判决、裁定的人民法院裁定进行再审；人民检察院向作出生效判决、裁定的人民法院的上一级人民法院提出抗诉的，该上级人民法院可以交由作出生效判决、裁定的人民法院进行再审；人民检察院对生效的再审判决提出抗诉的，一般应由上级人民法院提审。

再审裁定书由审理抗诉案件的人民法院作出。

17. 人民检察院对人民法院的审判工作提出检察建议书的，人民法院应认真研究以改进工作；经与同级人民法院协商同意，对个案提出检察建议书的，如符合再审立案条件，可依职权启动再审程序。

18. 人民法院开庭审理抗诉案件，经提前通知提出抗诉的人民检察院，检察院不派员出席法庭的，按撤回抗诉处理。

19. 人民法院开庭审理抗诉案件，由抗诉机关出席法庭的人员按照再审案件的审判程序宣读抗诉书，不参与庭审中的其他诉讼活动，以避免抗诉机关成为一方当事人的"辩护人"或"代理人"，保证诉讼当事人平等的民事诉讼地位。

由于抗诉机关的特殊地位。对方当事人不得对不参与庭审的抗诉机关出席法庭的人员进行询问、质问或者发表过激言论。

人民检察院出席法庭的标牌和裁判文书的称谓统一为"抗诉机关"。

20. 人民法院开庭审理抗诉案件，向抗诉机关申诉的对方当事人经依法传唤，无正当理由不到庭或者未经法庭许可中途退庭的，依照民事诉讼法和行政诉讼法中的有关规定，缺席判决。经依法传唤，向抗诉机关申诉的一方当事人无正当理由不到庭或者表示撤回申请的，应建议检察机关撤回抗诉，抗诉机关同意的，按撤诉处理，作出裁定书；经依法传唤，当事人均不到庭，应当裁定终结再审程序，但原审判决严重损害国家利益或者社会公共利益的除外。

21. 在制作检察机关抗诉理由不能成立的裁判文书中，一般不使用"驳回抗诉"的表述。

22. 对一审生效裁判文书抗诉的，当事人要求二审法院直接审理的，二审法院可以参照我院《人民法院诉讼收费办法》补充规定第28条第2项规定，收费后提审；当事人拒交诉讼费用的，交由一审法院再审。

五、关于再审案件法律文书改革的几个问题

23. 关于制作"驳回申请再审（申诉）通知书"

"驳回申请再审（申诉）通知书"是审判监督程序复查阶段的结果，是对申请再审人提出申请再审进行复查后，认为理由不成立的书面答复。复查通知书与再审判决书不同，因此，不能用进入再审程序后制作判决书的标准来要求，但也不能过于简单，更不能采取格式化的方式答复。总的要求是针对再审申请人的主要理由进行批驳，正确适用有关法律规定，作出明确的答复。

24. 关于制作"民事再审裁定书"

（1）首部简明扼要，不再列举当

事人的自然情况。

（2）在制作民事再审裁定书时，不再表述"原判决（调解、裁定）确有错误"或"原判认定事实不清，适用法律错误"等文字，变更为"经本院审查认为：当事人的申请符合《中华人民共和国民事诉讼法》第×条第×款第×项规定的再审立案条件。根据《中华人民共和国民事诉讼法》第×条、第×条的规定，裁定如下："。

（3）民事再审裁定书体现院长对本院案件进行监督的，署院长姓名；院长授权的，也可以署副院长姓名；体现上级法院对下级法院进行监督的，署合议庭组成人员姓名。

检察机关抗诉启动再审程序的，加盖院印不署名。

25. 关于民事再审案件判决书改革的几点要求

（1）首部要规范，程序要公开。判决书首部应当规范，与原审判决书相比，再审案件判决书的首部要素内容有其特征，如对当事人的称谓，原审及再审立案时间等等；

对检察院提起抗诉的再审案件，判决书首部首先要列明抗诉机关；

判决文书应当反映原审及再审程序提起的过程。

（2）原审诉辩要表述，再审理由要具体，主要证据要列明，争执焦点要明确。再审案件判决书中应将当事人的原审诉辩主张根据案件的具体情况予以表述；对抗诉理由或申请再审的主要理由应作具体的表述；支持当事人原审诉辩主张和申请再审的主要证据一般应当编列序号，分项列述；判决书中要提炼案件争执的焦点问题，即在程序和实体方面证据的分歧、适用法律的争执点等。

（3）正确运用有效证据，区别情况采取不同的方法对案件事实予以认定。对原审认定事实清楚部分和当事人无争议的事实可作简单概括。对有争议及原审认定不清的事实应详细地综合认证；对原审认定有错误的部分应着重分析，运用证据来表述其错在何处，取消"经再审查明"的传统表述方法，改为"经再审认定的证据，可证明如下事实："的表述方法。

（4）再审判决书，说理部分应结构严谨、语言精确、文简意赅、是非分明；内容紧紧围绕争议焦点、再审申请的主要理由展开；对案件争议的焦点可采用多种论证方法；法律法规和司法解释的适用要准确、规范，不能漏引、错引；注重服判息诉的社会效果。

（5）判决主文是人民法院对当事人争议事项所作的结论，必须用鲜明、简洁、准确、规范、便于执行的文字表述；判决主文的表述顺序为：先维持、后撤销、再改判。

最高人民法院印发《关于办理不服本院生效裁判案件的若干规定》的通知（节录）

（2001 年 10 月 29 日　法发〔2001〕20 号）

一、立案庭对不服本院生效裁判案件经审查认为可能有错误，决定再审立案或者登记立案并移送审判监督庭后，审判监督庭应及时审理。

二、经立案庭审查立案的不服本院生效裁判案件，立案庭应将本案全部卷宗材料调齐，一并移送审判监督庭。

经立案庭登记立案、尚未归档的不服本院生效裁判案件，审判监督庭需要调阅有关案卷材料的，应向相关业务庭发出调卷通知。有关业务庭应在收到调卷通知十日内，将有关案件卷宗按规定装订整齐，移送审判监督庭。

三、在办理不服本院生效裁判案件过程中，经庭领导同意，承办人可以就案件有关情况与原承办人或原合议庭交换意见；未经同意，承办人不得擅自与原承办人或原合议庭交换意见。

四、对立案庭登记立案的不服本院生效裁判案件，合议庭在审查过程中，认为对案件有关情况需要听取双方当事人陈述的，应报庭领导决定。

五、对本院生效裁判案件经审查认为应当再审的，或者已经进入再审程序、经审理认为应当改判的，由院长提交审判委员会讨论决定。

提交审判委员会讨论的案件审理报告应注明原承办人和原合议庭成员的姓名，并可附原合议庭对审判监督庭再审审查结论的书面意见。

六、审判监督庭经审查驳回当事人申请再审的，或者经过再审程序审理结案的，应及时向本院有关部门通报案件处理结果。

七、审判监督庭在审理案件中，发现原办案人员有《人民法院审判人员违法审判责任追究办法（试行）》、《人民法院审判纪律处分办法（试行）》规定的违法违纪情况的，应移送纪检组（监察室）处理。

当事人在案件审查或审理过程中反映原办案人员有违法违纪问题或提交有关举报材料的，应告知其向本院纪检组（监察室）反映或提交；已收举报材料的，审判监督庭应及时移送纪检组（监察室）。

……

最高人民法院关于审判监督庭庭长、副庭长、审判长签发法律文书权限的暂行规定（节录）

（2001 年 5 月 17 日 法〔2001〕68 号）

一、对本院生效裁判进行复查、再审的法律文书签发权限

1. 合议庭一致意见维持原判的，由审判长签发驳回通知书。

2. 合议庭多数意见维持原判，审判长无异议的，由审判长签发驳回通知；审判长有异议的，由主管副庭长签发驳回通知书。

3. 合议庭决定进行再审，报审判委员会讨论决定维持原判的由庭长签发驳回通知书；决定再审的，报院签发民事再审裁定书、刑事再审决定书。

4. 根据最高人民法院《关于适用〈中华人民共和国民事诉讼法〉若干问题的意见》第 210 条、211 条的规定，决定发回高级人民法院重审的，由主管副庭长签发裁定书；决定驳回起诉的，报院签发裁定书。

5. 民事案件调解结案的，由审判长签发民事再审调解书。

6. 再审判决书、裁定书报院签发。

二、对下级法院生效裁判进行复查、再审的法律文书签发权限

7. 合议庭一致意见维持原判的，由审判长签发驳回通知书；合议庭多数意见维持原判的，民事案件由主管副庭长签发驳回通知书。

8. 合议庭一致意见指令下级人民法院再审的，由审判长签发民事裁定书、刑事决定书；合议庭多数意见指令再审的，由主管副庭长签发民事裁定书、刑事决定书。

……

11. 民事案件提审后，根据最高人民法院《关于适用〈中华人民共和国民事诉讼法〉若干问题的意见》第 210 条、211 条的规定，决定发回原审人民法院重审的，由主管副庭长签发裁定书；决定驳回起诉的，报院签发裁定书。

调解结案的，由审判长签发民事调解书。

维持原裁判的，由主管副庭长签发民事判决书，改判的，报院签发判决书。

三、最高人民检察院抗诉案件法律文书的签发权限

12. 最高人民检察院对本院或下级法院生效裁判提出抗诉的案件，经立案庭立案，决定由本院进行再审或提审的，报院签发民事再审裁定书。审理后，报院签发判决书、裁定书或刑事指

令再审决定书。

……

五、请示案件答复意见的签发权限

15. 对高级人民法院在申诉、申请再审案件复查期间，及按照审判监督程序审理案件中，向本院请示适用法律问题的，一般问题由庭长签发复函；重大疑难问题报院签发批复或复函。

六、其他有关规定

16. 对院领导、领导机关交办的并明确要报结果的申诉、申请再审案件，如果转请下级法院进行复查并要求报告结果的函件，由审判长签发。

……

19. 民事案件的听证通知书、受理（应诉）通知书、传票、送达证等程序性法律文书，由审判长签发。委托鉴定的委托函，由主管副庭长签发。

20. 发回重审的裁定书、指令再审的民事裁定书、刑事决定书所附函件的签发权限与裁定书、刑事决定书相同。

21. 根据民事诉讼法第 156 条的规定，准许或不准许撤诉的裁定书，由审判长签发。

22. 根据民事诉讼法第 136 条、137 条的规定，中止或终结诉讼的裁定书，报院签发。

根据刑事诉讼法第 15 条的规定，终止审理的裁定书，由审判长签发。

……

最高人民法院关于人民检察院提出抗诉按照审判监督程序再审维持原裁判的民事、经济、行政案件，人民检察院再次提出抗诉应否受理问题的批复

（1995 年 10 月 6 日　法复〔1995〕7 号）

四川省高级人民法院：

你院关于人民检察院提出抗诉，人民法院按照审判监督程序再审维持原裁判的民事、经济、行政案件，人民检察院再次提出抗诉，人民法院应否受理的请示收悉。经研究，同意你院第一种意见，即上级人民检察院对下级人民法院已经发生法律效力的民事、经济、行政案件提出抗诉的，无论是同级人民法院再审还是指令下级人民法院再审，凡作出维持原裁判的判决、裁定后，原提出抗诉的人民检察院再次提出抗诉的，人民法院不予受理；原提出抗诉的人民检察院的上级人民检察院提出抗诉的，人民法院应当受理。

最高人民法院关于对执行程序中的裁定的抗诉不予受理的批复

（1995 年 8 月 10 日　法复〔1995〕5 号）

广东省高级人民法院：

你院粤高法〔1995〕37 号《关于人民法院在执行程序中作出的裁定检察院是否有权抗诉的请示》收悉。经研究，答复如下：

根据《中华人民共和国民事诉讼法》的有关规定，人民法院为了保证已发生法律效力的判决、裁定或者其他法律文书的执行而在执行程序中作出的裁定，不属于抗诉的范围。因此，人民检察院针对人民法院在执行程序中作出的查封财产裁定提出抗诉，于法无据，人民法院不予受理。

最高人民法院关于各级法院院长对本院生效的同一判决裁定可否再次提交审判委员会处理问题的批复

（法研字第 18212 号）

广西省高级人民法院：

你院本年 7 月 31 日法研字第 287 号请示收悉。关于各级人民法院院长对本法院已经发生法律效力的判决或裁定，依照审判监督程序提交审判委员会处理后，如果发现仍有错误，可否再提交审判委员会处理问题，我们认为，再由院长提交审判委员会处理，是可以的。如果对案件的处理感到没有把握时，还不如送请上级法院按照人民法院组织法第十二条第二款规定，依审判监督程序进行处理。

最高人民法院关于支付令生效后发现确有错误应当如何处理给山东省高级人民法院的复函

（1992 年 7 月 13 日　法函〔1992〕98 号）

一、债务人未在法定期间提出书面

异议，支付令即发生法律效力，债务人不得申请再审；超过法定期间债务人提出的异议，不影响支付令的效力。

二、人民法院院长对本院已经发生法律效力的支付令，发现确有错误，认为需要撤销的，应当提交审判委员会讨论通过后，裁定撤销原支付令，驳回债权人的申请。

图书在版编目（CIP）数据

诉讼逆转：民商事再审律师办案精要／邱永兰，胡
昊宇著. —北京：中国法制出版社，2023.8
ISBN 978-7-5216-3627-7

Ⅰ.①诉… Ⅱ.①邱… ②胡… Ⅲ.①民事诉讼–再
审–案例–中国 Ⅳ.①D925.118.205

中国国家版本馆 CIP 数据核字（2023）第 107438 号

策划编辑：赵　宏
责任编辑：陈晓冉
封面设计：蒋　怡

诉讼逆转：民商事再审律师办案精要
SUSONG NIZHUAN：MINSHANGSHI ZAISHEN LÜSHI BAN'AN JINGYAO

著者/邱永兰，胡昊宇
经销/新华书店
印刷/三河市国英印务有限公司
开本/710 毫米×1000 毫米　16 开
印张/19.5　字数/250 千
版次/2023 年 8 月第 1 版
2023 年 8 月第 1 次印刷

中国法制出版社出版
书号 ISBN 978-7-5216-3627-7
定价：78.00 元

北京市西城区西便门西里甲 16 号西便门办公区
邮政编码：100053
传真：010-63141600
网址：http：//www. zgfzs. com
编辑部电话：010-63141835
市场营销部电话：010-63141612
印务部电话：010-63141606

（如有印装质量问题，请与本社印务部联系。）